CHRONIQUE

DE JEAN LE FÉVRE

SEIGNEUR DE SAINT-REMY.

IMPRIMERIE GOUVERNEUR, G. DAUPELEY

A NOGENT-LE-ROTROU.

CHRONIQUE
DE JEAN LE FÉVRE

SEIGNEUR DE SAINT-REMY

TRANSCRITE D'UN MANUSCRIT APPARTENANT A LA BIBLIOTHÈQUE
DE BOULOGNE-SUR-MER,

ET

PUBLIÉE POUR LA SOCIÉTÉ DE L'HISTOIRE DE FRANCE

Par François MORAND

TOME PREMIER

A PARIS
LIBRAIRIE RENOUARD
HENRI LOONES, SUCCESSEUR
LIBRAIRE DE LA SOCIÉTÉ DE L'HISTOIRE DE FRANCE
RUE DE TOURNON, N° 6

—

MDCCCLXXVI.

EXTRAIT DU RÈGLEMENT.

Art. 14. — Le Conseil désigne les ouvrages à publier, et choisit les personnes les plus capables d'en préparer et d'en suivre la publication.

Il nomme, pour chaque ouvrage à publier, un Commissaire responsable, chargé d'en surveiller l'exécution.

Le nom de l'éditeur sera placé à la tête de chaque volume.

Aucun volume ne pourra paraître sous le nom de la Société sans l'autorisation du Conseil, et s'il n'est accompagné d'une déclaration du Commissaire responsable, portant que le travail lui a paru mériter d'être publié.

Le Commissaire responsable soussigné déclare que l'édition de LA CHRONIQUE DE JEAN LE FÉVRE, *préparée par* M. François Morand, *lui a paru digne d'être publiée par la* SOCIÉTÉ DE L'HISTOIRE DE FRANCE.

Fait à Paris, le 1ᵉʳ mai 1876.

Signé L. DELISLE.

Certifié,

Le Secrétaire de la Société de l'Histoire de France,

J. DESNOYERS.

AVERTISSEMENT.

La *Chronique de Jean Le Fèvre de Saint-Remy* ne pouvait être laissée, sous les yeux du public, dans l'état où Le Laboureur, au xviie siècle, et M. Buchon, en notre temps, la lui ont présentée. Ce n'est pas que le premier de ces deux éditeurs eût trop imparfaitement reproduit le texte qu'il avait à suivre; mais il n'en avait donné qu'une partie, celle à laquelle il lui convenait de se limiter pour l'emploi qu'il en voulait faire. Son extrait s'arrête à la mort du roi de France, Charles VI, en 1422, et forme une suite ou un complément de son *Histoire* de ce roi, qui parut en 1663. Son texte était celui que lui avait communiqué un gentilhomme de la province d'Artois qui s'honorait de cultiver les lettres, et dont on doit se souvenir. Il se nommait, si l'on combine des indications de sources diverses, Jean-Robert de Hennedouche ou Hannedouche; était seigneur de Rebecque, fief situé dans le bailliage de Béthune, et exerçait la charge de gouverneur de La Gorgue et du pays de l'Alloeu dont cette ville était le chef-lieu, sous la domination du roi d'Espagne.

On s'est inquiété de ce qu'était devenu son manuscrit. On aurait pu s'enquérir aussi de ce qui était résulté des annonces, que Le Laboureur avait cru pouvoir faire, d'une publication de ses propres écrits sur l'histoire de l'Artois.

Hennedouche, paraît-il, préparait cette histoire à l'époque de leurs relations, et il devait même y joindre d'autres ouvrages qui lui auraient mérité du public les plus grands éloges, puisque Le Laboureur ne pensait pas leur prodiguer les siens en disant qu'ils étaient les fruits de « recherches profondes », et constituaient « d'illustres travaux ». Mais nous n'en savons malheureusement rien ; car la postérité ne les a pas reçus, et il reste à se demander s'ils sont perdus, ou s'ils auraient seulement été laissés dans l'oubli.

Quant au manuscrit, qui n'était qu'une copie de l'œuvre de Saint-Remy, faut-il craindre qu'il n'existe plus et renoncer à se mettre sur ses traces? Je voudrais, à cet égard, proposer quelques doutes. D'abord, on viendrait à le reconnaître pour celui-là même qui est entré à la Bibliothèque du Roi, dans le fonds Colbert, que je n'en serais nullement surpris. Je me demande, même, s'il est jamais revenu en la possession de Hennedouche, ou dans sa famille. Le Laboureur, après la publication de ce qu'il en insérait dans son *Histoire* de Charles VI, avait continué de s'en servir. « J'en garde la suite, a-t-il dit, pour un autre dessein » ; et de plus, il travaillait à le rectifier. Mais il mourut sans donner ni cette suite, ni ce travail; et Hennedouche ne vécut plus longtemps après lui. Ils avaient quitté ce monde à deux années de distance, Le Laboureur, à Paris, au mois de juin 1675, et Hennedouche, selon Expilly, à Bruxelles, le 3 décembre 1677.

Le Laboureur mort, ses manuscrits passèrent au généalogiste Clairambault, dont le cabinet entra, à son tour, dans la Bibliothèque du roi[1]. Je reconnais que ce n'aurait pu être, avec ce cabinet, que le manuscrit Hennedouche

---

1. Léopold DELISLE. Le cabinet des Manuscrits de la Bibliothèque nationale, II, 20.

serait devenu la propriété de la Bibliothèque royale, puisque celui qu'elle possède actuellement y arriva avec ceux de Colbert; mais la bibliothèque de Colbert ne pouvait-elle pas l'avoir acquis, au passage, dans cette transmission de Le Laboureur à Clairambault, ou même par une autre voie? A cet égard, je ne propose, comme je l'ai dit, que des doutes. Mais, où le doute doit disparaître, c'est à la comparaison des textes. Il est impossible de trouver, sous tous les rapports, une plus grande identité que celle qui est offerte par l'édition de Le Laboureur et le manuscrit du fonds Colbert, 5442 de la Bibliothèque nationale. Je ne tiens pas compte de quelques modifications, très-peu sensibles, que l'on rencontre chez Le Laboureur et qui viennent évidemment de son fait, sans qu'elles ôtent rien à la plus parfaite conformité de ce qui est essentiel. On aura les moyens de s'en assurer par les nombreux exemples apportés, en variantes, dans les notes au bas des pages de cette présente édition de la Chronique de Saint-Remy. Ces exemples pourraient être bien autrement étendus; c'est un travail à faire par ceux qui auraient besoin d'être plus pleinement convaincus; et ils en sortiraient avec cette certitude, qui est la mienne, que si le manuscrit Colbert n'est pas celui qu'avait possédé Hennedouche, l'un peut tenir complètement lieu de l'autre.

Maintenant, je ne parlerai plus que du *Colbert,* pour désigner l'un et l'autre. Cette copie a-t-elle été achevée? Je ne le pense pas : on sait qu'il y manque une continuation qui se trouve ailleurs. Le Laboureur l'a constaté implicitement, en remarquant que son exemplaire n'allait que jusqu'à la paix, dite d'Arras, conclue, en 1435, entre Charles VII et le duc de Bourgogne, Philippe le Bon. Le traité de cette paix, lui-même, qui est du 21 septembre de la même année et remplit dans l'œuvre complète un fort long chapitre, n'en fait point partie, non plus que quatre autres chapitres qui doivent le suivre, et dont le dernier arrête les faits de la Chronique à la date du 9 mars 1436; en vieux style, 1435.

Feu M. le marquis Le Ver découvrit cette continuation dans un manuscrit de la bibliothèque de Boulogne-sur-Mer, alors que M. Buchon s'occupait de donner une édition complète du manuscrit Colbert dans sa *Collection des Chroniques Nationales Françaises;* et son édition, qui parut en 1826, put s'enrichir de la découverte. Elle remplit les pages 251 à 520 et dernière du tome VII, et tout le tome VIII de cette collection. En 1838, l'éditeur la réimprima, trop exactement, il faut bien l'avouer, dans une autre collection, dite du *Panthéon littéraire,* en l'augmentant d'une *Notice* sur Jean Le Fèvre, puisée en très-grande partie dans celle que mademoiselle Emilie Dupont avait publiée, quatre ans auparavant, au tome II du *Bulletin de la Société de l'Histoire de France.* Si M. Buchon a revu sa deuxième édition, comme il l'annonce, sur le manuscrit Colbert, on ne sait comment il a pu s'y montrer aussi fréquemment infidèle, et surtout comment il n'a pas songé à étendre sa révision sur le manuscrit de Boulogne, qui lui eût fait juger, moins exacte qu'il ne se la figurait, la copie à laquelle il se tenait attaché.

Ces reproches, que je n'adresse pas le premier au travail de M. Buchon, ne sauraient toutefois s'exprimer ici qu'avec toute réserve et respect envers l'actif et laborieux collecteur de tant de compositions importantes, dont la réunion en corps d'annales, déjà connues ou inédites, a marqué un progrès et donné une impulsion dans l'étude de notre histoire nationale.

Le manuscrit de la Chronique de Saint-Remy, qui repose à la bibliothèque de Boulogne, n'est pas non plus irréprochable, bien qu'il ait été exécuté avec de certains soins. Il avait appartenu, jusqu'à la Révolution française, à la Société Littéraire d'Arras; et, avant qu'il ne fût dans cette Société, il s'était conservé et transmis dans la famille des de Croy, pour laquelle on est porté à croire que la transcription en fut faite. Il y a une histoire qu'il faut presque toujours reprendre et raconter, quand il s'agit des manuscrits de la ville de Boulogne; c'est celle de leur entrée dans cette bibliothèque. De même que la plus grande et la plus importante partie de tous ceux qui y composent cette section d'ouvrages, celui-ci leur est venu du choix de livres qui se fit dans les dépôts nationaux, formés, aux chefs-lieux du département du Pas-de-Calais, des bibliothèques des communautés supprimées par la Révolution, pour former celle de l'École centrale, qui devint ensuite bibliothèque de la ville. Lorsque M. Le Ver l'y vit, il portait encore les mentions d'origine que je viens de rappeler, et qu'il a constatées lui-même dans des notes qui devaient servir à une nouvelle notice sur Saint-Remy. Depuis, le volume a eu besoin d'une autre reliure, et ces mentions n'y ont pas été conservées. Les descriptions de M. Le Ver n'en sont donc devenues que plus précieuses.

« Le manuscrit de Jean Lefebvre, dit-il, est titré, au dos : *Monstrelet, M. S.* Sur la couverture est écrit (il a voulu dire *gravé*), en petites lettres d'or capitales : SOC. LITT. D'ARRAS. A la tête du premier folio des quatre blancs qui précèdent le *Prologue*, on lit, en l'écriture de la fin du XVIe siècle : *Histoire, crue de Monstrelet, touchant les guerres de France. Ce livret appartient à Eustace de Croy, conte de Rœulx et seigneur de Beaurain.* Je penserais, ajoute M. Le Ver, que c'est Eustace de Croy, mort en 1603 suivant le P. Anselme. »

M. Le Ver aurait pu remarquer encore, à l'intérieur du manuscrit, deux façons de réclames ; l'une sur trois lignes dont la première est en chiffres et les deux suivantes forment une devise : *Je le désire,* avec la signature CROY, entre deux †. Cette inscription est au bas du chapitre 27, où il est parlé de la délivrance du seigneur de Croy et de sa nomination au gouvernement du comté de Boulogne. La seconde réclame présente la figure d'une main fermée, à l'index tendu vers ces mots : « le seigneur de Croy et son fils », dans le dénombrement des seigneurs français morts à la bataille d'Azincourt, au chapitre LXXIII. C'étaient des souvenirs de famille.

En voilà bien plus qu'il ne faut pour établir l'origine et la destination de ce manuscrit, qui est un bel in-folio de 287 feuillets, à deux colonnes. Il a été un livre de grande maison. Son âge se déterminerait difficilement par le caractère de l'écriture, selon l'estimation qu'en ont faite les deux catalogues imprimés des manuscrits de Boulogne, à moins qu'il n'y ait une faute d'impression dans celui qui le place à la fin du XVIe siècle[1]. On s'est plus rapproché de la vérité, dans l'autre, en le mettant à la fin du XVe[2]; mais il prouve, par lui-même, qu'on ne saurait le regarder comme antérieur à l'existence d'une Généalogie des rois d'Aragon de Lucius Marinæus, et d'une autre Généalogie des rois d'Espagne de Michel Ritius. Il y est effectivement fait mention de ces deux ouvrages, dans une note marginale de la même écriture que celle du texte avec lequel ses traits de plume se trouvent même liés. Seulement, ces Généalogies ayant eu plusieurs éditions dans le XVIe siècle, celle des rois d'Aragon de 1505 à 1517, et celle des rois d'Espagne de 1509 à 1533[3], c'est entre ces années qu'il faudrait placer l'exécution de notre manuscrit.

La note en question, sans comporter de l'érudition, démontre, au moins, de certaines connaissances; qu'elles vinssent ou du scribe ou d'une direction sous laquelle il

---

[1]. *Catalogue descriptif et raisonné des manuscrits de la bibliothèque de la ville de Boulogne-sur-Mer*, rédigé par M. Gérard; p. 140. In-8°.

[2]. MICHELANT, *Manuscrits des Bibliothèques publiques des départements;* IV, 666.

[3]. POTTHAST, *Bibliotheca historica medii ævi*, 434 et 514. Berlin, 1862. — BRUNET, *Man. du Libraire.*

travaillait, et elle donne à son texte, bien qu'il ne soit pas entièrement pur, je le répète, du crédit et de l'autorité. Aussi, ai-je fait de ce texte la base et tout le fond de l'édition qui entre dans la Collection des ouvrages publiés par la Société de l'Histoire de France; le modifiant par d'autres leçons là où il était évident qu'il ne se montrait pas conforme à son origine, remplissant de la même manière ses lacunes[1] ou ses oublis, et le confrontant aux autres textes, dans les endroits douteux ou obscurs, pour en tirer le meilleur sens, ou en signaler simplement les différences aux choix de la critique.

Ce texte a-t-il été dicté ou transcrit *de visu?* Il y aurait des raisons de croire à l'un comme à l'autre de ces procédés; cependant, pour se ranger préférablement au premier, on y trouve comme une certaine orthographe de l'oreille, qui aurait été rectifiée par une révision à la lecture. La lettre *r*, par exemple, manque à la formation première de beaucoup de syllabes, comme si elle avait été mangée à la prononciation; on ne l'y a mise que par correction. Ce sont, au surplus, des questions que je réserve, avec d'autres, pour des Appendices et des Tables qui concourront au travail critique de cette édition et la complèteront.

Il me reste à donner la clef des signes de références que j'ai employés dans les notes ou les variantes, au bas des pages du texte, pour indiquer de quelles sources ces variantes ont été tirées. Elles proviennent des différents textes, manuscrits ou imprimés, de la Chronique de Saint-Remy, et de celle de Monstrelet, ainsi que de la Chronique latine du Religieux de Saint-Denis, publiée et traduite par M. Bellaguet, dans la *Collection des Documents inédits sur l'Histoire de France.*

Ces signes consistent en une ou plusieurs initiales de l'alphabet; ils renvoient, pour les textes de Saint-Remy :

---

[1]. Elles sont remplies entre crochets [ ].

M. B., au manuscrit de la bibliothèque de Boulogne; M. P., au manuscrit Colbert, de la bibliothèque de Paris, ou Bibliothèque-nationale; L., à l'édition donnée par Le Laboureur; B., à celle de Buchon, dans le *Panthéon littéraire*. Pour les textes de Monstrelet, ils se réfèrent : M., aux manuscrits de la Bibliothèque nationale, et à l'édition de M. Douët-D'Arcq; M. C., à l'édition de Chaudière, de 1572, et, au besoin, à celle de Buchon. La lettre R. renvoie à la Chronique du Religieux de Saint-Denis. Enfin le trait —, dans les citations textuelles des notes, indique qu'il y a lacune ou omission à cet endroit du texte cité.

PROLOGUE.

Au nom de la très excellente et glorieuse Trinité, Père, Filz et Saint Esperit, ung Dieu éternel en trois personnes, qui tout a fait, créé et composé par sa puissance infinie, selon sa prouveue discrétion et volenté; et de la glorieuse Vierge Marie, Mère et Fille de Nostre Créateur et Rédempteur, Jhésu Crist, royne des cieulx et de la terre, dame des Angles; et de tous les sains et saintes de paradis, ausquelz glore et louenge soit donnée; et, après, à tous empereurs, rois, ducz, contes, barons et aultres donnés, chascun selon sa vocation, à la très noble militant ordre de chevalerie, en laquelle ont esté et sont de haulx et nobles princes, et aultres, qui en cest estat ont rengné et régnent; comprins lesquelz, par permission et soubz la puissance divine, ont esté et sont institués et ordonnés ès dignités temporelles pour soustenir Sainte Eglise, droit et justice, et le bien de la chose publicque maintenir, et deffendre nostre foy crestienne et catholique, je, Jehan, seigneur de Saint Remy, de la Vacquerie, d'Avesnes et de Morienne, dict Thoison d'or, consiellier et roy d'armes de très hault, très excellent et très puissant prince et mon très redoubté seigneur,

Phelippe, par la grace de Dieu, duc de Bourgongne, de Lotheric, de Brabant et de Lembourg ; contes de Flandres, d'Artois et de Bourgongne ; palatin de Haynau, de Hollande, de Zélande et de Namur ; marquis du Saint Empire ; seigneur de Frize, de Salins et de Malines ; duquel, de tout mon cœur, j'ay tousjours désiré et désire accomplir les commandemens et plaisirs, et faire chose dont aucunnement soit mémoire après mon temps ; et, comme je m'y répute tenu et obligié, et singulièrement à cause du serment par moy fait à ladicte ordre de la Thoison d'or, ainsy que cy après sera plus à plain déclaré, et lequel est contenu ès capittre dudit ordre, me suis disposé à rédigier et mettre par escript aucunnes petites récordacions et mémores, esquelles sont contenues, en chéefz, pluiseurs choses advenues, desquelles j'ay poeu avoir congnoissance ; et, ce fait, les ay envoyés au noble orateur, George Chastelain, pour aucunnement, à son bon plaisir et selonc sa discrétion, les employer ès nobles histoires et cronicques par luy faictes[1] ; jà soit ce que la chose soit de petit fruit au regard de son œuvre, synon tant seulement par manière d'advertissement.

Et, pour venir à parler de ceste matière, et comment je ay esté premièrement nommé Thoyson d'or, il est

---

1. B., « et chroniques *que luy faict.* » Cette leçon ne se trouve que dans les éditions de Buchon ; mais on ne sait d'où il l'a tirée. Peut-être y aurait-il lieu de l'admettre préférablement à celle de nos manuscrits et du Laboureur, comme se rapportant plus au temps où Chatelain écrivait ses Chroniques, puisqu'il y travaillait encore dans l'année où il mourut, en 1474, époque jusqu'à laquelle il les avait conduites. Cependant je ne le propose pas.

vray que mondit très redoubté seigneur, le jour qu'il expousa madame Elizabeth, fille, sœur et tante du roy de Portingal, en la ville de Bruges, le xe jour du mois de janvier, l'an mil CCCC et XXIX, fonda et ordonna ledit ordre, nomma et esleut ung certain nombre de chevaliers, desquelz les noms seront cy après déclariés; et, aveucq iceulx, quatre officiers, c'est assavoir chancellier, trésaurier, greffier et roy d'armes; ouquel office de roy d'armes je fus lors institué et mis; et me fut donné le nom de Thoyson d'or par mondit très redoubté seigneur, qui, en oultre, me fist tant d'honneur de sa grace que de me retenir son consiellier[1]. Desquelz offices et estas obéir, excercer et servir mondit très redoubté seigneur, à mon povoir, léalment, ès excersites desdis offices et autrement, fut par moy faitz serment solennel ès mains de l'evesque de Chalon, chanchellier de ladicte ordre de la Thoison d'or, en la présence de mondict très redoubté seigneur et pluiseurs des chevaliers dudit ordre. Depuis lequel temps, mondit très redoubté seigneur [ay servy][2] ainsy que faire debvoie, tant en ses guerres comme ès grandes et notables ambassades esquelles luy a pleut moy envoyer, tant devers les pappes Eugenne et Nycole; ès Ytalies devers pluiseurs princes du païs; aussy devers le roy d'Arragon; ès royalmes de Napples et de Trinacre[3]; ès Espaignes, devers lez royz de Chastille, de Portingal, de Navare et de Grenade; [et fait][4] pluiseurs voyages ès Allemaignes et en

---

1. M.P. et L., « son *chancellier*. » C'est une faute.
2. L.
3. « Trinacre, c'est Sicile. » — Note en marge de M.B.
4. L.

Engleterre, en Escoche et pluiseurs aultres lieux. Et tant ay voiagié par mer et par terre, que, par la grace de Dieu, j'ay attaint l'eage de lxvij ans, ou environ, occupé de maladie en telle manière que bonnement ne puis aller ne faire telz ou semblablez voyages à pié, à cheval, ne à chariot. Par quoy, j'ay esté et suis constraint et mis en nécessité de moy en déporter,

Pour quoy, en considérant les choses dessus dictes, pour eschiever occiosité, qui est la mère de tous vices, et que mon ancienneté ne demourasse du tout inutile, me suis disposé, comme dict est, faire et compiler ce petit volume, ouquel sont contenues pluiseurs choses que je ay veues, et aultres qui m'ont esté dictes et recordées par pluiseurs notables personnes dignes de foy. Et, pour ce que sçay bien que pluiseurs cronicquez et histores ont esté faictes et escriptes par pluiseurs notables orateurs et hystoriens, qui sur ce ont fait pluiseurs grans livres[1] et volummes, par leur vertueuse éloquence, seloncq leur exquis et aournés langages; et meismement du temps dont mon avant dit petit livre fait mention, je me suis déporté de y faire longhe récitacion, ne de tant présumer que de moy entremettre, ne bouter trop avant en ceste matière; attendu que je congnois bien mon imperfection, et que les hommes me pourroyent bien faire riche, mais saige, non.

Et, pourtant, me suis attendu et attens ausdis historiens et orateurs, d'avoir escript et mis en leurs

---

[1]. M.P. et L., « Et pour ce que je sçay bien que pluiseurs cro-
« nicques et histoires ont esté faictes et escriptes par — pluiseurs
« grans livres. »

histoires, livres et volummes, les haulx fais et aultrez advenus, chascun en son temps; et ay fait et compilé, pour les causes dessus dictes, ce présent petit livre par manière de recordacion et mémoire, en mon gros et rude langaige Picard, comme celuy qui aultrement ne sçaroit escripre ne parler. Ouquel livre sont contenues, entre les aultres choses, la plus grand part des voyages qui par moy ont esté fais par le commandement de mon avantdit seigneur, moiennant la grâce de Dieu et de la glorieuse Vierge Marie, et toutte la court célestialle [de Paradis], qui soit au conmenchement, au moyen et en la fin de mon œuvre.

Et supplie et requiers, tant humblement comme je puis, à tous cheulx qui le verront et orront, que, se aucune chose y a digne de répréhencion ou correction, il leur plaise, en suppléant à mon ignorance, de moy tenir et avoir pour excusé; entendu que ce que par moy a esté faict, [dit] et rédigié par escript, les ay fait le mieulx et le plus véritablement que j'ay peu, et sans aucune faveur, pour recordacion et mémoire des choses dessus dictes. Et, quant je parleray du roy de France, je le nommeray le Roy, tant seulement; et tous les autres roys averont sieute. Aussy, quant je parleray de mon avantdict seigneur de Bourgongne, je le nommeray le Duc, tant seulement; au moins, à la plus part du livre. Et, au regard de feu monseigneur son père, il sera nommé duc de Bourgongne.

Pour che que j'ay intencion de parler et escripre en brief les choses advenues en mon temps, et que je porroye bien avoir veues, je commencheray à parler de la très dollereuse adventure qui advint en France, l'an mil CCCC et VII que lors regnoit Charles, VI² de ce nom, qui en son temps et après sa mort fust nommé Charles le Bien Amé; lequel avoit ung seul frère nommé Loys, duc d'Orléans. Et si avoit trois oncles, frères de son père, le roy Charles le Quint; lesquelz trois oncles[1] avoient à nom, l'ung Charles, duc d'Anjou, le second, Jehan, duc de Berri, et le tierch, Phelippe, duc de Bourgongne. Du duc Phelippe, duc de Bourgoingne, issirent pluiseurs enfans, entre lesquelz en y ot ung et l'aisné, nommé Jehan, qui après la mort de son père, fu duc de Bourgoingne, lequel estoit cousin germain dudit duc, Loys d'Orléans.

Or advint que, par la temptacion du Diable, par envie d'avoir le gouvernement du roialme, comme l'en disoit, et aussi pour aultrez causez qui cy après seront déclarées, le duc Jehan de Bourgoingne fist tuer le duc d'Orléans, son cousin germain. Dont si grandes et mauldittes guerres sourdirent, et qui tant longhement durèrent que pau s'en falli que tout le roiaulme ne fust destruit, comme l'on peut veoir et sçavoir par les croniques qui en sont faictez. Et aussi, j'en parleray ung petit en ce présent livre.

Après, aussi, je parleray de la venue du roy Henry d'Engleterre, qui vint en France l'an mil IIII^c et XV, et aussi de son filz, le roy Henri, qui fust coronné roy de France à Paris. Et après, je parleray comment mon avantdit seigneur, le duc Phelippe de Bourgongne, en l'an mil IIII^c et XXIX, espousa la fille du roy de Portingal, en la ville de Bruges, où il y ot une grande

---

1. M.P. et L., « trois oncles frères, — lesquelz trois oncles. »

et notable feste; en laquelle feste le duc mist sus une ordre appellée la Thoison d'or, dont le duc fust le fundateur, cief et souverain; en laquelle ordre furent premièrement ordonnez xxiiij chevaliers, gentilz hommes de nom et d'armes, nés en léal mariage et sans reproche, Et, aveucq che, fut ordonné, par ledit duc, qu'il y auroit iiij officiers, c'est assavoir chancellier, trésaurier, greffier et roy d'armes, ainsy que devant est dict.

En après, je parleray des haulx et loables fais du Duc et des chevaliers de son ordre, non mye si au loing, à la centiesme partie, que en a descript notable orateur George le Chastelain. En après, je parleray, et en brief, de moult mervelleuses et piteuses aventures advenues depuis le commenchement de cestuy petit livre, jusques à l'an mil IIII^c et LX.

Et, pour ce que j'ay dit que je commencheray en l'an mil CCCC et VII, vray est que le duc Jehan de Bourgongne, fist tuer le duc d'Orléans, frère seul du roy Charles le Bien Amé; dont terribles et mauldittes guerres en sourdirent, et vinrent telles et si grandes qu'il n'est à croire, fors de ceulx qui les virent. D'icelle mort pluseurs du roialme furent tourblés et courouchiés, et non sans cause. Or, est vray que, de prime face, on ne sçavoit qui avoit fait faire l'omicide du duc d'Orléans; mais, après che que la vérité fust sceue, la vesve de feu le duc d'Orléans, fille du duc de Millan, se tira à Paris, en sa compagnie trois de ses enfans; c'est assavoir Charles, duc d'Orléans, son aisné filz, le conte de Vertus et le conte d'Angoulame. Elle et ses iij enfans firent envers le roy de grans poursieutes, pour avoir justice du duc de Bourgoingne; mais, pour diligence, ne pour poursieute qu'elle sceut faire, remède n'y sceut trouver. Et fut la matière longhement délaiée; et, finablement [morut]¹ la povre ducesse en la poursieute, et n'en fut, pour l'eure, ne de sa vie, aultre chose faitte.

CHRONIQUE
DE JEAN LE FÉVRE
SEIGNEUR DE SAINT-REMY.

CHAPITRE PREMIER.

La rébellion des Liégois faicte l'an mil IIII^c et VIII à l'encontre de leur seigneur et esleu, nommé Jehan de Bavière, lequel ilz assiégèrent dedens la ville de Trecht.

Je lairay à parler de la ducesse [d'Orléans] et de ses enfans, jusques à tamps et heure sera; et parleray comment, en l'an mil IIII^c et VIII, ceulx de la cité et païs de Liége se rebellèrent à l'encontre de leur esleu, nommé Jehan de Bavière, frère du duc Guillame en Bavière, conte de Haynau, de Hollande et de Zélande. Et se mirent sus Liégois, en nombre de xl à l mille hommes, et allèrent asségier leur esleu, qui estoit dedens la ville de Trect sus Meuse. Quant l'esleu se trouva asségiet, pour ceste cause il envoya devers le duc Guillame, son frère, et devers le duc de Bourgoingne, son beau frère; car le duc de Bourgoingne avoit espouzé sa sœur, et le duc Guillame la sœur du duc de Bourgongne. L'esleu leur signifia et rescript comment il estoit asségié, leur requérant secours; laquelle chose ilz firent en grande diligence, et assambla le duc de Bourgoingne une grande et notable armée, tant de Bourgoingne, de Picardie que de Flandres, où il eust de grans seigneuries. Pareillement fist le duc Guillame.

Le roy seut l'assamblée des deux princes, qui estoit grande, près pour entrer dedens le païs de Liége. Pour laquelle cause il envoia messire Guissart le Dolphin, qui puis fust grant maistre d'ostel de France, et aultres en sa compagnie, devers le duc de Bourgoingne, pour luy faire deffenses, de par le roy, sur certaines et grosses paines, qu'il ne combatist les Liégois, ne entrast en leur païs. Or, est vray que, quant messire Guissart le Dolphin et ceulx de sa compagnie arrivèrent devers le duc de Bourgoingne et le duc Guillame, [ilz][1] estoient desjà entret dedens le païs de Liége; mais, che nonobstant messire Guissard accompli che que le roy luy avoit chergié, et fist les deffenses telles que devant sont[2]. Ausquelz commendemens le duc de Bourgoingne respondit qu'il avoit esté et estoit tousjours prest d'obéir au roy; mais il avoit procédé si avant et estoit si près de ses ennemis que, sans grant honte, ne s'en povoit retraire; et si sçavoit bien que le roy ne le vouloit point deshonnourer. Requérant, après pluiseurs parolles, à messire Guissart

---

1. Je crois pouvoir remplacer, par ce pronom, l'article « *lesquelz,* » qui est sans doute une faute dans les deux manuscrits. L. ne l'a pas corrigée suffisamment, à mon avis, en lui substituant « *qu'ils.* »

2. Nos deux manuscrits et L. ajoutent « *dessus.* »

lè Dolphin, que, comme son parent et amy, il le vousist consiellier; disant : « Vous avez accomplit « vostre charge, et n'estes plus ambaxadeur. [Comme] « messire Guissart le Dolphin, veulliés moy aidier à « garder mon honneur. »

Messire Guissart luy respondit qu'il luy sembloit qu'il ne povoit retourner par honneur, s'il ne véoit de plus près ses anemis, en luy disant qu'il estoit prest de vivre et morir aveuc luy à l'encontre des Liégois rébelles, et avoit fait porter secrètement aveuc luy son harnas de guerre en paniers. Et quant ceulx qui estoient aveuc luy sceurent sa volenté, se conclurent d'eux armer aveuc luy; et, pour ce qu'ilz n'avoient point de harnas, le duc leur en fist baillier de son armoirie. Ainsy conclurent combatre aveuc le duc de Bourgoingne.

Quant Liégois sceurent la venue des deux princes, il levèrent leur siége et se retrairent dedens la cité de Liége; mais n'y arestèrent guerres qu'ilz issirent aux camps pour combatre, et prinrent place belle et grande, et s'assemblèrent pour combatre les deux ducz et l'esleu de Liége, qui estoit issu de la ville de Trect, où il avoit esté asségié[1].

---

1. Le texte continue dans le manuscrit de Paris et dans Le Laboureur, sans former un autre chapitre, bien que la table de ce manuscrit en indique un et qu'elle en donne le sommaire.

CHAPITRE II.

La bataille du duc de Bourgoingne et des Liégois qui furent desconfis, et morts bien xxviij^m sans les prisonniers.

La bataille fu grande et bien combatue, tant d'ung costé que d'aultre; et Dieu scet quelle fin firent Liégois, et quel domage les archiers de Picardie firent aux Liégois! Car, en fin, furent Liégois desconfis, et là morurent, ainsy qu'ilz furent nombrés, xxviij^m Liégois, sans ceulx qui furent prisonniers; et, des gens du duc de Bourgongne et du duc Guillame, environ vj^c. Avant que les trois princes dessus nommés se partissent du païs des[1] Liégois, firent à leur seigneur, l'esleu, plaine obéissance, comme plus à plain est déclaré ès croniques sur che faictes.

Toutteffois, il n'est pas à oublier les seigneurs qui furent en ycelle bataille avec les dessusdis trois princes, au moins, aucunne partie, lesquelz ne sont point mis par ordre, mais ainsi que les ay trouvés par escript.

Et, premiers, le conte de Namur, le conte de le Marcq, le prince d'Orenge, le conte de Clermont, le conte de Fribourg, messire Jehan de Namur, le seigneur d'Enghyn, le seigneur de Saint George, le seigneur de Croy, messire Jehan de Vergi, mareschal de Bourgoingne, le sénescal de Haynault, le seigneur de

---

1. L., *les.*

Guistelle, le seigneur de Luignes, le seigneur de Wavrin, le seigneur de Boussut, le seigneur de Roubais, le seigneur de Rosimbois, le seigneur de Rochefort, messire Jehan de Torssy, messire Pierre de Fontenay, le seigneur de la Hamède, les enfans de Malli, le seigneur de Miraumont, le seigneur de Beauvoir, messire Jehan de Saint Obin, messire Jehan de Bailleul, messire Hues de Lannoy et deux de ses frères, le seigneur de Happelencourt, messire Hélion de Hacqueville, le chastelain de Lens, messire Jehan de Roye, le seigneur de Sempi, le seigneur d'Inchi, le seigneur de Landres, messire Jehan de Neuf Chastel, messire Robert de Flandres, messire Jehan de Bourbon, le seigneur de Chastiauvillier, le seigneur de la Guiche, le seigneur de Helli, le seigneur de Raasse, messire Jehan de Jumont, messire Guillame[1] de Noielle, Robert le Roux, Enguéran de Bournoville, et pluiseurs aultres nobles [hommes[2].]

CHAPITRE III.

La Journée qui se tint à Chartrez par le roy de France, pour la mort du duc d'Orléans.

En icelle meisme année, pluiseurs princes du royalme mirent grant paine de faire paix entre les

---

1. M.B., « *Jehan* Guillame. »
2. Le texte continue, dans M.P. et L. sans former un nouveau chapitre; mais le chapitre est à la table du manuscrit avec sommaire.

enfans d'Orléans et le duc de Bourgongne. Et, de fait, se tint une journée en la ville de Chartrez, là où estoit le roy et la royne, les rois de Scécille et de Navarre, le duc de Ghuyenne, qui pour lors avoit espousé la fille du duc Jehan de Bourgongne, les ducz de Berri et de Bourbon, le cardinal de Bar et pluiseurs aultres grans seigneurs de lieu. L'assamblée fut en l'église Nostre Dame de Chartres : là estoient les dessus nommez. Le roy fist aller premier les enfans d'Orléans deverz luy en l'eglise ; et puis manda le duc de Bourgoingne. Et quant ledit duc fut devant le roy, après la reverence faicte, il fist dire qu'il avoit entendu qu'il estoit indigné et courouchié contre luy pour le fait qu'il avoit commis et fait faire en la personne du duc d'Orlians, son frère, pour le bien de sa personne et du royalme, comme il estoit prest de dire et remonstrer véritablement, touttes et quantesfois qu'il luy plairoit; en suppliant au roy, très humblement, qu'il luy pleusist oster de luy son ire et indignation, et le tenir en sa bonne grace.

Ces parolles dittes, fu dit au duc de Bourgoingne qu'il se tirast ung peu arrière. Puis après, la royne, le duc de Guyenne, son filz, les rois de Sécille et de Navarre, et le duc de Berri se engenoullèrent devant le roy, et luy supplièrent et requirent qu'il luy pleusist pardonner au duc de Bourgongne l'offence qu'il avoit fait[1].

---

1. Le texte continue toujours dans M.P. et L. sans division de chapitre; mais le chapitre est indiqué et intitulé à la table du manuscrit.

CHAPITRE IV.

Le pardon que le roy feist au duc de Bourgoigne de la mort du duc d'Orléans.

Laquelle requeste fust par le roy accordée, et fist-on venir le duc de Bourgoingne devant le roy; et dist le roy au duc de Bourgoingne : « Beau cousin, à la « requeste de ceulx que vous véez chy présent, je vous « pardonne tout. » Le duc de Bourgongne remerchia le roy très humblement, et, che fait, s'approcha des enfans d'Orléans, et leur fist dire par le seigneur d'Ollehain qui leur dist : « Messeigneurs, vécy le duc « de Bourgongne, lequel vous prie et requiert qu'il « vous plaise oster de vos cœurs, se vous avés aucunne « mal veullance, ou hayne, contre luy, pour le fait qui « fut perpétré en la personne du duc d'Orléans, vostre « père; et que doresenavant vous demourés et soyés « bons amis ensamble. » Adont, dit le duc de Bour-goingne : « Je vous en prie. » Mais les enfans d'Orléans ne respondirent mot.

Ce véant, le roy leur commanda qu'ilz accordassent la resqueste à son beau cousin de Bourgoingne; et ilz respondirent au roy : « Puis qu'il vous plaist le com-« mander, nous accordons sa requeste, et pardonnons « toutte la malivolence que avions contre luy; car, en « riens, ne vous vollons désobéir[1]. »

---

1. Le texte continue dans M.P. et L., comme plus haut, avec le même sujet d'observations.

CHAPITRE V.

La paix entre les enfans d'Orléans et le duc de Bourgoingne jurée sur les Sains Ewangiles.

Et lors, incontinent, le cardinal de Bar ouvrit ung messel, et, en touchant leurs mains sur les Ewangilles, promirent de tenir bonne paix et entière, l'ung envers l'autre, sans jamais aller au contraire. Puis commanda le roy à touttes les parties d'estre bons amis ensamble ; et, aveuc ce, leur fist deffense qu'ilz ne feissent ne pourchaçassent grief ne dommage l'ung à l'autre, ne à leurs serviteurs, subgés, et amis et aliés. Icelle paix faicte, dont pluiseurs furent moult joyeulx, chascun s'en alla en son païs, et le roy aveuc la royne retournèrent à Paris. Dont tout le peuple fut joyeulx.

CHAPITRE VI.

Du concille qui se tint à Pise, où furent condempnez deux antipapes, et, en leur lieu, esleu pape Alexandre, V^e de ce nom, qui estoit auparavant archevesque de Milan, nommé Pierre de Candie.

En l'an mil III^c et IX se tint ung concille à Pise, où furent assamblés grans nombres de prélatz, pour la division qui estoit en l'Eglise entre les deux pappes. Et là y avoit xxiiij cardinaulx, tant de ceulx du colliége de Rome comme ceulx du pappe de la Lune. Grant nombre de prélatz de toutte crestienté y estoient assamblez; aussi y estoyent pluseurs ambassadeurs, tant de l'empereur comme des rois et princes de toutte crestienté.

CHAPITRE VII.

La fortune adverse qui advint à l'archevesque de Rains, en allant au concile de Pise.

L'avantdit cardinal de Bar, Guy de Roye, archevesque de Rains, et maistre Pierre d'Alli, evesque de Cambray, se mirent à chemin ensemble, fort accompagniez de prélatz et clergié pour aller au concile dont devant est dit. Ung jour [qu'ilz][1] furent logiés en une ville nommée Voultre, estant à iiij lieues de Jennes, advint que le mareschal de l'archevesque de Rains prinst noise à ung maressal de la ville, et tellement monta leur débat que le maressal de la ville fu ochis par l'autre maressal, lequel s'en couru, pour sauveté, à l'hostel de son maistre. Mais, ceulx de la ville esmeus pour le débat, coururent en grant nombre en l'hostel de l'archevesque pour vengier la mort de leur maressal. L'archevesque, pour les rapaisier, issi hors de son hostel et leur pria douchement qu'ilz veulsissent cesser et appaisier, et il bailleroit son maressal au juge de la ville, pour faire justice. En offrant celle offre ung mauvais garnement de celle esmeute jetta ung dart

---

1. L.

contre l'archevesque, et l'attaint si durement qu'il chéit mort à terre; et si occirent le maressal et le juge qui le tenoit.

Le cardinal de Bar et les autres convint partir hastivement pour le doubte du peuple qui esmeut estoit; et s'en allèrent au concile de Pise, où furent les deux pappes condempnés comme hérétiques, sissematiques, obstinés en mal, et tourbleurs de la paix de Nostre Mère Saincte Eglise. Après laquelle condempnacion faicte devant tout le peuple, présent tout le clergié, se mirent en conclave, appellans la grace du Saint Esperit. Et furent x jours ensamble, et esleurent pappe canonique nommé Pierre de Candie, natif de Gresse, de l'ordre des Frères Mineurs, docteur en théologie, archevesque de Milan; et fu nommé Alexandre, V° de ce nom; et fu fait le xvj° de Juing.

En icelluy an, Boussiscault, marescal de France, gouverneur de Jennes pour le roy, fu prié du duc de Milan qu'il vausist aller devers luy, pour appaisier le débat de luy et de son frère. Sy s'en parti Boussiscault et alla à Milan[1].

---

1. Le chapitre continue dans M.P. et L. jusqu'aux mots « qui « estoient en leurs mains » de notre chapitre VIII. Puis le manuscrit et l'imprimé en commencent un autre par les mots « Mais « sans tarder, » jusqu'à ceux-ci « pendu au gibet; » en confondant en un seul les deux titres de nos chapitres VIII et IX, bien qu'ils soient distincts et divisés à la table du manuscrit.

CHAPITRE VIII.

Les Geneuois se rébellèrent contre les François, et occirent le lieutenant de Boussicault.

Mais, tantost après son partement, ceulx de Jennes se rébellèrent contre les Franchois, et cruellement occirent le seigneur de Toullette, lieutenant Boussiscault; et les aultres Franchois se sauvèrent ès castiaulx qui estoient en leurs mains. Mais, sans tarder, ilz furent asségiez par les Jeneuois, et par le marquis de Montferrat, qui se mist aveuc ceulx de Jennes, et le firent leur duc, à x^m duccas de gaiges par an. Le mareschal Boussiscault fist, depuis, grant guerres aulx Jeneuois; mais, en fin, tout fut reconquis sur luy, et couvint qu'il retournast en France.

CHAPITRE IX.

Montagu eust la teste trenchée, et son corps pendu au gibet, pour avoir mal gouverné les finances du roy.

En icelle année fust accusé Montagu d'avoir mal gouverné les finances du roy, et qu'il s'en estoit [fort] enrichy; et, par le consiel du roy, fu prins par le prévost de Paris et jehiné, et puis, son procès fait; et en fin fut condempné à morir, et à avoir la teste coppée, et son corps pendu au gibet.

CHAPITRE X.

L'assamblée que les enfans d'Orléans, avecques les seigneurs de leur party, feirent en la ville de Chartrez.

En l'an mil CCCC et x, les enfans d'Orliens, le duc de Berri, de Bourbon et aultrez seigneurs de leur parti, s'assamblèrent en la ville de Chartrez et firent grans mandemens de gens d'armes. Entre lesquelz estoient les contes d'Alenchon et de Erminach; et envoyèrent, en pluseurs bonnes villes, lettres pour les attraire à eulx, en remonstrant que le roy et son royalme estoit mal gouverné. Le roy leur manda et commanda qu'ilz renvoyassent leurs gens d'armes, sans ainsi gaster son royalme. Mais ilz n'en volurent riens faire, disans que, jusquez à che qu'ilz auroient audience devers le roy, ilz ne se partiroient. Le roy renvoya de rechief devers eulx, affin que s'ilz vouloient venir devers luy, à simple compagnie, il en estoit content. Mais ilz ny vaulrent obéir.

CHAPITRE XI.

L'assamblée que le roy feist contre les enfans d'Orléans, et comment il délaia la sentence qu'il avoit pronuncée contre eulx.

Pour laquelle cause [cy devant dicte[1]] le roy fist

---

1. M.P. et L.

grans mandemans et vinrent à luy, de la part du duc Jehan de Bourgoingne, grant nombre de gens, entre lesquelz estoit le duc de Brabant, le conte de Pointévre, le conte de Sain Pol ; et estoient nombrés xv^m bachinés et xvij^m hommes de trect ; dont l'Ille de France fust moult foullée et destruite. Et, de l'autre costé, les Orliennois estoient logiés au Mont Lehéry, à grant puissance, qui tant faisoient de maulx que à merveillez. Sy fu advisé quil estoit besoing de trouver quelque bon moyen entre les parties, ou aultrement tout le païs estoit perdu et destruit. Pour laquelle cause la royne ala devers les ducz d'Orliens, de Berri et de Bourbon, pour appaisier, se faire se povoit, les différens des parties. Mais, pour remonstrances quelle sceut faire, elle n'y sceut trouver accord, et s'en retourna à Paris ; et les Orliennois s'en allérent logier jusques ès faubours de Paris, du costé vers le Mont Lehéry.

Si furent ceulx de Paris plus esmerveilliés que devant ; par quoý la royne fust de rechief envoyée devers les ducz d'Orliens, de Berri et de Bourbon ; la quelle leur remonstra la desplaisance que le roy avoit de ainsy veoir son païs et son peuple destruire ; et que, à la vérité, se ilz ne se pacifioient, le roy avoit intencion de déclarer touttes leurs terres confisquiés, et, de leurs corps, se tenir les povoit, en faire justice comme de ses anemis rebelles et désobéissans. Quelque chose que la royne sceut dire, ne se vauldrent accorder à traictiet nul, tousjours demandant justice du duc Jehan de Bourgoingne. En cel estat, retourna la royne disant que plus le roy ne renvoyeroit devers eulx, mais procéderoit contre eulx en toutte rigeur. La royne fist son raport ; et, véant le roy que les Orliennois faisoient de mal en pis, conclud premièrement leurs terres confisquiés ; et secondement d'entrer en bataille contre eulx aveuc ses aliés.

Le duc de Berri sceut la conclusion que le roy avoit prins ; pourquoy il envoya devers le roy, luy requérant qu'il fust content qu'il peust renvoyer devers luy, pour trouver aulcun bon moyen entre les parties. Le roy eult consiel de luy accorder sa requeste ; car il estoit trop desplaisant de veoir les seigneurs de son sang estre en telle division. Sy délaia la sentence que devant avoit ordonnée estre pronunchée, et dict que il vouloit que aucun bon traictié se trouvast entre eulx. Les ambassadeurs Orliennois et les gens du roy se trouvèrent ensemble, et si bien besongnièrent que appointié fu que les parties seroient d'accord, et que retourneroient chascun en son païs, au moins de domage qu'eulx pouroient faire au païs du roy ; et ne demourroit aveuc le roy que le conte de Mortaigne ; et que [si]¹ le roy mandoit le duc de Berri venir devers luy, pariellement il manderoit le duc de Bourgoingne, affin que, se aulcunes ordonances estoient faictes pour le bien du royalme, que l'ung ny fust point appellé sans l'aultre ; comme ches choses sont plus [au long et] à plain déclarées ès lettres, qui pour lors en furent faictes.

CHAPITRE XII.

Comment le seigneur de Croy, en allant en embassade vers le roy et le duc de Berry, fut rencontré

---

1. M.P. ; et M., dans le texte qu'il donne des lettres du 2 novembre 1410 que Saint-Remy se borne à indiquer.

des gens du duc d'Orléans et mené prisonnier à Blois.

Ne demoura guerres, après che que le duc de Bourgoingne fut retournet en son païs, il envoya ses ambassadeurs devers le roy, qui lors estoit à Paris ; et de Paris les ordonna aller à Bourges devers le duc de Berri. Les ambassadeurs du duc de Bourgoingne estoient le seigneur de Croy, le seigneur de Dours, et maistre Raoul le Maire, chanoine de Tournay. Advint, quant ilz orent besoingnié au roy, en allant de Paris à Bourges, ilz furent rencontrés des gens du duc d'Orléans, qui prinrent le seigneur de Croy et laissèrent aller les deux aultrez. Le seigneur de Croy fust menés à Blois, où il fu, comme ont dist[1], durement interroghié et gehiné sur la mort du duc d'Orléans, pensant qu'il en fust ou euvt esté coulpable et consentant[2]; et fu mis en destroicte prison, et les deux aultrez ambassadeurs allèrent devers le duc de Berri, et feirent leur légacion ; et puis luy dirent comment les gens du duc d'Orléans avoient prins le seigneur de Croy, qui estoit cief de l'ambassade, et lui prièrent qu'il volsist aidier à sa délivrance.

Le duc de Berri le prist à grant desplaisir, et, sans tarder, manda au duc d'Orléans, par lettres signées de sa main, qu'il le renvoyast devers luy, ou sy non il le reputeroit pour son anemis. Le duc d'Orléans rescript assés courtoisement, en prologant la besoingne.

---

1. M.P. et L., « comme *l'on* dist. »
2. M.P. et L., « esté *cause* coulpable, *ou* consentant. »

D'aultre part, quant le roy et le duc de Ghuyenne en furent advertis, il mandèrent au duc d'Orléans qu'il le delivrast sur paine d'encourir en leur indignacion. Mais il n'en fist riens, ainsy que chy après sera dit.

CHAPITRE XIII.

Des lettres que les trois frères d'Orléans envoyèrent au roy, pour avoir justice de la mort de leur père; et des lettres de deffiance qu'ilz envoyèrent au duc de Bourgoingne.

En l'an mil IIII^c et XI, les trois frères d'Orléans conprinrent de faire guerre au duc de Bourgoingne, disant qu'il n'avoit point tenu la paix faicte à Chartres. Mais, premièrement ilz envoyèrent lettres au roy, lesquelles contenoient en effect a mort et occision de leur père, qui estoit son seul frère; lequel avoit le duc de Bourgoingne fait occire par la grant haine qu'il avoit à luy de longue main, et pour convoitise d'avoir le gouvernement du royalme. Puis, déclarèrent le péchié estre si grant et si énorme qu'onques ne fu fait le pariel, attendu la prochaineté de sang et l'aliance qui estoit entre eulx, et les alliances qu'il avoyent ensamble, non pas une seule, mais pluseurs. Disoient qu'ilz portoient les ensengnes l'ung de l'autre, en signe d'amistié, et aultrez pluseurs choses qu'ilz imposoient au duc de Bourgoingne contre son honneur. Et puis, ilz mettoient, en leurs dictez lettres, comment, après che qu'il [l']ot fait tuer, ne luy souffist pas, ains le vault condempner après sa mort par faulses accusations.

Puis dirent comment madame leur mère poursuit devers le roy et son consiel, pour avoir réparation et justice du cas, et que le roy leur avoit promis qu'il leur feroit, dedens le Noël ensuivant, ou aultre jour certain; dont néanmoins il n'en avoit riens fait. Puis déclarèrent toutte la manière que tint le duc de Bourgoingne, quant il vint à Paris à main armée, et comment il alla à Chartres devers le roy, là où une paix fu faicte par constrainte ou par faveur, et contre toutte raison, et qu'elle n'est pas digne de récitacion; et meismement que le duc de Bourgongne n'avoit point tenu les points contenus en ycelle paix, par laquelle ilz ne debvoient pourcasser l'ung à l'aultre, ne à leurs gens ou serviteurs, mal ne dangiers. Et il avoit fait morir Montagu, après che qu'il l'avoit fait gehyner sy terriblement que tous ses menbres furent desrompus par gehine, en hayne de che qu'il estoit leur familier, si comme le remonstra à sa fin. Car, quant on luy deubt coper la teste, il affremoit et print, sur la dampnacion de son âme, qu'il n'avoit oncques veu ne percheu que le duc d'Orléans, deffunct, pensast mal ne trayson contre le bien de la personne du roy.

Secondement, pour che qu'il nourist et soustint les mourdriers, qui par ladicte paix furent exceptés; et, tierchement, qu'il avoit destitué de tous offices leurs favorables et bouttés arrière du roy, pour y mettre les siens et pour gouverner à son plaisir. Puis ramenturent le voiage qu'ilz firent de Chartres à Mont Lehéry, et de Mont Lehéry à Vincestre, et la paix qui y fu faitte, par laquelle devoyent estre mis en conseil et gouvernement du roy hommez preudommes et loyaulx non suspectz[1] et non pensionnaires de nulles des parties. Et, néantmoins, le duc de Bourgoingne, avant son partement, y avoit ordonné et laissiés les siens familliers et serviteurs, par lesquelz tout estoit faict en l'hostel du roy; qui estoit chose directement faicte contre ycelle paix.

Finablement, requirent au roy, par leurs lettrez, qu'il ne voeille souffrir la mort de leur père demourer impugnie, mais leur voeulle faire justice, ainsi que au cas apertenoit. Lesquelles lettres, signées de leurs saings manuelz, furent faictes à Jargiau le x[e] de juillet, l'an mil IIII[c] et XI, et furent veues[2] au consiel du roy; et sur ycelles furent dittes et remonstrées pluseurs oppinions. Mais, néantmoins, le duc de Bourgoingne avoit adont tant d'amis à la court du roy, que riens n'y fu respondu qui fu aggréable aux enfans d'Orléans. Meismement, fut envoyée la coppie desdictes lettres au duc de Bourgoingne; par quoy il congnut qu'il auroit guerre prochainement. Si se prépara à touttes diligences, pour résister contre [eulx et] tous ceulx qui nuire le pouroient.

Aveuc ce, samblablez lettres envoyèrent les enfans d'Orléans à pluseurs bonnes villes, requérans que chascun leur fust en ayde à vengier la mort de leur père. Et pour che que du roy, ne de la royne, ne du consiel, ilz n'eurent point de response, ilz envoyèrent encor unez aultres lettres [au roy][3] contenant manière de summacion; disant se provision ne leur estoit

---

1. M.P. et L., « hommes preudhommes et non suspectz et loyaulx. »
2. M.P., « venues. » — L., « données. »
3. M.P. et L.

ballié, qu'ilz la querroient par aultre manière ; si que le roy fu meu de parler à la royne et au duc de Berri et aultrez, pour trouver aulcun moyen pour les appaisier. Et pluseurs se entremirent de les appaisier. Mais, néantmoins[1], on ne les povoit accorder ; car le duc de Bourgoingne ne vouloit faire quelque réparacion aultre qu'il avoit fait à Chartres. Et vint la chose à telle conclusion que les enfans d'Orléans se conclurent outréement de faire guerre au duc de Bourgoingne, à l'aide de pluseurs grans seigneurs qui leur avoyent promis leur ayde et secours. Et, de fait, envoyèrent au duc de Bourgoingne lettres et message, par lesquelles lettres ilz le[2] deffioyent pour la mort du duc d'Orléans leur père. Lesquelz lettres furent données, à Jergiau, le xviij° de juillet an dessus dit.

Et quant le duc de Bourgoingne euvt veu et receu les lettres de deffiance, il fist response aulx enfans d'Orléans, et rescript que, pour raison et droicture il avoit fait tuer et occire leur père ; et que, une fois il leur feroit amender che que ainsi l'avoient deffié et chergié son honneur ; et furent les lettres données, à Douay, le xiij° d'aoust ensuivant. Quant le duc d'Orléans ot veu la response du duc de Bourgoingne, il se prépara de tous poins à luy faire guerre et envoya bouter gens de guerre en garnison ès villes de Roye, Hem, Chauny, Clermont, et aultrez places là environ ; lesquelles garnisons se prinrent à courre en Artois et ailleurs, sur les terres de ceulx qui tenoient la partie

---

1. M.P. et L., « aulcun moyen pour les appaisier. — Mais néant-
« moins. »
2. M.B., « *se.* » C'est une faute.

du duc de Bourgoingne. Et pariellement le duc de Bourgoingne mist garnisons ès villes et forteresses sur la frontière et à l'encontre des Orliennois. Ainsi commencha païs à destruire; mais, toutteffois, le duc de Bourgoingne avoit adont le roy à son parti, par le moyen de ceulx qui le gouvernoient et estoient autour de luy[1].

CHAPITRE XIV.

Wallerand de Saint Pol et Jehan de Luxembourg, son nepveu, qui fut conte de Ligney.

Pour che temps estoit capitaine de Paris le bon Walleran de Saint Pol. Aveuc luy estoit Jehan de Luxembourg, son nepveu, qui depuis fu nommé conte de Ligni et fu chevalier de l'ordre de la Thoison d'or, qui en son temps fist de grandes vaillances. D'aultres gens et seigneurs de Picardie estoient aveuc le roy; c'est assavoir Mᵉ Jehan le Thoisi, évesque de Tournay, le vidame d'Amiens, Anthoine de Craon, le seigneur de Helli, Charles de Chavoisi, Anthoine des Essars, Jehan de Courcelles, et aultrez, qui du tout estoient Bourguignons. De laquelle chose les Orléanois estoient moult desplaisans; et se mirent sus à grant puissance, et commenchèrent à gaster païs.

---

[1]. Le chapitre continue dans M.P. et L., avec tout le texte de notre XIVᵉ.

CHAPITRE XV.

Le mandement que le roy feit contre ses ennemis, les enfans d'Orléans.

Pour laquelle cause [devant dicte] le roy fist grans mandemens et fist crier, par son royalme, que tout homme se mist sus pour le servir, et, en son absence, le duc de Bourgongne, pour aidier à bouter hors du royalme ses ennemis, et au duc de Bourgoingne fû faicte obéissance comme à luy meismes, et que on luy feist ouverture, pour luy et les siens, touttes et quantteffois qu'il luy plairoit. Le duc de Guyenne, qui avoit espousé la fille du duc de Bourgoingne, le manda, par ses lettres, que, le plus brief qu'il pouroit, il allast servir le roy et luy, et en la plus grant puissance de gens d'armes, et de tant qu'il pourroit finer, et en sa propre personne, pour résister et rebouter les Orléanois qui gastoient le royaulme en plusieurs lieux[1].

CHAPITRE XVI.

L'assemblée des gens d'armes et des Flamens que le duc de Bourgoingne feist.

Quant le duc de Bourgoingne euvt veu ces lettres du duc de Guyenne, il assembla gens d'armes de touttez

---

1. Le chapitre continue dans M.P. et L., et fait corps avec notre XVIe.

parts en son païs de Flandres, de xl. à l. mil Flamens, bien embastonnez. Et si avoient bien xij mille chariots chergiés d'armures et de leurs abillemens. Le duc de Brabant y vint à tout belle compagnie de ses gens, et messire Guillame Baldoch, Englois, lieutenant de Calais, à iij*c* combatans Englois, et grant plenté de chevaliers et aultrez du païs [d'Artois] et de Bourgoingne. Et estoit le duc de Bourgoingne bien de l. à lx. mille combatans[1]; et, à la requeste des Flamens, leur avoit abandonnet che qu'ilz pourroient conquerre sur ses ennemis.

CHAPITRE XVII.

Du désordre que les Flamens faisoient en l'armée du duc, dont pluseurs débatz s'ensuyvoient.

Dont advint, quant ilz vindrent aulx camps, en la fin de la conté d'Artois, ilz commenchèrent à prendre et ravir tout che qu'ilz trouvoient, et trossoient sur leurs chariots; et, pour le grant nombre qu'ilz estoient, ne tenoient conte de gentilz hommes ne d'aultrez, mais prenoient leurs milleurs logis et leur tolloient leurs

---

1. L., « et estoit *delà* le duc de Bourgoingne à *quarante* mil combattans. » — Cette altération provient à n'en pas douter, non d'une mauvaise leçon du manuscrit suivi par Le Laboureur, mais d'une mauvaise lecture. Si elle eût procédé de ce manuscrit, on la retrouverait dans celui de Paris avec lequel il offre des rapports que l'on pourrait dire réguliers. J'expliquerais l'emploi de la préposition *delà* par une confusion vicieuse de la préposition *de*, de la lettre numérale *l* et de la préposition *à*, que nos manuscrits séparent ainsi « *de l. à.* »

vivrez et leur fouraige; dont sourdirent en icelle armée pluseurs débas[1]. Le duc de Bourgoingne assambla toutte son armée à Marquion, entre Arras et Cambray, puis se mist à chemin pour aller mettre siège devant la forteresse de Hem, où estoient ses adversaires[2].

CHAPITRE XVIII.

La ville d'Athie se rendit au duc de Bourgoingne.

Et quant il fu devant la ville d'Athies, qui siet entre Marquion et Hem, les bourgeois de la ville furent si espoenté de sa grant puissance qu'ilz luy portèrent les clefz de la ville, et, partant, eschapèrent de périlz et de domage. Après, se tira le duc de Bourgoingne vers Hem; et, au prendre les logis devant la ville, ceulx de la garnison saillèrent; et là ot une grant escarmuche; mais l'effort des Bourgongnions les fist retraire dedens la ville.

CHAPITRE XIX.

Le siége devant la ville de Hem, qui fut, à la fin, abandonnée des Orléannois et pillée des Bourgoingnons.

Et, l'endemain, tout l'ost fust logié par bonne ordonnance. Ceulx de dedens firent pluseurs saillies

---

1. M.P. et L., « dont sourdirent — pluseurs débatz. »
2. Le chapitre continue avec notre XVIII° dans M.P. et L., pour n'en former qu'un seul des deux.

où il y ot pluseurs hommes mors et bleschiés, tant d'une part que d'aultre. Bombardes et canons y gettèrent et ronpirent portes et murailles en pluiseurs lieux : mais ceulx de la ville les réparoient, le mieulx que povoyent, de tonniaulx, de bois et de fiens. Le duc de Bourgoingne ordonna de faire pons, pour passer la rivière de Somme, affin de les enclore de touttes pars. Ceulx de la garnison, véans la grant puissance, n'ozèrent plus attendre, ains abandonnèrent la ville, aveuc des plus notables gens, et partirent de nuit le plus secrètement que porrent, emportans de leurs biens che que povoyent.

Incontinent, ceulx de l'ost le sceurent ; si entrèrent sans deffences dedens la ville, laquelle fu toutte pillée et robée. Les Flamens, qui estoient les plus grans nombres, tolloient aulx aultrez che qu'ilz avoient prins ; dont pluseurs débatz sourdirent en leur ost. La ville fu arse, l'abbéie, les églises, et pluseurs hommes, et femmes, et enfans, qui se estoient retrais et muchiez es chéliers : qui fut grant pitié et aussy grant esbahissement aulx aultrez villes du parti d'Orléans.

CHAPITRE XX.

Comment ceulx de la ville de Nelle se rendirent au duc de Bourgoingne.

Quant ceulx de la ville de Nelle sceurent la prinse et la destruction de Hem, véans que leurs garnisons les habandonnoient, envoyèrent vers le duc de Bourgoingne, luy présenter les clefz de leur ville. Le duc les rechupt et les prinst à merchy, moiennant qu'ilz abatissent partie de leurs murs et de leurs portes. Ceulx de la ville se rendirent aussi au duc de Bourgoingne, et luy feirent serment qu'ilz ne recepvroient ne obéiroient au duc d'Orléans, ne à ceulx de son alliance. Pariellement le fierent ceulx de Chauny. Le duc de Bourgoingne, venu à Roie et ou païs d'environ, à tout son ost, ainsi que avés oy, envoya messire Piére des Essars à Paris, devers le roy et les Parisiens, pour signifier sa venue et sa puissance; dont le roy, le duc de Guyenne et les Parisiens furent moult esjois.

CHAPITRE XXI.

Comment le duc d'Orléans et ses aliés passèrent Marne, et assemblèrent au païs de Valois pluseurs gens d'armes de diverses langues, qui furent appellez Erminacqs.

Entre ches choses, le duc d'Orléans, le conte d'Elminacq, le connestable de France, le maistre des arbalestriers de France, à grant compagnie de gens d'armes, allèrent à Melun devers la royne, aveuc laquelle ilz eurent aulcun parlement, puis passèrent la rivière de Marne, et entrèrent en la duchié de Valoix appartenant au duc d'Orléans. Et là assemblèrent les Orléanois, les ducz de Bourbon, d'Alenchon, Jehan filz du duc de Bar, et pluiseurs aultrez de diverses langhes et païs. Lesquelz, de lors en avant, furent nommés *Erminas*, pour la bende blance qu'ilz portoient, qui estoit, comme l'en disoit, l'ensengne du conte d'Erminacq. De la duchié de Valois, les Orléanois prinrent leur chemin à Beaumont sur Oise, et, en passant devant la cité de Senlis, ung capitaine de Picardie, nommé Enghéran de Bournoville, salli sur eulx, et rua jus aulcuns de la compagnie des Orléanois, et y prist, entre les aultrez choses, ung chariot chergié de bachinés.

CHAPITRE XXII.

Comment les Flamens retournèrent de devant Mondidier, quoy que le duc de Bourgoingne leur feist remonstrer, et furent conduitz en leur païs par le duc de Brabant, frère au duc de Bourgoingne.

Or fault parler du duc de Bourgoingne, et comment il s'en alla de Roie devant Mondidier, et là fut, par aucuns jourz, logiés. Là, se commenchèrent Flamens fort à taner de tenir les camps, et envoyèrent leurs capitaines devers le duc de Bourgoingne demander congié de retourner en Flandres ; disans qu'ilz avoient servi autant de temps qu'on leur avoit requis et que promis avoient. Le duc de Bourgoingne les cuida bien retenir, et par pluiseurs fois leur remonstra et fist remonstrer que ses ennemis estoient près de luy, et, de jour en jour, attendoit la bataille, en leur requérant qu'ilz vaulsissent demourer aveuc luy encores viij jours tant seullement. Les capitaines des Flamens assamblèrent leur commun, et leur remonstrèrent la requeste que leur faisoit leur seigneur naturel : mais, pour remonstrance nulle, n'y volrent demourer, et dirent qu'ilz s'en iroient, et se prinrent à trosser tentes et aultrez bagues; et tous se mirent à retour vers leurs païs. Quant le duc de Bourgoingne vit que remède n'y avoit, fu moult dolans, disans que ses ennemis estoient à une journée de luy, [qui]¹ diroient et publiroient partout qu'il s'en seroit fuy, et qu'il ne les osoit attendre.

Quant le duc vit le deslogement des Flamens, et qu'il demouroit bien esseulé, il ot consiel de soy retraire en Picardie, et ordonna le duc de Brabant, Anthoine, son frère, pour remener et conduire les Flamens ou païs. Quant les Orléanois sceurent le deslogement des Flamens, et que le duc de Bourgoingne estoit retourné en Picardie, ilz en furent joeulx, et, par aulcun moyen, cuidèrent avoir le roy de leur parti, et tirèrent droit à Paris, pensant que les portes leur seroient ouvertes. Mais ilz trouvèrent le contraire; car ceulx de Paris leur firent telle résistance, et si dure, qu'ilz les couvint retourner vers Saint Denis; laquelle leur fut rendue, et logèrent dedens.

CHAPITRE XXIII.

Comment la ville de Saint Denis fut rendue aux Orléanois; et de la guerre qu'ilz feirent aux Parisiens; et des bouchiers de Paris.

Quant Orléanois veirent que on ne les voulloit avoir dedens Paris, ilz se mirent à faire guerre ouverte

---

1. L.

aulx Parisiens et à ceulx qui dedens estoient. En la ville de Paris estoient les bouchiers en grant règne, et n'y avoit homme ne femme qui ozast parler d'Orléans, de Berri, de Bourbon, ne de ceulx tenant leur parti. Et véritablement estoit grant pitié de la rigeur que les bouchiers faisoient à ceulx qui estoient supeçonnés Orléanois; car ilz ne falloit que dire : « Velà ung « Erminacq, » on les alloit tuer, ou noyer, sans faire informacion nulle. Quant le duc de Bourgoingne fut retourné en sa ville d'Aras, il fist son mandement, assembla chevaliers, escuiers et gens de guerres; et, d'aultre part, le vindrent servir le conte d'Arondel, de Quent, Englois, que le roi d'Engleterre luy envoya, à tout xij^c combatans.

CHAPITRE XXIV.

Comment le duc de Bourgoingne entra dedens Paris et print la ville et tour de Saint Clou sur les Orléanois; et de la guerre et prinse de pluseurs places que le roy et le duc de Bourgoingne fierent au pais de Beause et de Vallois.

Prestement [que le duc de Bourgoingne][1] euvt assemblé son armée, qu'on nonbroit de vj à vij mille combatantz, il se mist à chemin pour aller à Paris et tira tout droit à Pontoise, et de là au pont à Meulen, où il passa la rivière de Sainne, en tyrant au loing du Vau de Jouy, et s'en ala entrer dedens Paris, par la porte de Saint

---

1. M.P. et L. — Il y a « qu'*il* » dans M.B.

Jacques, qui est à l'opposite de la porte Saint Denis, où les Orléanois estoient logiés. Or, est ainsi que, avant la venue du duc de Bourgoingne dedens Paris, le duc d'Orléans trouva moyen devers le capitaine de la tour du Pont de Sainct Clou, en la quelle le duc d'Orléans mist de ses gens, et fist fortifier le village, où se logèrent grant nombre de gens qu'on nommoit les *Erminacqs*, qui faisoient tous les maulx du monde, oultre la rivière de Saine devers Paris. Quant le duc de Bourgoingne fust entré dedens Paris, avant qu'il se logast, alla tout droit au roy faire la révérence, et au duc de Guyenne, ainsné filz de France. Le conte de Nevers, son frère, et le conte de Saint Pol, qui dedens Paris estoient aveuc le roy, furent moult joyeulx de sa venue. Icelle nuyt, il se loga en l'ostel de Bourbon, auprès du Louvre, où le roy estoit logiés. Les Anglois furent logiés à Saint Martin des Camps, et les aultrez partout avant la ville.

L'endemain au matin issi de Paris une grant compaignie de gens du duc de Bourgoingne, entre lesquelz estoit Jehan de Luxembourg, nepveu du conte de Saint Pol, en sa compagnie Enghuéran de Bournoville et pluiseurs aultrez ; et allèrent courre devant la Chapelle, séant entre Paris et Saint Denis, que les Orléanois avoient fortifié, et y tenoient un gros logie. Mais, che non obstant, ilz eussent esté en grant adventure d'estre ruez jus s'ilz n'eussent euvt secours[1] de ceulx de Saint Denis. L'assault fu grant et bien combatu, tant d'une partie que d'aultre ; et en y euvt pluiseurs bléchiés ; mais chose n'y fu faicte pour ceste heure. Le duc de

---

1. M.P. et L., « *n'oust esté qu'il eulrent* secours. »

Bourgoingne, qui fort désiroit travellier ses ennemis, assambla ses princes et seigneurs et tint consiel. Si luy fu consiellé que bon seroit qu'il allast à Saint Clou, pour [essayer à][1] rompre les logies des Orléanois; et de plus grant plaisir ne pouroit faire à ceulx de Paris, par lesquelz Orléanois tout le païs devers le Mont Lehéry estoit tenu en subjection.

De che consiel fu le duc d'accort, et tout ceulx qui là estoient. Si fu ordonné que, tantôt après sour falli, on feroit sçavoir à tous les capitaines et ciefz de chanbres que secrètement ilz s'apprestassent, eulx et leurs gens, pour partir à my nuit en la compagnie du duc de Bourgoingne, sans nommer le lieu où ilz debvoient aller. L'ordonnance faicte, le duc de Bourgoingne se parti à l'heure devant dicte, qui fut le ix° jour de novembre en icellui an, en sa compagnie le conte de Nevers, son frère, le conte de la Marche et pluiseurs aultrez; et fist guider luy et ceulx qui conduissoient son ordonnance, pour aller droit à Saint Clou, cottiant la rivière de Saine du costé vers Mont Lehéry; et aveuc che ordonna c. lanches, hommes vaillans et bien montés, qui du costé vers Saint Denis chevauchèrent le plus secrètement qu'ilz pourent, tant qu'ilz furent à l'endroit de la tour de Saint Clou pour garder le passage affin que nulz ne passast[2] par là, de la ville ne de la tour, pour aller vers les Orléanois. Quant le duc de Bourgoingne fu parti de Paris, il tira son chemin droit à Saint Clou, et moiennant les guydes qu'il avoit, se trouva devant le jour assés près de la tour. Celle nuyt, fist grant froidure à merveilles.

---

1. M.P. et L. — 2. M.P. et L., « pour garder — que nulz ne passast. »

Et quant se vint environ vij heures au matin, le duc de Bourgoingne fist assalir la ville par deux ou trois lieux. Les Orléanois, qui grant nombre de gens estoient, très vallamment se défendirent. L'assault fu grant, le cri et la noize, mais les Orléanois furent sourpris et ne peurent faire sçavoir à leur grant puissance l'assault que on leur faisoit; car les cent lances du duc de Bourgoingne qui estoient devant[1] le pont de Saint Clou gardoient que nulz ne povoit issir. La besongne fu grande et y perdi maint homme la vie. Toutteffois, Orléanois y furent desconfis, dont pluisers, qui se cuidoient sauver et retraire en la tour de Saint Clou, furent noyés; car la presse fu si grande, sur le pont, qu'ilz boutoient l'ung l'autre jus en l'eaue; et, aveuc che, on dit que le pont rompi, qui tout chergié de gens estoit. Et là furent, que mors que noyés, de ix^c à mille hommes, et de iiij à v^c prisonniers. Entre lesquelz fu prins le seigneur de Stanbourg, messire Manssart du Bois, Guillame Batillier et aultres gens de nom. Et, après celle desconfiture, retourna le duc de Bourgoingne à Paris, où il fu rechupt des citoyens à grant loenges.

Quant le duc d'Orléans et ceulx de sa compagnie sceurent la desconfiture de leurs gens, furent moult dollans; pour laquelle cause se mirent à consiel. Sy conclurent, veu la grant puissance que avoit le duc de Bourgoingne, qu'ilz se partiroient celle nuyt, et fierent celle nuit secrètement faire pons[2] sur la rivière de Saine, pour passer à l'endroit de Saint Denis. Ainsi se par-

---

1. M.P. et L., « d'entre. »
2. M.P. et L., « secrettement — pons. »

tirent; mais tout leur cariage¹ et la plus part de leurs bagaiges demourèrent, et s'en allèrent vers la duchié d'Orléans. Le second jour après, les gens du duc de Bourgoingne allèrent devant la tour de Saint Clou et se rendi le capitaine à la volenté du roy, aveuc sa compagnie; et fu la volenté du roy telle qu'il fist trencher la teste au capitaine de la tour, nommé Colinet de Puiseux, et aussy à messire Manssart du Bois, pour che qu'il estoit natif de Picardie.

Ne demoura guerre, après, que le roy et le duc de Bourgoingn nvoyèrent le marescal Boussicault, le seigneur de Helli, Enguéran de Bournoville et Amé de Viri, à tout grant puissance, en la ville de Bonneval; lesquelz faisoient guerre à la duchié d'Orléans, au païs de Beause et d'environ. Le conte Walleran de Saint Pol euvt charge d'aller aveuc grant compagnie de gens de guerre en la duchié de Valoix, en la terre de Coussy, là où il fist grant conqueste. Et, premier, luy fu rendu Creppi en Valoix, Pierrefons dont le seigneur de Bousquiaulx estoit capitaine; puis après, La Freté Millon et Villers Cauderech. Après alla devant la ville et castiaulx de Coussi, dont messire Robert d'Onne estoit capitaine. La ville ne tint guerres, ains se rendi au conte de Saint Pol. Le chastiau tint et fu asségié et batu de canons que guaires n'y faisoient; car c'est une des belles et fortes places du royalme de France. Et quant le conte de Saint Pol vit qu'il ne le poroit avoir pour batre de canons, il y fist faire pluiseurs mines, entre lesquellez en y ot une qui s'adrécha à l'encontre d'une tour qui se nommoit la tour Maistre Odon.

---

1. M.B., « *couraige*. »

Quant les mineurs orent miné celle tour et mise sus estances, ilz y boutèrent le fu, et tellement que le tour qui estoit à thérasse se fendi en deux, et avalla une des parties en bas sans soy desmachonner ; laquelle s'appoia contre l'autre partie, qui demoura entière. A celle heure que la tour se fendi, avoit hault sur la terrasse deux hommes de guerre, qui demorèrent en leur estant[1] sur la partie qui demora droite ; mais furent fort espoentés.

Aprez che que le siége euvt esté longhement devant le castiau de Coussi, ceulx de dedens, véans qu'ilz n'auroient point de secours, rendirent la place au conte de Saint Pol.

CHAPITRE XXV.

Comment Wallerand, conte de Saint Pol, fut faict connestable de France, au lieu de messire Charles de Labreth; et comment la conté de Vertus fut rendue pour le roy.

Après celle conqueste faicte, le conte de Saint Pol retourna à Paris, et fu de par le roy fais connestable de France au lieu de messire Charles de Labrech, pour et à cause de la division qui lors estoit au royalme de France ; car le seigneur de Labrech estoit orléanois et le conte de Saint Pol bourguignon. Le seigneur de Rambures fu fait maistre des arbalestriérs ou lieu du seigneur de Hangest ; le seigneur de Longuy marescal de France, ou lieu du seigneur de Rieu ; messire

---

1. L., « *estat.* »

Phelippe de Crenolles bally de Viteri, et euvt charge, de par le roy et le duc de Bourgoingne, d'aller aveuc puissance de gens d'armes en Campaingne, pour mettre en l'obéissance du roy pluiseurs places, lesquelles estoient rebelles. Et luy fu rendu pour le roy le conté de Vertus, Espernay, et touttes les aultres places d'environ, excepté Moismes, que messire Clugnet de Brabant tenoient et messire Thumas de Largies. Sy fu la place asségiée, et pendant le siège messire Thumas de Largies et messire Clugnet de Brabant yssirent pour aller querre secours, et y leissèrent le frère de messire Clugnet pour le garder. Toutteffois ilz n'orent point de secours et ne retournèrent point les dessusdis; et fu la place rendue au bally de Viteri, à la volenté du roy, qui fu telle que le frère de messire Clugnet en euvt la teste coppée.

CHAPITRE XXVI.

Comment messire Jehan, filz du seigneur de Croy, print le chasteau de Moncheaulx, et, en icelluy, trois des enfans du duc Jehan de Bourbon; et de pluiseurs capitaines qui furent ordonnez de faire la guerre au duc d'Orléans, et ses aliés en divers lieux et pays.

En icelle saison, messire Jehan de Croy, filz du seigneur de Croy, véans que son père estoit prisonnier ès mains du duc d'Orléans, et en grant dangier de mort, comme l'en disoit, trouva fachon d'entrer dedens le chasteau de Moncheaulx séant en la conté d'Eu, où il trouva trois des enfans du duc Jehan de Bourbon, lesquelz il prist et mena prisonniers dedens le chasteau de Renti[1]. En ycelle saizon le vidame d'Amiens euvt cherge d'aller devant Clermont en Beauvoisis, et luy fu rendu, pour le roy et le duc de Bourgoingne, le chastel et la ville. Le balli d'Amiens euvt cherge d'aller au pais de Boullenois, et, à luy, pour le roy, se rendirent le chastiau et la ville de Boullongne, la conté d'Eu, Gamache et tout le païs d'environ.

Vous avés oy comment le conte d'Arondel et de Quent furent aveuc le duc de Bourgoingne à la prinse de Saint Clou, qui fu une grande et belle besongne pour luy. Or est vray que le duc de Bourgoingne, véant que ses adversaires estoient fort reboutés, il envoya les deux contes d'Arondel et de Quent en Engleterre, et en après fu ordonné le conte de la Marche, le seigneur de Hambre, d'aller ou païs de Beausse, en la duchié d'Orléans. Sy avint que, quant ilz furent logiés ou pais de Beausse, ilz ne logèrent point ensamble, mais loing l'ung de l'autre. Ceulx qui dedens Orléans estoient le sceurent et s'asamblèrent de v à vi^c combatans, dont les seigneurs de Barbazan et de Gaucourt estoient ciefz ; et se partirent de la nuyt, et tant chevauchèrent qu'ilz vindrent au point du jour auprès d'ung village, nommet le Puiset, en Beause, où le conte de la Marche estoit logiés, qui riens ne sçavoit de la venue des Orléanois. Si fu là prins le conte de la Marche et la pluspart de ses gens, à bien peu de défense. Toutteffois les aulcuns allèrent vers le seigneur de

---

1. Nos deux manuscrits ont « *Remy ;* » mais c'est une faute, qui est d'ailleurs relevée dans une note du M.P.

Hambre qui logiés estoit assés près de là, qui se gouverna si bien qu'il reprinst la pluspart des[1] prisonniers; et si rua jus, des Orléanois, de iij à iiij^c. Et, se ne fust la seule personne du conte de la Marche qu'ilz enmenèrent, ilz eussent beaucop plus perdu que gaingnié.

Tantost après la besongne de Saint Clou, et en che meisme moys, le duc de Bourgoingne et de Guyenne allèrent asségier la ville d'Estampes, laquelle estoit au duc de Berri; et en estoit capitaine ung gentil chevalier, nommé messire Loys Bourdon. La ville ne tint point [longuement][2], mais firent ouverture, dedens laquelle logèrent lez ducz de Bourgoingne et de Guyenne. La forteresse fu asségiée, laquelle avoit trois fors[3]. La place fu fort batue et minée, et furent par force la bassecourt et le chastiau prins et le donjon, la grosse tour minée et mise sus estaches par telle sorte que, qui euvt volu, on l'eust fait trébuchier par terre. Mais dedens icelle tour avoit aveuc le capitaine ung gentil chevalier du pais de Picardie, nommé le seigneur de Raon, prisonnier dedens ladicte tour, lequel fist tant que le capitaine eust son traictiet tel que, en rendant la dicte tour, il auroit la vie sauve, mais seroit prisonnier au plaisir des ducz de Guyenne et de Bourgoingne.

Après la reddicion du castel et ville d'Estampes, lesdis ducz retournèrent à Paris, où ilz furent à grant joye reçups du roy et des aultrez; et là fu messire Loys Bourdon amené prisonnier, et depuis fu délivré, et euvt, à la court du roy, gouvernement. Lequel gou-

---

1. M.P. et L., « de ses. »
2. M.P. et L.
3. M.P. et L., « trois *tours*. »

vernement fut à sa mal adventure, car il fut acusé d'aulcun cas deshonneste ; par quoy il fu prins et par nuyt rués en la rivière de Saine, où il fina ses jours.

Après le retour d'Estampes, qui fu à l'entrée de décembre en l'an xi, pluiseurs capitaines tenans la partie du roy et du duc de Bourgoingne furent envoyés pour faire guerre aulx Orléanois et à ceulx qui tenoient leur parti ; c'est assavoir messire Guissart le Daulphin, le seigneur de Helli, et aultrez ou païs de Berri ; Amé de Viri ou païs de Bourbonnoys. Le seigneur de Helly, luy estant ou païs de Berri, en ung village logiés, fu prins[1], despourveu, de gens du duc de Berri au point du jour, et là perdi la pluspart de ses gens ; mais depuis ne demoura guerres que ne se remonta, et depuis fist-il de très belles besongnes, tant en Berri comme en Guyenne, dont il fu fait sénescal ; et là se trouva grandement à compagnie de noblesses tant de Picardie, de Flandres, de Touraine que de Guyenne.

Ainsi que le seigneur de Helly estoit ung jour en la ville de Saint Jehan d'Angeli, nouvelles luy vindrent de la Rochelle, qu'on avoit veu sur le coste d'Engleterre navires de guerres qui prenoyent leur chemin pour aller vers la Rocelle, comme il sambloit. Or, tenoient alors une petite ville nommée Sousbise, les Anglois séans sur la mer à trois lieues de la Rocelle, dont ung chevalier d'Engleterre, nommé messire Thomas Blond estoit capitaine. Il sembloit à ceulx de la Rocelle que les navires venoient à Sousbise mener vitailles, et dirent au seigneur de Helli que, s'il vouloit aller à la Rocelle, ilz luy bailleront navires pour aller au devant des

---

1. M.P. et L., « en ung village — fu prins. »

Anglois, et qu'il ne pouroit fallir de les trouver. Le seigneur de Helli crut yceulx de la Rocelle et alla en leur ville, et monta en mer cuidant trouver les Anglois. Mais, pour abregier, ilz ne les trouvèrent point.

En retournant vers la Rocelle il le convenoit passer devant la ville de Soubize. Or est vray que, quant ledit seigneur de Helli vint devant ladicte ville, il requist à ses maronniers qu'ilz le descendissent à terre, car il vouloit veoir de quelle advenue estoit la ville de Soubize. Les maronniers s'excusèrent fort, disant que la mer se retraioit[1] fort et que leurs gros navires ne pouroit aprochier la terre. Il respondi qu'il vouloit descendre, et qu'on le mist en battakins[2]. Et de fait descendit, et aulcun de ses gens, au mieulx que povoient. Les Anglois, qui dedens Soubize estoient, se mirent tout en armes, véans que les gens du seigneur de Helli descendoient à très grant paine, et que ceulx des navires ne pouroient secourir ceulx de la terre, et qu'ilz estoient assés fors pour iceulx combatre, saillèrent hors de leur ville, et combatirent le seigneur de Helli, qui bien se défendit ; car il estoit vaillant chevalier. Là fu le noble chevalier de Helli prins, et de bien nobles gens de sa compagnie mors et prins ; et là morurent messire Regnault de Helli, son frère, le seigneur de Bailleul en Flandres, messire Jehan Oudart, et pluiseurs aultrez ; et ceulx des navires, qui ne povoyent secourir le seigneur de Helli, se retournèrent en la Rocelle. Par cette male fortune fu la compagnie du seigneur de Helli rompue, et s'en retourna chascun en son païs.

---

1. M.P. et L., « *retraieroit.* »
2. M.P., « *bottakins.* » — L., « *bottalrins.* »

CHAPITRE XXVII.

La délivrance du seigneur de Croy et des enfans du duc de Bourbon; et comment ledit seigneur de Croy fut fait gouverneur de Boullenois, chastelain de Briot sur Somme et grant bouteiller de France.

Au mois de mars ensuivant, à la prière et requeste de la ducesse de Bourbon, fille du duc de Berri, fu, par le duc d'Orléans, le seigneur de Croy mis à plaine délivrance de la prison où il avoit longhement esté, et fu convoyés des gens du duc d'Orléans, jusques auprès de Paris; et à son partement promist, sur sa foy, de tant faire vers son maistre, le duc de Bourgoingne, que les enfans de Bourbon qui estoient prisonniers seroyent délivrez. Et quant il fu venu à Paris, le duc de Bourgoingne et le duc de Guyenne le rechurent à grant joye.

En brief jours après, le seigneur de Croy fist requeste, laquelle avoit promis la délivrance des enfans de Bourbon, laquelle lui fu accordée de par le roy. Sy furent mandés au chastel de Renti, et furent amenés à Paris, et de là furent renvoyés franchement sans rien payer, et les conduisy messire Jehan de Croy, jusques aulx terres du duc de Berri. Mais le filz de messire Manssart du Bois, qui avoit esté prins aveuc eulx, demoura prisonnier au chasteau de Renti. En oultre, le seigneur de Croy, par l'ordonance et consentement du duc de Bourgoingne, fu ordonné, de par le roy, gouverneur de la conté de Boulongne et chastelain de

Briot sur Somme; et encore luy fu donné, de rechief, à la requeste du duc de Bourgoingne, l'office de grant boutillier de France; et à messire Pierre des Essars, prévost de Paris, se¹ fu bailliet l'office d'estre maistre des eaues et forestz, lequel tenoit par avant Walleran de Saint Pol, connestable de France.

CHAPITRE XXVIII.

Comment le bailly de Caen, en Normendie, print aulcuns des ambassadeurs et tous leurs papiers et instructions que les ducz de Berri, d'Orléans, de Bourbon, et aultres, leurs aliés, envoyoient en Engleterre.

Au commenchement de cest an, M. CCCC et XII, les ducz de Berri, d'Orléans et de Bourbon, les contes de Vertus, d'Angolasme, d'Alenchon, d'Erminacq, et le seigneur de Labrecq, soy disant connestable de France, aveuc eulx aulcuns grans seigneurs de leur alliance, pour eulx fortifier et, à leur povoir, du tout nuire au duc de Bourgoingne, envoyèrent leurs ambassadeurs devers le roy Henry d'Engleterre, lettres garnies et séellées, et instructions, affin de besoingnier aveuc luy, selonc la charge qu'ilz avoient des seigneurs dessus nommés. Mais ainsi que ches ambassadeurs passoient par le païs du Maine, pour aller en Bretaigne, et de là

---

1. Les deux manuscrits ont les mots « *et se luy,* » et L. « *se lui* » seulement : mais ils ne sont pas dans Monstrelet où le passage se lit ainsi : « et à messire Pierre des Essarts, prévost de Paris, fut « baillié l'office d'estre maistre des eaux et forêts. »

en Engleterre, furent poursuivis par le bailli de Kem, en Normendie, lequel, à l'ayde d'aulcunes communes qu'il assambla, les rua jus, et en prinst une partie aveuc touttes leurs lettres séellées et instructions; et les aultres se sauvèrent le mieulx qu'ilz porent.

Après che [jour] envoya touttes icelles besongnes et escriptures au roy; et estoient icelles lettres en ung sacq de cuir, qui estoit sellé par dessus. Et, pour icelles véir et visiter, le premier merquedi après Pasques, le roy estant en l'ostel de Saint Pol, tenant son hostel où estoit le roy de Sezille, les ducz de Guyenne et de Bourgoingne, les contes de Charollois, de Nevers, de Mortaingne et pluiseurs aultrez, fu proposé par le cancellier du duc de Guyenne, assavoir le seigneur d'Ellehen[1], comme naguaires luy avoit esté bailly en garde, par l'ordonnance du consiel du roy, ung sacq de cuir ouquel estoient pluiseurs pappiers, qui avoit esté trouvé et prins par le bailly de Kem, en compagnie d'ung chevalier, chambellain du duc de Bretaingne; de frère Jacques Petit, de l'ordre de Saint Augustin, et aultres ambassadeurs des dessus nommés. Et, là, récita ledict cancellier comment en icelluy sacq avoyent esté trouvés quatre blans sellés de quatre grans seaulx, et signés de iiij signes manuelz; c'est assavoir Berri, Orléans, Bourbon et Alenchon; et, en chascun, estoient leurs noms escripts deseure les seaulx en marge; et n'y avoit aultre escript. Et aussi avoit trouvé pluiseurs lettres closes de par le duc de Berri adresçans[2] au roy d'Engleterre, à la royne et à ses

---

1. M.P. et L. ont en note : « Ollehain; s'appelloit Jean de « Nielles. »

2. M.P. et L., « pluiseurs lettres — adressans. »

quatre filz, et pariellement au duc de Bretaingne, au conte de Richemont, et aussi à pluiseurs aultres grans segneurs d'Engleterre.

Et si portoit frère Jacques Petit pluiseurs lettres de crédence esquelles n'avoit nulle subscription adressans au roy et à la royne d'Engleterre. Et furent ycelles lettres publicquement leutes; et, par icelles, nommoit le duc de Berri le roy d'Engleterre « mon très redoubté « seigneur et nepveu; » et la royne « ma très re- « doubtée niepce et fille. » Et estoient signées de la propre main du duc de Berri; et, en icelles qu'il envoyoit à la royne, avoit escript deux lignes de sa main. En oultre, là furent, présent le roy et les princes et tout le consiel, monstrés les blans sellés des dessusdis; et les tint le roy en sa main. Et si avoit une pettite cédulle, par manière de libelle, contenant une foeulle de papier ouquel estoit l'instruction des dessusdis ambassadeurs; et estoit contenu dedens comment ilz réciteroient les propositions faictes par la ducesse d'Orléans et ses enfans contre le duc de Bourgoingne pour la mort du duc d'Orléans; réciteroient aussi comment par pluiseurs fois, pour icelle mort, ilz avoient sommé et requis le roy à faire et avoir justice du duc de Bourgoingne, laquelle ilz n'avoyent peu obtenir, pour tant que le duc de Bourgoingne avoit tellement séduit le roy; disant comment le duc d'Orléans avoit esté faulx et traitres contre le roy et sa majesté. Et disoient aussi que le duc de Bourgoingne avoit séduit le peuple, espéciallement celuy de Paris; aussy fait courre langaiges que les dessus nommés volloient déposer le roy de sa couronne, et destruire sa génération; che que estoit faulx et n'avoient oncques pensé.

Et si estoit aussy que le duc de Bourgoingne avoit mis en indignacion, devers le roy, Jehan duc de Bretaingne, pour la cause qu'il avoit rompu le voyage de Calais, et pluiseurs aultres choses que le duc de Bourgoingne vouloit faire contre le roy d'Engleterre, et comment il avoit séduit le peuple de Paris contre le roy et son filz de Guyenne; que tout enthièrement ilz estoient gouvernet par leurs mains, et estoient devers eulx en telle subjection que à paines ozoient dire mot. Et aussi comment ceulx de Paris, soubz umbre d'une bulle donnée par Urbain, pape quint, pour les grans compagnies qui estoient venues en France, les dessus nommés et tous leurs aliés, contre raison, avoient esté dénonchiez, excommuniez ; et comment ilz avoient constraint l'official de Paris, par force, de faire procès contre eulx, affin qu'ilz fuissent dénonchiés excommuniés et rengrévés; et, après, que bien se gardassent lesdis ambassadeurs d'eulx descouvrir à homme d'Engleterre, s'ilz ne sentoient qu'ilz fuissent de la bende des dessusdis. Et, quant auroient dit publicquement au roy d'Engleterre che que dessus est touchié, se luy deissent qu'ilz avoient à parler à luy à part ; c'est assavoir comme ceulx de Berri, Orléans, Bourbon et Alenchon voulloient du tout son bien et son honneur, et eulx alier aveuc luy, et luy aydeir et conforter à l'encontre du duc de Bourgoingne, et aussi contre ceulx de Galles et d'Ibernie.

En oultre, lui déissent que, ou cas qu'ilz ne pourroient venir à leurs conclusions contre les Eschochois, que ilz s'y emploiroient de tous leurs povoirs; et, se ainsy estoit qu'il ne se peult faire, ilz feroient tant que la paix seroit faicte entre luy et le roy. Et, en oultre, que s'il y avoit aucunes terres sur la mer où il vausist faire aucunes demandes, ou avoir aulcun droit, ilz feroient tant qu'il seroit content. Et luy deissent encore comment, par défaulte de justice, ilz venoient devers luy pour avoir droit et raison de la mort du duc d'Orléans, et comment, pour le nom de roy qu'il porte, luy apertient faire justice, et que che luy seroit plus grant honneur perpétuel, meismement de tant noble sang[1] comme estoit le duc d'Orléans. Et, se, luy deissent comment les dessus nommés le serviroient de tout leur povoir, luy et ses enfans, et aussy les siens, au temps advenir; laquelle chose pouroient bien faire contre tous les plus puissans et plus nobles du royalme de France. Et, en oultre, que les dessus dits ambassadeurs requissent au roy d'Engleterre d'avoir troix cens lances et iiij mille archiers, lesquelz on payeroit pour quatre mois.

En après fut monstré par ledit cancellier de Guyenne ung petit traictié, lequel frère Jacques Petit avoit fait sus le gouvernement du roy de France, contenant pluiseurs articles; et fu leu publicquement. Entre lesquelz estoit que sur chascun arpent de terre fût imposé une ayde qui seroit nommé fons de terre; et, pariellement, que, en che royalme, on ayt greniers de bledz et d'avaine au proufit du roy; et encores pluiseurs aultres choses que, pour cause de brief, je ne voel réciter, pour ce que les croniques de France en font tout au loing mention. Car, tant estoit grande la hayne de ces seigneurs contre le duc de Bourgoingne qu'il ne leur chaloit qu'il feissent pour estre vengiés de luy,

---

[1]. M.P. et L., « perpétuel — de tant noble sang. »

et le mettre au desoubz. Meismement y avoit aultres lettres lesquelles publiquement furent leutes, contenans que n'avoit guerre de temps que les ducz d'Orléans, aveuc leurs aliés, estoient[1] assamblés en la ville de Bourges; et que là ilz avoient renouvelé leurs sermens en concluant destruire le roy et le duc de Bourgoingne, et le duc de Guyenne, et la royne, et la bonne cité de Paris, si les vouloient aidier à l'encontre d'eulx, ou ilz seroient destruis et mors en la paine.

Quant le roy entendit ceste clause, de son propre movement, moult fort plorant, respondi et dist : « Nous « véons bien leur mauvaise volenté; pour quoy nous « prions et requérons à vous tous, qui estes de nostre « sang, que nous aidiés et consielliés contre eulx, car « il nous touche, et à vous aussy, et à tout nostre « royalme. » Et pariellement en pria tous les aultres là estans. Et, adont, le roy de Sézille se leva, en soy mettant à genoeulx devant le roy, et dist : « Sire, « pour l'honneur de vous et de vostre royalme, je « vous supplie qu'il vous plaise ceste besoingne bien « et diligemment solliciter et avoir à cœur, car il est « grant nécessité. » Et pariellement firent les aultres ducz, contes, et aultres seigneurs, et se offrirent à servir le roy de toutte leur puissance. Et après ces besoingnes ainsy dictes, les matières dessusdictes furent publiées parmy Paris, et à pluiseurs données par escript.

En ceste an et meisme jour, Loys, duc de Bavière, frère de la royne, estant à Paris, fut suppechonnez[2]

---

1. M.P. et L., « *furent.* »
2. M.P. et L. — M.B., « *suppechions.* »

par les Parisiens avoir dit aulcunes parolles au roy et au duc de Guyenne en la faveur des ducz de Berri, d'Orléans et leurs aliez. Pour laquelle cause, et aussy pour doubte que ceulx de Paris ne luy feissent aulcun dangier, s'en partit et s'en ala en son païs, en Allemaigne; et, assés tost après, le roy d'Engleterre fist crier, à son de trompe, en la ville de Calais, et aultres lieux et frontières de Boullenois à luy subjectes, que nulz de quelque estat qui fust de son obéissance, ne allast au royalme de France pour servir en armes, ne aultrement, sur paine de confiscation de corps et de biens. Ainsy que vous avès oy se demourèrent les besoingnes en France. Après ces consaulx, lettres, instructions et aultres gloses, veues par le roy et son conseil[1], le roy de Sécille, par l'ordonnance du roy, se partit de Paris, le mardi xxviij^e d'apvril, moult bien accompagniés de gens d'armes, et alla mettre garnison par touttes ses villes et forteresses de ses païs d'Anjou et du Maine, à l'encontre des contes d'Alenchon et de Richemont.

CHAPITRE XXIX.

Des siéges mis devant la ville et casteau de Danfort, ville et casteau de Saint Remy tenant le parti des Orléanois, qui furent rendus au roy.

D'aultre part furent envoyés au païs d'Alenchon,

---

1. M.P. et L. commencent ici le chapitre suivant, et mélangent deux phrases très-distinctes, dont le sens évident indique que l'une doit finir avec les mots : « en France; » et l'autre commencer par ceux-ci : « Après ces consaulx. »

pour le mettre en l'obéissance du roy, messire Anthoine de Craon et le Borgne de Heuze, bien accompaingniés de gens de guerre; lesquelz mirent le siége devant la ville de Danfort, la quelle leur fut rendue; mais le castel ne peulrent avoir : toutteffois ilz l'assègèrent de tous costés. Quant ceulx du castel se veirent asségiés, ilz envoyèrent incontinent devers le conte d'Alenchon, luy requérant qu'il les vousist secourir. Si leurs promist secours en briefz jours, disant qu'il combateroit ceulx qui tenoient le siége. De laquelle responce furent advertis ceulx qui tenoient le siége. Si mandèrent incontinent au roy qu'il leur envoyast ayde; laquelle choze il fist, et y envoya le conte de Saint Pol, connestable, et l'un des maressaulx de France, à grant puissance. Et pariellement, le roy de Sécille y envoya une belle compagnie.

Mais, au jour que le conte d'Alenchon avoit assigné journée de combatre, il n'y vint point. Lors le connestable et aultres, véans que leurs adversaires ne s'estoient apparu pour lever leur siége, firent édifier, devant le castel de Danfort, une forte bastille dedens laquelle et en la ville ilz laissèrent grant gens, pour asségier ceulx du castel; puis se parti le connestable et alla mettre le siége devant Saint Remy au Plain, et envoya à Vernon querre les bombardes et engiens de guerre, pour amener au siége.

En la compagnie du connestable estoit Jehan de Luxembourg, son nepveu, et plusieurs aultres nobles seigneurs, jusques au nombre de xij^c lances, et grant nombre d'archiers; lesquelz tous ensemble se logèrent en la ville de Saint Remy, et à l'environ du chastel, moult forte place [1] et bien garnye de gens de guerre. Le connestable les fist sommer d'eulx rendre en l'obéissance du roy; ilz le refusèrent. Après icelle sommacion, y jectèrent bombardes et canons, dont la place fu fort batue et adomaigiée.

Durant le siége, le seigneur de Gaucourt, messire Jehan de Tréves, et aultres capitaines, tenans la partie d'Orléans et d'Alenchon, se mirent ensemble à tout grant nombre de combatans le plus secrètement qu'ils polrent, en intencion de frapper sur ceulx du siége, cuidant yceulx trouver à despourveu; mais de leur venue et de leur puissance fu le connestable adverti. Si fist hastivement ordonner ses batailles aux camps. Son ordonnance faicte, et véans ses ennemis, pluiseurs escuiers espérans la bataille luy requirent l'ordre de chevallerie. Le connestable en fist de nouveaulx chevaliers; là fu fait chevalier Jehan de Luxembourg, Jehan de Beausault, Alart de Harbaumes, Le Brun de Sains, messire Robert de Pierrecourt; Regnault d'Asincourt et pluiseurs aultres.

Quant le connestable euvt ordonné ses batailles, il se mist à pied auprès de sa banière. Les Orléanois, qui à cheval estoient, se prinrent à courre par force grande dedens la ville de Saint Remy, cuidant y trouver leurs ennemis, pensant qu'ilz n'en fussent point advertis. Quant ilz perchurent qu'ils estoient en bataille, ilz se rassamblèrent faisant grans cris. Les hommes d'armes à cheval se frappèrent dedens ung petit nombre des archers du connestable, et en tuèrent de xx à xxx; mais le connestable et ses gens tinrent ordonnance et

---

1. M.P. et L., « et à l'environ — moult forte place. »

se gouvernèrent si vaillamment que Orléanois furent desconfis; et en brief se mirent en fuitte. Les gens du connestable se montèrent à cheval, et là y ot grant chasse et poursuite, où il y ot maint homme mort et prins. Et, au retour de la chasse, ramenèrent bien de iiij^{xx} à c. prisonniers; et, tout droit à leur proye, vindrent devant le connestable qui tenoit son ordonnance, et menoit grant joye de la victoire.

Entre lesquelz prisonniers estoit le seigneur d'Anières[1], messire Jehan de Garensières et pluiseurs aultres. Or est vray que, aveuc les gens de guerre tenant le parti des Orléanois, estoient pluiseurs paisans dont il en y ot de tués de troix à quatre cens. Après icelle victoire et la rendition du castel de Saint Remy, le connestable se retrait dedens la ville de Danfort, et fist préparer et mettre ses gens en ordonnances, pour de tous poins assegier le castel. Ceulx du castel véans qu'ilz averoient le siége, et que, entendu la bataille qui avoit esté devant Saint Remy, il n'estoit point vraysemblable d'avoir secours, sy rendirent la place moyennant qu'ilz se partiroient sauf, et leurs corps et biens. Après les conquestes de Danfort et de Saint Remy au Plain, le connestable et ses gens retournèrent à Paris, lequel fu reçupt à grant [joye et] honneur pour la victoire que Dieu luy avoit envoyée.

---

1. C'est ainsi que L. écrit ce nom qui est orthographié d'*Écuiers* dans notre texte. Le seigneur auquel Saint-Remy le donne me paraît être le même qui est nommé *d'Argillières* dans Monstrelet.

CHAPITRE XXX.

Comment lez ducz de Berry, de Bourbon et d'Orléans envoyèrent de rechief ambassade au roi d'Engleterre; et des alliances et traittiez qui se firent entre eulx.

Aultre ambassade fut faitte de par lez ducz de Berri, de Bourbon, d'Orléans, et conte d'Alenchon, oyans les nouvelles de la maulvaise adventure de leurs gens, et, aussy, que de jour en jour les gens du roy s'efforchoient d'eulx faire guerre et prendre villes et chasteaulx sur eux. Pour quoy eulx tous ensamble conclurent de rechief d'envoyer devers le roy d'Engleterre, pour avoir secours et ayde. Sy ordonnèrent leurs ambassadeurs et les envoyèrent en Engleterre; lesquelz se gardèrent mieulx que la première fois, et trouvèrent le roy d'Engleterre logié dédens ung de ses manoirs de plaisance, nommée Elthem, séans assés près de Londres. Le roy d'Engleterre les rechupt moult honnourablement, et en brief eulrent audience, et présentèrent leurs lettres au roy, qui contenoient crédence sur eulx.

Après la lecture des lettres, les ambassadeurs exposèrent leur créance selon le contenu de leur instruction, et dirent que, entre aultre chose, n'avoit guerre de temps que les ducz de Berri, d'Orléans, et aultrez leurs aliez, avoient mis sus une ambassade pour aller devers luy, portans lettres sellés par leurs maistrez; mais, en chemin, avoient esté rués jus, et leurs lettres prinses et ostées, et le plus part d'eulx détenus prisonniers. Le roy d'Engleterre respondit qu'il en estoit desplaisans, et que bien euvt volut que fuissent venus, sans encombrier, vers luy. Finablement, après pluiseurs secrez consaulx que iceulx eurent aveuc le roy d'Engleterre, et moiennant les sellés de leurs maistrez, qu'ilz avoient portés aveuc eulx, traictèrent tant que le roy d'Engleterre fu content d'envoyer aulx ducz de Berri et d'Orléans, son second filz, Thomas, duc de Clarence, accompaignié des gens d'armes qu'ilz avoient requis ; et d'ycelluy traictié et promesse bailla aulx ambassadeurs ses lettres sellées de son grant seaulx, dont ilz furent moult joeulx. Leurs besongnes faictes et accomplies, prinrent congié du roy d'Engleterre, s'en retournèrent en France, devers les ducz d'Orléans, de Berri, de Bourbon et aultres, qu'ilz trouvèrent en la cité de Bourges, qui furent moult joeulx quant vierent le sellé du roy d'Engleterre ; car chascun jour attendoient d'en avoir affaire par ce qu'ilz sçavoient que le duc de Bourgoingne menoit le roy, aveuc toute sa puissance, à l'encontre d'eulx pour les subjugier.

Le roy d'Engleterre, ses enfans d'une part, et les ducz d'Orléans, de Berri et de Bourbon, les contes d'Alenchon, d'Erminacq, d'Albrech, et aultrez de leurs aliez, d'aultre part, furent assamblé[1] en l'an mil iiij^c et xij, le viij^e jour de may.

Premièrement, fu accordé par les dessusdis seigneurs, ou par leurs procureurs, que doresnavant exposeroient leurs personnes et toutte leur puissance à servir le roy d'Engleterre, ses hoirs et successeurs, touttes et

---

1. M.P., « *ensamble* » — L., « *firent traittié* ensemble. »

quanteffois qu'ilz en seroient requis, en touttes ses justes querelles. Lesquelles justes querelles, recongnoissant que la querelle que le roy d'Engleterre maintient en la duchié de Guyenne et en ses appartenances, est bonne et juste, et que ladicte duchié luy apertient par droit héritaige et succession naturelle, en déclarèrent, dès maintenant, qu'ilz ne bleschent aucunement leur loyaulté, en persistant en che aveuc le roy d'Engleterre.

Item, yceulx seigneurs, ou leurs procureurs souffissamment fondés, offrent leurs filz, filles, neipces, nepveuz, selon la disposicion du dessus dit roy d'Engleterre.

Item, offrent villes, castiaulx, trésors et forteresses[1], tous leurs biens, à l'ayde dudit roy d'Engleterre en ses querelles en la restitucion de la duchié de Guyenne.

Item, touttes fraudes cessans, yceulx seigneurs sont prest de recongnoistre audit roy d'Engleterre la duchié de Guyenne estre sienne, et en telle et samblable francise que aulcuns de ses prédécesseurs la tindrent et possédèrent.

Item, recongnoissent les dessusdis seigneurs que touttes les villes, castiaulx et forteresses qu'ilz tiennent en la duchié de Guyenne, ilz le tiennent et veulent tenir du roy d'Engleterre, comme de leur vray duc de Guyenne, et promettent tous services deuvz pour hommaige, par la melleure manière qu'il se peult faire.

---

1. M.P., « villes — trésors et forteresses. » — L., « villes — *terres* et forteresses. »

Item, cy aprez est déclaré comment, ès dictes lettres séellées, il plaist au roy d'Engleterre que le duc de Berri, son loyal oncle, subgiet et vassal, et pariellement le conte d'Erminacq, tiennent de luy en foy et hommaige les terres et seignouries qui s'ensuit; le duc de Berri tenra la conté de Poitou, sa vie durant; le duc d'Orléans tenra la conté d'Angolame, sa vie durant, et la conté de Pierregort, à tousjours; le conte d'Erminacq tenra iiij casteaulx déclariés ès lettres séellées sur che faictes.

Item, et, parmy ces promesses faictes, le roy d'Engleterre et le duc de Guyenne doibt deffendre les dessusdis seigneurs contre tous leurs ennemis, et eulx donner secours, comme à leurs vrays subgetz, et, aveuc che, leur faire bon accomplissement de justice du duc Jehan de Bourgoingne. Et, en oultre, ne fera le roy d'Engleterre nulz traictiés, confédération, ne accordz aveucq le duc de Bourgoingne, ses aliez et amis, sans le consentement des dessusdis seigneurs.

Item, leur envoyra présentement le roy d'Engleterre viij^m. combatans, pour eulx faire secours contre le duc de Bourgoingne, qui s'efforce de mener [le roy][1] à toutte sa puissance contre eulx. Lesquelles lettres de confédérations et alliances entre icelles parties furent passées et séellées des seaulx des deulx parties, le viij^e de may, l'an M. iiij^c et xij.

Toutteffois, les dessusdis seigneurs promirent payer les gens du roy d'Engleterre, et à ce s'obligèrent souffissamment. A laquelle promesse le roy d'Engleterre ne falli point; car, pour le temps que le siége

---

1. M.P. et L.

estoit devant Bourges, moult tost après le roy [d'Engleterre] envoya son second filz à secours ausdis seigneurs, à tout le nombre de viij^m combatans, pour aller et résister à l'encontre du duc de Bourgoingne.

Ouquel an advinrent plusieurs maulx et tribulacions en France, et plus que paravant. Et aussy, en ceste meisme année, le roy Henri trespassa de che siècle, comme cy après porrés oyr.

Vérité fu que, en che temps, le roy, pour mettre ses ennemis en son obéissance, manda par tout son royalme gens d'armes pour venir devers luy à Paris. Et aveuc che furent mandés grans nombres de charios et charettes; et aussy les ducz de Bourgoingne et de Guyenne firent très grans mandemens. Les Parisiens, en grant nombre, aveuc ceulx de l'Université, véans que le roy estoit prestz d'aller en son voyage, en la présence de son consiel, luy requirent instamment qu'il ne feist accord ne traictié aveuc ses ennemis, sans che que ilz y fuissent comprins et dénommez. La requeste leur fut accordée. Le roy issi de Paris en noble aroy, le jeudy v^e de may d'icelluy an, et alla au bois de Vinsennes, où estoit la royne, sa compaigne; et de là alla à Melun accompaignié des ducz de Bourgoingne, de Guyenne et de Bar; les contes de Mortaingne et de Nevers, aveuc pluiseurs aultres grans seigneurs; et prinst son chemin pour aller mettre le siége devant la ville de Bourges, comme il fist.

Durant lequel temps, les Anglois de la frontière de Boullenois prindrent d'emblée la forteresse de Babelinghen, située entre Ardre et Calais, laquelle apertenoit au seigneur de Dixmude, non obstant que pour lors avoit trèves séellées entre les deux roys. Et fu commune renommée que le capitaine de ladicte place, nommé Jehan de Stenbecque, l'avoit vendue, et rechupt argent des Anglois. Pour laquelle prinse, quant les nouvelles en furent espandues par le païs, le peuple tenant le parti des Franchois fu fort troublé. Le capitaine et sa femme demourèrent paisiblement aveuc les Anglois; par quoy, fut assés à voir que c'estoit son consentement; et aulcuns saudoiers qu'il avoit aveuc luy furent prisonniers et mis à raenchon.

CHAPITRE XXXI.

Des lettres que le roy d'Engleterre envoia aulx Gantois, à ceulx de Bruges et du Franc; et comment la ville de Guisnes fut prinse des Franchois.

En ce tamps fut rompue l'aliance et traictié que le roy Henry avoit volu avoir pour le mariage de son filz aisné avec la fille du duc de Bourgoingne; et fut du tout retourné, par le moyen du traictié que il avoit fait avec les Orléanois. Et puis envoya aux Gantois et à ceulx de Bruges et du Franc lettres en françois dont la teneur s'ensuit : « Henry, par la grâce de Dieu, roy
« de France et d'Angleterre, seigneur d'Orlande, à
« honnourez et sages seigneurs, bourgmaistre et
« eschevins des villes de Gand, de Bruges, d'Yppre,
« et du territoire du Franc, noz très chiers et espe-
« ciaulx amis, salut et dilection. Il est venu à nostre
« congnoissance, par relacion créable, comment, soubz
« umbre de nostre adversaire de France, le duc
« de Bourgoingne, conte de Flandres, prent et veult

« prendre son chemin vers nostre païs d'Acquitaine,
« pour icelluy gaster et destruire, et nos subgetz ; et,
« par especial, nos très cheirs et bien amez cousins,
« les ducz de Berri, d'Orléans et de Bourbon, les
« contes d'Alenchon, d'Erminacq, et le seigneur de
« Labreth, qui se disoit connestable de Franche. Pour
« quoy, se vostre seigneur veult persévérer en son
« vicieulx et mauvais propoz, vous nous veulliez, par
« le porteur de cestes, certifyer, par voz lettres, le
« plus tost que porrez, se ceulx du païs de Flandres
« veullent, pour leur partie, tenir les trèves entre
« nous et eulx derrenièrement données, sans vous
« assister au maulvaiz propoz de vostredit seigneur
« contre nous. Entendanz, très honnourez seigneurs
« et très chiers amis, que, en ce cas que vous et les
« communes de Flandres le vouldroient tenir et gar-
« der, au prouffit du pays de Flandres, nous enten-
« dons et avons proposé de faire pariellement de
« nostre partie. Tres chiers et honnourez amis, le
« Saint Esperit vous ait en sa sainte garde. Donné
« soubz nostre privé séel, en nostre palais de West-
« moustier, le xvj^e de may, l'an mil iiii^c et xii[1]. »

Les Flamens, ayans receupt ces lettres, respondirent et dirent au porteur que les trèves dont lesdictes lettres faisoient mencion ne voulloient nullement enfraindre ; mais, aussi, au roy, leur souverain seigneur et à leur seigneur duc de Bourgoingne, conte de Flandres, assis-

---

1. Le texte de ces lettres, comme celui des autres documents de même nature que notre auteur a insérés dans ses chroniques, demande à être confronté aux autres publications qui en ont été faites : mais un semblable travail chargerait trop ces notes, et on le réserve pour un appendice.

teroient, comme aultreffoiz ilz ont fait, selon leur povoir. Et aultre responce ne firent au porteur des dictes lettres, lequel retourna hastivement à Calais, et de là en Angleterre, où il fist son rapport de la responce de ceulx de Flandres; de la quelle le roy d'Engleterre ne fust pas trop bien content; mais, pour l'heure, n'en fist aultre chose.

Après ce que le hérault du roy d'Angleterre se fut party, les Flamens envoyèrent ung messagier à tout les lettres à eulx envoyées de par le roy d'Angleterre, en la ville de Sens, où estoit le roy et le duc de Bourgoingne. Sy bailla les lettres au roy, en la présence du duc de Bourgoingne et de tous les princes; dont et de laquelle response que les Flamens avoient fait au hérault, le roy et le duc de Bourgoingne furent bien contens. Le roy estant encores avec ses princes à Sens, en Bourgoingne, oy certaines nouvelles que le roy d'Angleterre volloit envoyer aucuns de ses gens en France, pour gaster son royalme, et que desjà estoient yssus de Calais et d'aultres forteresses, en tirant sur les frontières de Boulenois, et commenchoient à courir et faire innumérables maulx, en enfraingnant les trèves qui estoient entre eulx. Et, pour obvyer aux entreprinses du roy d'Angleterre, fut envoyé ès parties de Boullenois le conte Walleran de Saint-Pol, lors connestable de France, qui hastivement se parti du roy, avec luy le Borgne de la Heuze et aultres chevaliers, et alla à Saint-Omer, à Boulongne et autres places sur les frontières. Sy les garni et renforcha de gens de guerre, pour résister aux Anglois.

Tantost après ces places ainsi pourveues, toute la terre et frontière des Anglois fut esmute et plaine de rigeur et rumeur; mais ilz cessèrent, pour adviser la manière des Franchois. Toutteffois guaires ne se tindrent, sans mal faire, et commenchèrent à coure, prendre prisonniers et faire le pis que povoient. Le connestable, véant leur manière, tint conseil avec ses chevaliers et aultres. Le conseil tenu, il assembla jusques au nombre de iij^c lances et vj^c hommes archiers, lesquelz, soubz la conduicte du seigneur de Lovroy et d'un nommé[1] Aliame Becquetin[2], il envoya devers la ville de Guisnes. Quant ilz commencèrent à aprochier, et tout à piet, de par ung aultre costé estoit envoyé messire Jehan de Renty[3], avec xl lances (car bien savoit les entrées de la ville), affin de monstrer par quel lieu ilz deveroient assaillir. Laquelle ville estoit close de bon fossez, et si estoit garnie d'Anglois, Hollandois et aultres souldoyers qui y demouroient. Le connestable, à tout vj cens lances, passa oultre la ville, pour garder ung passage qui estoit entre Calais et Guisnes. Lors le connestable se mist au milieu de ses gens, et là se tint tant que l'assault dura. Les compaingnies, ordonnées pour ce faire, se trouvèrent ensemble au point du jour près de la ville, bien ordonnées et prestz pour assaillir.

Sy commenchèrent à passer les fossez et rompre les palis, et firent tant par leur vaillance qu'ilz entrè-

---

1. M.P. et L., « lesquelz *conduisoient* le seigneur de Lovroy et *ung* nommé. »

2. M.P. et L. arrêtent ici la phrase et en commencent une autre par les mots : « Il envoya. » C'était une nécessité de la variante signalée dans la note précédente.

3. M. — Nos manuscrits ont *Remy*. Cette faute a déjà été corrigée plus haut.

rent dedens la ville. Sy y boutèrent le feu, et y ot arses plus de xl maisons; mais ceulx du chasteau ouvrirent une porte de leur basse court, par laquelle ceulx de la ville entrèrent dedens. Ainsi fut la ville prinse et arse; à laquelle y ot pluiseurs mors et navrés. La retraicte des Franchois fist savoir le seigneur de Lovroy[1] au connestable, lequel, à tout son armée, retourna à Boullongne, où il laissa garnison, comme ès aultres lieux et places. Les deux parties, chascun jour, couroient les ungs sur les aultres, en faisant innumérables maulx.

CHAPITRE XXXII.

Comment le roy meit le siége devant la cité de Bourges, où traictiet se feit, et fut la cité rendue, et la paix de Chartres renouvellée entre les parties d'Orléans et de Bourgoingne; et comment les Anglois descendirent en Normandie.

Le dixiesme jour de juing, le roi mist son siége devant la ville de Bourges. De ce qui y fut fait ne vous quiers faire grande recordacion, pour ce que les cronicques de France en font mencion bien au loin, ne des armes, escarmuches et saillies, ne des rencontres. [Mais certainement ceulx de dedens et de dehors firent maintes belles armes l'ung contre l'autre[2]]. Mais, en fin, traictié s'i fist, et fu rendue en l'obéissance du

---

1. M.P. et L. — Lovrry doit être une faute dans M.B.
2. M.P. et L.

roy, et fu lors renouvellée la paix faicte à Chartres entre les parties d'Orléans et de Bourgoingne ; et furent les sermens renouvelés d'un costé et d'aultre. Après ce que le roy eult receut l'obéissance de la cité de Bourges, les ducz de Berry et de Bourbon et le seigneur de Labreth, avec eulx les procureurs du duc d'Orléans et ses frères, allèrent en la tente du duc de Guyenne, pour ce que, pour lors, le roy estoit malade de sa maladie acoustumée ; et, en la présence de plusieurs princes et grans seigneurs, jurèrent de rechief la paix par eulx accordée devant Bourges, sur sainctes Évangiles, tenir loyaument et fermement garder ; et, en après, le promirent jurer en la présence du roy, et le faire jurer le duc d'Orléans et ses frères, qui lors estoient absens, en leur promectant de faire savoir le jour qui leur fut assigné par devant le roy ; c'est assavoir en la ville d'Ausoire.

Après [ces choses et[1]] juremens et promesses, le roy alla à Ausoire, et convindrent le duc d'Orléans, ainsi que promis avoient ses procureurs ; et là renouvelèrent les seremens que faire devoient. Durant ces traictiés, le roy estant à Ausoire, luy vindrent aultres nouvelles et aux princes estant avec luy, qui moult luy despleurent, et non sans cause. C'est assavoir que les Anglois estoient arrivez, à tout leurs navires, à la Hogue[2] Saint-Vast, qui est au pays de Constantin ; et là estoient descendus à terre, et eulx expandus au pays d'environ, et roboient et prenoyent prisonniers ; et estoient environ viij^m combatans, dont il y avoit deux

---

1. M.P. et L.
2. Nos manuscrits et L. font une faute en disant *La Roche*.

mille lances, et le surplus archiers : et en estoit conducteur Thomas, duc de Clarence, second filz du roy d'Angleterre ; et venoient iceulx Anglois au secours de Bourges, ainsi que le roy d'Angleterre avoit promis. Et tantost qu'ilz furent descendus, les contes d'Alenchon et de Richemont allèrent devers eulx, qui de cœur joyeulx les receurent, jà soit ce qu'ilz venissent trop tart en leur ayde. Mais, ce nonobstant, ilz aydèrent de tout leur povoir à pourvoir de vivres et de chevaulx ; et depuis eulrent les Anglois de vj à vij^c Gascons, qui avoient esté souldoyers du duc de Berry, à Bourges, lesquelz se boutèrent avec eulx, et tous ensemble commencèrent à gaster le païs. Mais les ducz de Berry, d'Orléans et aultres, envoyèrent devers eulx pour apoinctier de leur armée[1], qui montoient bien à deux cens mille escus. Et, se la finance eust esté preste, ilz fussent retournez en Angleterre : mais, par faulte d'argent, ilz firent depuis grans maulx[2] en France.

En ce mesme temps, vindrent d'Angleterre à Calais les contes de Wervic et de Kint, envoyez de par le roy, Henry, à tout ij^m combatans, ou pays de Boullenois ; et firent grans dommages ; et, finablement, ardirent la ville de Saumer au Bois[3], prinrent d'assault le

---

1. L., « année. »
2. M.P. et L., « beaucoup de mal. »
3. Les deux manuscrits écrivent *Saunier*; Monstrelet et Le Laboureur *Sammer*. Le lieu désigné est certainement Samer, aujourd'hui chef-lieu de canton dans l'arrondissement de Boulogne : mais qu'est-ce que *Wissault* en Boulonnais, dont il est parlé ensuite ? J'inclinerais à y voir Wissant, qui avait un fort, et qui pouvait être un bourg. En tout cas, l'attribution à *Ruisseauville* dans une note du dernier éditeur de Monstrelet, tout hypothétique qu'elle soit, me paraît bien difficile à soutenir

bourcq de Wissault[1], le pilèrent et robèrent tout ; puis boutèrent le feu dedens. Pour laquelle cause le roy envoya à Saint-Omer le conte Walleran, son connestable, le seigneur de Rambures, maistre des arbalestriers, et le seigneur de Helli, à tout grant nombre de gens d'armes qui furent mis en garnison sur les frontières de Boullenois ; et par ainsi, de tout costez, le pays fu oppressé et dégasté tant par les Anglois comme par les Franchois.

CHAPITRE XXXIII.

Du retour du roy à Paris, et comment le duc d'Orléans alla vers le duc de Clarence et le contenta de la souldée des Anglois qu'il avoit amenez à son aide et secours ; et des commotions et haines couvertes entre les princes du sang royal ; et comment le conte de Flandres se partist du roy et retourna en son pays de Flandres.

En ce [meisme] temps le roy retourna à Paris. Avec le roy entrèrent à Paris les ducz de Guienne, de Bourgoingne et de Bourbon, et le conte de Vertus. La roynne, avec les ducz de Berry et d'Orléans, demourèrent au bois de Vincennes. Brief après, la royne entra dedans Paris, et fut, par le duc d'Orléans, convoyée jusques auprès de la porte, sans entrer dedens ; puis prist congié d'elle, et par dehors de Paris s'en

---

1. M.P. et L., « le *bois de* Wissault. » — M., « le *fort de Russault.* »

tira en sa conté de Beaumont, et le duc de Berry demoura au bois de Vincennes. Et, après ce que le duc d'Orléans eubt par aucuns jours séjourné en sa conté de Beaumont, se départi et alla vers les Anglois, c'est assavoir le duc de Clarence, qui estoit venu, comme dessus est dit, à sa requeste. Sy le contenta de finance aussi avant que il pot finer; et, por ce que il ne peult recouvrer de toute la somme que on leur povoit devoir pour leurs gaiges, le conte d'Angolesme, son maisné frère, fut baillié en pleige et hostage au duc de Clarence pour le résidu, avec luy pluiseurs gentilz hommes, qui tous ensemble furent envoyez par le duc de Clarence en Angleterre. Et puis, à tout ses gens, s'en alla au païs de Guienne, et fut baillié le conté d'Angolesme pour la somme de ij^c et x^m frans, monnoie de France. Et après ce que le duc d'Orléans ot ainsi exploictié, s'en retourna à Blois. Sy demourèrent iceulx hostages ou pays d'Angleterre grant espace de temps, comme cy après sera déclairé.

En ce mesme temps, pluiseurs commotions se faisoient à Paris secrètement entre les seigneurs du sang royal, et tout par les officiers et serviteurs des princes, car n'y avoit celui qui ne désiroit avoir aucun gouvernement, ou prouffit; les ungs de la partie d'Orléans, les aultres de Bourgoingne. Par quoy bien ne se povoient bien concorder ensemble; et n'y avoit celuy qui ne voulsist gouverner, quelque traictié qu'ilz eussent fait. Si y avoit, en couvert, de grandes haynes couvertes et grans envyes; et tant firent le duc d'Orléans et ceulx de sa bende que ilz gouvernèrent du tout le roy et le duc de Guyenne.

Le duc de Bourgoingne véant les choses ainsi retournées, se parti secrètement de Paris en menant le roy à la chasse, où il prist congié de luy, et s'en alla en son pays de Flandres ; dont ceulx de Paris et aultres ses bien veullans furent moult desplaisans ; car ceulx qui estoient commis en aucuns offices ou gouvernemens, furent déposez à la requeste des ducz de Berri et d'Orléans. Mais, touteffoiz, il avint avant le partement du duc de Bourgoingne maintes merveilleuses choses en la cité de Paris, ainsi que cy après sera dit. Ainsi comme vous advez ouy, se démenoient les faiz de France, et tout par envyes et haynes couvertes. Parquoy le roy et son royalme fut presque tout destruit ; et si n'en povoit mais. Or est [vray et[1]] ainsi que pour les maulx que les gens du duc de Clarence[2] faisoient ou pays de Normendie et ès marches environ, fu le roy conseillié de faire mandement et assembler gens d'armes pour résister allencontre de icelluy duc de Clarence et de ses gens. Touteffoiz, comme vous avez oy, le duc d'Orléans contenta le duc de Clarence, et tant fist que il retourna en Angleterre, luy et ses gens.

CHAPITRE XXXIV.

Comment la ville de Soubize, en Guyenne, fut prinse et desmolie par le duc de Bourbon, et conte de la Marche, sur les Anglois.

Or est ainsi que les gens de guerre que le roy avoit

---

1. M.P. et L.
2. M.P. et L., « que — le duc de Clarence. »

mandé pour la résistence des Anglois, faisoient innumérables maulx autour de Paris. Sy fut advisé que on les payeroit pour ung mois, et seroient menez, par le duc de Bourbon et le conte de la Marche, ou pays de Guyenne, pour asségier la ville de Soubize séant sur la mer, à trois lieues près de la Rochelle, que lors les Anglois occupoient. Et, ainsi que il fut ordonné, il fut fait ; et furent iceulx payez pour ung mois. Ilz furent conduis et menez par ung vaillant chevallier, nommé messire Hector, bastart de Bourbon, néantmoins que le duc de Bourbon et le conte de la Marche estoient les chiefz. Or exploittèrent tant que ilz se trouvèrent en la ville de Saint-Jehan d'Angeli. Eulx là venus, ilz envoyèrent en la Rocelle secrètement faire faire grant nombre d'eschielles ; et, cependant, envoyèrent courre devant la ville de Soubize pour [prendre] les passages et aussi l'assiéte de la ville. Et puis après ce que leurs habillemens furent faiz, ilz ordonnèrent certains batteaulx à mettre leurs eschielles, et sy assemblèrent le plus d'arbalestriers que ilz peurent finer ; puis ordonnèrent que, à certain jour, ceulx de la Rochelle seroient à tout leur appareil auprès de la ville ; le duc de Bourbon, le conte de la Marche et le gentil bastart de Bourbon ensemble yroient avec leurs gens par terre. Et de fait, d'une belle nuyt, passèrent la rivière de la Charrente, à Sainctes et à Taillebourg, et devant le jour se trouvèrent assez près de la ville de Soubize.

Toutteffois, ilz n'estoient point si près que ceulx de la ville peussent oyr le bruit de leurs chevaulx. Là firent leurs ordonnances pour assaillir la ville de la belle nuyt ; pavaix et eschielles furent descendus de la navire, et environ le point du jour commenchèrent à assaillir la ville. Et de fait fu la ville prinse d'assault, non obstant que ilz estoient de v à vj° Anglois dedans; mais ne se doubtoient de l'assault ne de la venue des François. Et là furent mors de deux à troix cens Anglois, et les aultres prisonniers. Là fut la ville destruicte, et par ceulx de la Rochelle démolie. Après ceste conqueste, les deux gentilz princes de France donnèrent congié à tous leurs gens de guerre; et les deux princes dessusdis retournèrent à Paris, où ilz furent grandement festoyez.

CHAPITRE XXXV.

De l'assemblée et commotion des Parisiens, et des outrages qu'ilz feirent au duc de Guienne, et de pluiseurs maulx qu'ilz perpétrèrent; des blans chapperons qu'ilz meirent sus en livrée, que le roy porta et pluiseurs aultres seigneurs; et de l'outraige qu'ilz fierent au roy et à la roynne ès personnes d'aulcuns princes et seigneurs, dames et damoiselles.

En ceste mesme année, et après ce que le roy fut revenu du siége de Bourges, il ot consiel de réformer aucuns qui de long temps auparavant avoient gouvernet ses finances. Et se firent pluiseurs informacions allencontre d'eulx, tant publiquement comme secrètement; dont la plus part estoient en grant doubte et souppechon comment ilz pourroient escapper; car desjà en y avoit pluiseurs arrestez personnellement, et les aucuns s'estoient rendus fugitifz, desquels on avoit mis les biens en la main du roy. Sy, quéroient divers moyens entre les princes qui gouvernoient le roy ; entre lesquelz des absens estoit[1] messire Pierre des Essars, qui estoit retraictz à Chierbourg, en Normandie. Par aucuns moyens qu'il eult devers le duc de Guienne fut mandé de venir à Paris, et entra secrètement dedens la bastille Saint-Anthoine, avec luy Anthoine son frère. Toutteffoiz, il fut sceu par aucuns bourgois de Paris qui pas ne l'amoient, et le feirent sçavoir au duc de Bourgoingne et à ses gens qui de lui n'estoient pas contens.

Pour laquelle cause fut faicte une grande assemblée des communes de Paris, avec eulx messire Elyon de Jaqueville, lors cappitaine de Paris ; et tous ensemble allèrent devant la Bastille, et tant firent que ilz eulrent en leurs mains messire Pierre des Essars et son frère, et tous les menèrent prisonniers en Chastelet et depuis au Palais. Ne demoura guaires après, que icelles communes de Paris se rassemblèrent jusques au nombre de vj^m soubz l'estandart de Jacqueville. Et, si, estoient avec eulx messire Robert de Mailli, Charles de Lens et pluiseurs aultres de l'ostel du duc de Bourgoingne ; et tous ensemble allèrent devant l'ostel du duc de Guyenne.

Or est vray que les principaulx esmouveulx d'icelles communes estoient Caboche[2], le bouchier, maistre Jehan de Troyes et Denisot de Chaumont, peletier, les quelx entrèrent dedens l'ostel du duc de Guyenne et

---

1. M.P. et L., « entre lesquelz estoient des absens estoit. » — M., « entre lesquelz sire Pierre des Essars, qui s'en estoit fouy à Chérebourg par aucuns moyens qu'il eut envers le duc d'Acquitaine, « fu remandé à venir dedens ledit lieu de Paris. »

2. Les deux manuscrits ont *La Boche*.

allèrent tout droit devant luy disant en ceste manière :
« Nostre très redoubté seigneur, véez cy les Parisiens,
« non pas tous, qui vous requièrent, pour le bien de
« vostre père et de vous, que vous leur faictes livrer
« aucuns trayctres qui sont en vostre hostel, de pré-
« sent. » Le bon duc leur respondy, par grant desplaisance, que il n'avoit nulz trayttres en son hostel, et
que à eulx n'appertenoit pas ainsi aller vers luy. Iceulx
bouschiers et meschans gens respondirent que ilz les
vouloient avoir, et que pour le bien de luy ilz prende-
roient et pugniroient, selon leurs démérittes.

Le duc de Bourgoingne, en sa compaignie le duc de
Loraine, sceurent ceste assemblée. Si, allèrent au duc
de Guyenne ; mais, ce non obstant que le duc de Bourgoingne fuist présent et auprès du duc de Guyenne, si
ne laissèrent pas iceulx Parisiens à prendre pluiseurs
hommes en son hostel ; et prinrent son chancellier, le
duc de Bar, messire Jacques de la Rivière, les deux
fils du seigneur de Boissay, Michiel de Vitery et son
frère, les deux filz de messire Regnault d'Angennes,
les deux frères du Maisnil, les deulx frères de Girasmes
et Pierre de Naisson.

Quant le duc de Guyenne vit faire tel oultrage en
son hostel, il fut moult troublé et dist au duc de Bourgoingne : « Beau père, ceste mutacion est faicte par
« vostre conseil, et ne vous en povez excuser, car les
« gens de vostre hostel sont avec eulx ; et soiez sceur
« que une fois il m'en souviendra : tousjours n'yra
« pas la besoingne à vostre plaisir. » Le duc de Bourgoingne respondyt : « Mon très redoubté seigneur,
« vous vous informerez ; et, se Dieu plaist, vous en
« sçaurez la vérité. » Toutteffoiz, les Parisiens emme-

nèrent tous ceulx qu'ilz avoient pris, et les feirent mectre en diverses prisons. Et, après, allèrent quérir messire Raoul Bridoul; et, ainsi que on le menoit, l'un de ses hayneux le féry d'une hache, et le tua; puis fut jecté en Sainne. Et, ce mesme jour, tuèrent ung tapissier, notable homme, nommé Martin Dane; et si tuèrent ung canonnier, nommé Watelet, serviteur du duc d'Orléans.

Après ces choses faictes, les Parisiens constraindirent le duc de Guyenne à soy logier à l'ostel de Saint-Pol, avec le roy son père, et firent garder curieusement les portes, affin qu'il ne s'en allast hors de Paris. Et la cause si estoit pour ce que aucuns disoyent que il vouloit aller au bos de Vincesnes, et que il avoit mandé à messire Pierre des Essars que il luy amenast v^c[1] lances et les feist payer pour ung mois; et, aussi, que le duc d'Orléans, et aucuns de sa partie, faisoient grant assemblée de gens d'armes, pour estre avec le duc de Guyenne, le premier jour de may l'an mil iiii^c et xiii, ou chastel du bois de Vincesnes, où là se devoient faire une joustes; dont le duc de Bourgoingne et les Parisiens n'estoient point bien contens. Et, pour vray dire, c'estoit piteuse chose, pour lors, d'estre à Paris; car il n'y avoit ordre ne gouvernement entre eulx. Et, pour monstrer que c'estoit pour le bien du roy et du royalme ce qu'ilz faisoient, rescripvirent à pluiseurs bonnes villes, en requérant que, se besoing estoit, ilz les voulsissent aidier et conforter en tous leurs affaires; et, aussi, que tous demeurassent ensemble et en union au service du roy et de son filz

---

1. L., « *six* cens. » — M., « *vj c. bacinetz.* »

aisné. Et, après que ilz orent ainsi rescript aux bonnes villes, pryèrent et requirent au roy qu'il luy pleusist rescripre et mander[1] à tous les baillis et séneschaulx de son royalme des lettres patentes, pour les faire publyer par tous les bailliages, seneschauchiez, contenant, en effect, que le roy deffendoit sur paine de confiscation de corps et de biens que quelque personne, de quelque estat qu'il fust, n'allast à mandement ne en armée nulle, se ce n'estoit à son mandement, où de son filz aisné, ou du conte de Saint Pol, connestable de France. Icelluy mandement fut envoyé par tous les bailliages ainsi que dit est.

En ce temps, comme devant est dit, les Parisiens avoient fait une livrée de blans chapperons, que ilz portoient et faisoient porter à pluiseurs seigneurs tant d'église comme aultres. Et de fai le porta le roy, le duc de Berry et aultres, qui estoient choses de grant esclande. Mais lors ilz estoient si puissans et si obstinez en maulx, que nul n'y savoit remède mectre; car ilz se fioient fort d'avoir ayde du duc de Bourgoingne.

Le xj° jour de may mil iiii° et xiii les Parisiens firent proposer devant les ducz de Guienne, de Berry, de Bourgoingne et de Loraine, devant les contes de Charrolois, de Nevers, et devant prélatz, chevaliers, escuyers et communes de la ville de Paris, là où avoit plus de xij^m blans chapperons, aucunes remonstrances dont cy n'est faicte mencion. Et, en la fin de ladicte proposition, fierent baillier au duc de Guyenne ung roolle, et luy requirent que ilz feust leu en publicque. Ouquel roolle estoient escrips et dénommez soixante trayttres

---

1. M.P. et L., « qu'il luy pleusist — mander à tous. »

que ilz disoient, tant absens comme présens. Et de fait, en firent prendre jusques au nombre de xx; entre lesquelz le seigneur de Boissey, maistre d'ostel du roy, Michiel de Lairrier¹ et aultres; et les absens furent appellez, par les quarrefours de Paris, à son de trompe, au droit du roy, en dedens briefz jours sur paine de confiscacion de corps et de biens.

Or est vray que le xviij⁰ jour de may, l'an dessus dit, le roy, qui malade avoit esté, se trouva sain et en point; et, de son hostel de Saint-Pol, s'en alla à l'église de Nostre Dame, portant le blancq chapperon; et aussi faisoient les aultres princes; puis s'en retourna à son hostel, acompaignié de grant multitude de peuple.

Le xxv⁰ ² jour de may ensuivant, les Parisiens à tout grant nombre de gens d'armes, environnèrent leur ville, affin que nulz ne s'en puist fuyr ne saillir hors; et si furent les portes fermées avec cest grant garde. Et lors establirent en chascune rue de Paris x^{nes} et diseniers, qui tousjours estoient armez. Et ce fait, le prévost des mareschaulx et les gouverneurs de la ville, avec grant nombre de gens armés, allèrent devant l'ostel du roy, et le advironnèrent de toutes pars; puis entrèrent dedens l'ostel, et allèrent devers le roy, et trouvèrent avec luy la royne et son filz aisné, qui de l'assemblée riens ne sçavoient. A celle heure avoit à Paris grant assemblée de seigneurs : c'est assavoir les

---

1. M.P. et L., « *Laillier.* »
2. M.P. et L., « le xx⁰. » — M., « le lundi xx⁰. » Si le jour de la semaine était un lundi, le quantième du mois ne pouvait être le 20, mais le 22, l'année 1413 ayant commencé à Pâques le 23 avril. On verra d'ailleurs plus loin que le 26 mai tombait le vendredi.

ducz de Berry, de Bourgoingne, de Loraine et de Bavière, frère de la royne, qui l'endemain devoit espouser la seur du conte d'Alenchon; et avec ce y estoient les contes de Charrolois, de Nevers, et de Saint Pol, connestable de France, et aultres pluiseurs prélatz et grans seigneurs, en très grant nombre.

Et là firent faire une proposicion devant le roy par ung carmélite, nommé frère Witasse, lequel prist son theusme : *Nisi Dominus custodierit civitatem, frustra vigilat qui custodit eam;* qui vault autant à dire : « Se « le seigneur ne garde la ville et la cité, la veille « labeure en vain. » Laquelle proposition exposée, après prescha moult bien, et là feist aucune mencion des prisonniers et du maulvais gouvernement du royaulme, et des maulx qui s'i faisoient.

Sa collation et prédicacion finée, le chancellier de France lui dist que il se feist advouer; et il respondi que si feroit-il. Lors, le prévost des marchans et les eschevins de la ville incontinent le advouèrent; mais, pour ce que là n'estoient que ung petit nombre de gens, et que ilz ne parloient point assez hault, au gré du chancellier, aucuns des gens du roy appelèrent aucuns des plus notables bourgoiz de la ville, et de la plus grant nation, qui là estoient arivez avec les aultres; lesquels allèrent devers le roy et advouèrent ce que frère Witasse avoit dit, en remonstrant au roy la bonne amour et dilection qu'ilz avoient à luy et à sa noble génération, et que tout ce que ilz avoient fait et faisoient, estoit pour le bien et utilité de luy, de sa génération, et pour le bien publicque de tout son royaulme.

Quant le duc de Bourgoingne sceut icelle assamblée estre en l'ostel du roy, très dilligamment monta à cheval et alla devers eulx, leur pryant qu'ilz s'en allassent à leurs hostelz, en leur demandant que ilz vouloient, et pourquoy ilz estoient là venus en armes ; en leur remonstrant que, ce n'estoit pas bien fait, veu que le roy nagaires estoit retourné de sa grant maladie. Ilz respondirent au duc de Bourgoingne que ilz ne se estoient point assamblez pour mal, mais pour le bien du royalme ; et luy baillèrent ung roolle en disant que jamais ne se partiroient de là jusques à tant que on leur auroit baillié ceulx qui escrips estoient dedens le roolle ; c'est assavoir, le frère de la royne et les chancelliers, et ceulx qui s'ensièvent : Charles de Villers, Conrart Baier, Jehan, seigneur d'Holain, l'archevesque de Bourges, Jehan Vincent, Jennet d'Estouteville, le trésorier du duc de Guienne, et ung chevaucheur du duc d'Orléans, qui ce jour avoit apporté lettres au roy, de par son maistre, et avec ce madame Bonne d'Erminacq, la dame de Montaben, la dame du Quesnoy, la dame d'Avelin, la dame de Nouvion, la dame du Chastel, et quatre damoiselles.

Quand le duc de Bourgoingne vit que riens ne pourfitoit sa requeste, il s'en alla vers la royne et luy monstra le roolle ; laquelle, moult troublée, appella son filz, le duc de Guienne, et luy commanda que luy et le duc de Bourgoingne allassent vers eulx, et de par elle leur priassent, tous deux, que jusques à viij jours tant seulement se voulsissent depporter de prendre son frère ; et au viij^e jour, sans nulle faulte, elle leur bailleroit à faire leur volenté. Et se à sa requeste n'en vouloient riens faire, au moins que ilz feussent contens qu'elle le peusist faire mener après eulx, là ou ilz le vouldroient avoir prisonnier.

I   6

Le duc de Guienne fut moult courouchiés et dolens de la manière que tenoient les Parisiens. Toutteffoiz, il alla devers eulx, avec luy le duc de Bourgoingne, qui leur exposa la requeste de la royne en briefz; mais, de tous pointz le refusèrent, disans que se on ne leur bailloit ce que ilz demandoient, ilz les yroient quérir, quelque part que ilz fussent, et fuissent en la chambre du roy. Les ducz de Guyenne et de Bourgoingne, véans que ilz ne povoient [résister ne] riens faire devers les Parisiens, se retournèrent vers la royne, et luy contèrent, en la présence de son frère, la responce des Parisiens qui estoit telle que advez oy.

Quant le duc, Loys de Bavière, frère de la royne, vit que remède n'y avoit qu'il ne fust mis ès mains des Parisiens, en très grand crainte et amère desplaisance, descendi de la chambre de la royne, et s'en alla aux Parisiens, en leur faisant une requeste qu'ilz le vaulsissent mectre en honneste prison; et, se ilz le trouvoient de riens coulpable, il estoit content d'estre pugnis; et, se ilz le trouvoient innocent, sans longue prison le délivrer.

Les aultres aussi après descendirent. Sy firent les dames et damoiselles; qui ne fut pas sans grant paour et craincte; et là y ot maintes larmes plourées. Et, à la vérité, c'estoit grant pitié de veoir telles nobles femmes estre mises ès mains de tel commun. Incontinent, que iceulx seigneurs, dames et damoiselles furent ès mains des Parisiens, ilz les feirent monter à cheval et menèrent en prison, les ungz au Louvre, et les aultres au Palais. Et Dieu scet la scieulté que avoit icelle gent noble! La royne et le surplus de ses femmes plouroient, que c'estoit pitié à veoir, et pariellement le duc de

Guyenne. Tantost après, le seigneur d'Olhain fut délivré ; aussi fut le chancellier du duc d'Orléans. Le duc de Bourgoingne, qui avoit la garde de son cousin germain, le duc de Bar, de messire Pierre des Essars, de Anthoine son frère et de pluiseurs aultres qui estoient prisonniers ou chasteau du Louvre, lesquelz il avoit plesgié, s'en deschargea, et les bailla en garde à ceulx de Paris.

Ordonné fut de par le roy xij commissaires, chevaliers, et vj examinateurs, pour congnoistre et jugier selon l'exigence des cas ; et après fu baillié à ceulx de Paris. Or, est vray que le duc de Berry, oncle du duc de Bar, et aussi au pourchas de sa seur, Bonne de Bar, contesse de Saint-Pol, et aultres ses amis, se fist ung traictié lequel fut envoyé devers ceulx de l'Université, pour en avoir leur adviz touchant les faiz sur quoy ilz avoient esté prins. Mais ceulx de l'Université n'en vouldrent riens congnoistre, et [dirent][1] que par eulx, ne leur conseil, n'avoit le duc de Bar ne les aultres esté prins ; mais leur en desplaisoit.

Quant ceulx de Paris veyrent ceulx de l'Université desjoindre d'eulx, et doubtant que en temps advenir aucune chose ne leur fust demandée, ilz impétrèrent devers le roy et son grant conseil ung mandement royal, pour leur descharge et excusation ; lequel contenoit, en effect, que le roy les avoit faict prendre, et que ce que les Parisiens avoient fait estoit pour le bien de la personne du roy et du royaulme, et aussi pour le bien de la justice et de toute la chose publicque : vueillans que jamais à eulx quelque chose n'en fust demandée, ne à leurs hoirs ; et, au vidimus d'icelles

---

1. L.

lettres, soubz le séel du Chastelet, ou aultres seaulx royaulx ou autenticques, plaine et vraye foi y soit ajoustée comme à l'original. Lesquelles lettres furent faictes à Paris, le xiij° jour d'avril, mil IIII° et XIII ; présens les ducz de Berry, de Bourgoingne, l'arcevesque de Bourges, l'évesque de Tournay, le connestable de France, l'abbé de Saint Denis et pluiseurs aultres.

Durant les tribulacions, qui lors estoient à Paris, le conte de Vertus, frère du duc d'Orléans, qui lors estoit à Paris, considérant la prinse du duc de Bar et des aultres, sans le sceu et licence du roy, se party secrètement de la ville de Paris, luy iij° tant seulement, et s'en alla devers le duc d'Orléans, son frère, qui lors estoit en la ville de Blois ; auquel il racompta les grant tribulations, monopoles, et assemblées qui s'estoient faictes, et faisoient de jour en jour à Paris ; dont moult en despleut au duc d'Orléans. Duquel partement le duc de Bourgoingne fut moult desplaisant ; car il eust bien volu que le mariage de l'une de ses filles et du conte de Vertus se fust fait, ainsi que promis avoit esté par avant de Paris.

Et pariellement se partirent de Paris pluiseurs notables seigneurs des gens du duc de Bourgoingne, pour la crémeur et doubte des Parisiens. Toutteffoiz, le duc de Bourgoingne en remanda les aulcuns, qui en grant doubte y retournèrent, et non sans cause ; car les Parisiens en faisoient morir et noyer journellement, sans ordre ne ordonnance ; qui estoit pittié à veoir, car en eulx n'avoit raison nulle.

Et le vendredi [ensuivant,] xxvj[1] de may, à la requeste

---

1. Les deux manuscrits portent le *xvj*°, et Le Laboureur, *le*

du duc de Bourgoingne et des Parisiens, le roy alla en la chambre de parlement; et là fist en estat royal. Et là fist et ordonna certaines constitucions touchant le gouvernement de son royaulme; et par espécial ordonna ung mandement qui seroit porté par tout les bailliages et ailleurs, pour là estre publié. Et la cause si estoit pour ce que mesire Clugnet de Brabant, messire Loys Bourdon, et aultres capitaines, tenoient les champs sur la rivière de Loire, en prenant leur chemin devers Paris. Le mandement contenoit, en effect, que le roy mandoit à tous ses baillys et officiers comment il avoit sceu que pluiseurs gens de guerre tenoient les camps, pillant, robant et destruisant son royaulme. Et, de fait, estoit acertené que par eulx estoient ses subgectz tuez, renchonnés, pucelles violées; et tous les maulx que ennemis pourroient faire ilz faisoient.

Pour lesquelles causes le roy mandoit qu'il fust cryé à son de trompe, par tous les lieux acoustumez à ce faire, que tantost ung chascun s'en retournast à son hostel, sans plus tenir les champs, sur confiscation de corps et de biens. Et avec ce fut publié que nul, de quelque estat qu'il fust, fussent les princes de son sang ou aultres, ne feissent assemblée de gens de guerre, pour quelque cause que ce fust, se n'estoit par son mandement et ordonnance. Toutteffoiz il n'entendoit mie que, se aucun prince de son sang, et qui l'avoient servi au siége de Bourges, mandoient aucuns de leurs subgectz,

---

dixiesme; la date est fausse dans chacun. Monstrelet, seul, donne la vraie, qui était le xxvj, pour tomber un vendredi; Pâques ayant ouvert l'année 1413, le 23 avril, comme la remarque en a été faite plus haut.

qu'ilz ne le peussent, à venir devers eulx ; mais à tous aultres deffendoient.

Tantost après, environ la vigille de Penthecoustes, messire Jacques de la Rivière, frère au conte Danmartin, qui avoit esté pris avec le duc de Bar, en l'ostel du duc de Guyenne, fut dit que il s'estoit désespéré et frappé d'un pot d'estain en la teste, si grant cop que il s'estoit tué ; et, pour ceste cause fut mis sur une charecte, et mené ès halles de Paris, où il fut décapitez. Mais, à la vérité, la chose alla autrement ; car le seigneur de Jacqueville l'ala visiter en la prison, et, entre pluiseurs parolles, l'appella faulx trayttre ; et messire Jacques respondit que il avoit menty. Et adont, Jacqueville, soy véant desmenty, et meu de couroux, le frappa, d'une petite hachette que il tenoit en sa main, si grant cop que il en morut. Et quant ledit Jacqueville l'ot ainssy tué, il yssy hors de la prison, et fist courre la voix aval[1] Paris, que luy mesme s'estoit tué d'un pot d'estain. Sy fut tout notoire que ainsi estoit ; et cuidoit chascun qu'il fust ainsi.

Ung gentil homme, nommé le Petit Maisnil, escuyer trenchant du duc de Guienne, eult la teste trenchiée ès Halles, et aussi orent Thomelin de Brye et deulx aultres gentilz hommes ; et tout ce faisoient faire les Parisiens. Le conte d'Eu, qui là estoit, prinst congié du roy et du duc de Berry son beau père, pour aller en sa ville d'Eu, où il fist grant assemblée de gens d'armes, faignant que il voulsist faire guerre au seigneur de Croy, pour cause[2] que messire Jehan de

---

1. M.P. et L., « *avant.* »
2. M.P. et L., « pour *tant.* »

Croy avoit prins les enffans de Bourbon en son chastel de Monceaulx. Mais, il fist le contraire ; car tantost que il euvt ses gens prestz, s'en alla devers les ducz d'Orléans, qui lors estoit à Verneul ou Perche, et aussi le roy Loys, les ducz de Bretaingne et de Bourbon, les contes de Vertus et d'Alenchon, et pluiseurs grans seigneurs, qui estoient assemblez pour certaines lettres que le duc de Guyenne leur avoit escript, et aussi mandé par le conte de Vertus : c'est assavoir comment le roy son père, la royne et luy, estoient prisonniers et de tous poins au gouvernement et garde de ceulx de Paris ; dont luy desplaisoit grandement. Aussi leur fist dire l'emprisonnement des ducz de Bar et de Bavière, et des aultres, tant hommes que femmes ; pourquoy s'estoient iceulx assemblez en la ville de Vernoeul.

Si orent advis ensemble qu'ilz rescriproient au roy, à son grant conseil, et à ceulx de Paris, qu'ilz laissassent aller le duc de Guienne où bon luy sembleroit, et que ilz délivrassent les ducz de Bar et de Bavière, avec tous les aultres prisonniers ; ou, se ce ne faisoient, ilz feroient guerre à la ville de Paris, et destruiroient, à leur povoir, tous cheulx qui dedens estoient, réservé le roy et ceulx de son sang royal. Lesquelles lettres receues par le roy furent mises en consiel, où il fut deliberé que on envoyeroit une ambassade devers eulx, pour traictier des matières pour faire responce aux lettres que escriptes avoient le samedi, premier jour de juillet.

Après ce que on eult fait le procès de messire Pierre des Essars, auparavant prévost de Paris, il fu mené ès Halles, où il ot la teste trenchiée, et le corps mené au gibet.

CHAPITRE XXXVI.

De la proposition et harengue que l'ambassadeur du roy de Scécille, des ducz d'Orléans et de Bourbon, feit à Pontoyse, aux ducz de Berry et de Bourgoingne, pour le bien et utilité, paix et union du royaulme; et des articles sur ce advisez.

Vous advez oy comment il fut délibéré, au consiel du roy, de envoyer une ambassade devers le roy, Loys, les ducz de Bretaingne et de Bourbon. Il fut ainsi fait. Lesquelz ambassadeurs furent honnourablement receuz d'eulx; et, tantost après ladicte ambassade envoyée, le roy tint conseil; auquel conseil fu ordonné que messire Jehan de Moroeul porteroit lettres ès bailliages d'Amiens, de Vermandois, et aux prévostz d'icelles; par lesquelles le roy leur faisoit savoir qu'ilz luy fussent tousjours fermes, bons et léaux, et fussent prestz en armes, toutes et quanteffoiz que luy ou son filz, duc de Guienne, les manderoient, pour eulx servir. Et, avec ce, leur mandoit le roy que tout ce qui avoit esté fait à Paris, touchant l'exécution de pluiseurs gens, avoit esté fait par justice et de son consentement; en leur faisant savoir et déclarer les causes pour quoy l'exécution avoit esté faicte.

En ceste saison, une armée d'Angleterre descendi en la conté d'Eu, en ung port de mer, nommé le Tresport; lequel ilz prirent, ardirent et destruirent; et mesmement l'abbaye et l'église[1] fondée en l'onneur de

---

1. M.P. et L., « l'église et l'abbaye. » — M., « l'église et *monastere*. »

saint Michiel ; et puis s'en retournèrent, sans aultre chose faire, en Angleterre.

Or, fault parler des ambassadeurs, qui avoient esté envoyez de par le roy à Vernoeul, devers les dessusdis seigneurs. Les ambassadeurs furent l'évesque de Tournay, le grant maistre de Roddes, les seigneurs d'Offemont et de la Viésville, maistre Pières de Marigny et aultres ; lesquelz, après ce que ilz orent besoingnié devers les princes, qui à Vernoeul estoient, rapportèrent au roy l'effect de leur ambassade : laquelle rapportée, ung peu de temps après, par l'ordonnance du roy, les ducz de Berry et de Bourgoingne, avec eulx lesdis ambassadeurs, furent envoyez à Ponthoise ; et le roy de Sézille, les ducz d'Orléans et de Bourbon, les contes de Vertus, d'Alenchon et d'Eu, vinrent à Vernon ; et là envoyèrent leurs ambassades à Ponthoise, devers les ducz de Berry et de Bourgoingne, pour leur remonstrer et exposer les causes de leurs complainctes, et les grans maulx, périlz et inconvéniens qui pourroient advenir. Et, par ung de leurs ambassadeurs, fut exposée la charge et la créance que ilz avoient aux ducz de Berry et de Bourgoingne, avec lesquelz estoient pluiseurs du conseil du roy, et aussy des Parisiens.

Et dist ainsi celuy qui proposa, pour le roy, Loys, les ducz d'Orléans et aultres : « [A] la crédence à nous
« bailliée de la partie de monseigneur le roy de Sézille
« et le duc d'Orléans, à vous, nos très redoubtez
« seigneurs de Berry, de Bourgoingne, et à vous,
« messeigneurs du grant conseil du roy et de mon-
« seigneur de Guyenne, qui estes[1] de leurs compaignie.

---

1. M. — R., « *existentibus*. » — Nos manuscrits, et L., « qui *estoit*. »

« Puis qu'il convient que je die la parolle pour le bien
« de paix, confians en celluy qui est acteur de paix, et
« de la faveur et bonne voulenté des ascoutans, je
« prens ung mot du Psaultier : *Oculi mei semper ad*
« *Dominum*, au xxiiij° psealme : qui vault autant à
« dire : Mes yeulx sont tousjours vers nostre Seigneur.
« Par l'introduction du sage Platon, duquel j'ay prins
« mon theusme, entre les aultres notables dis envoyez
« à tous seigneurs et princes, ayans prééminence au
« gouvernement, qui aux choses publicques sont pres-
« tés, ilz doibvent garder les commandemens de leurs
« seigneurs. Premiers, que en tout ce que ilz feront,
« ilz ayent le regard à la chose publicque, en délais-
« sant, et mectant derrière leur bien particulier et
« prouffit. Secondement[1], que la chose publicque,
« dont ilz ont le gouvernement, représente un corps,
« dont ilz sont les chiefz, et les subgectz sont les men-
« bres ; en telle manière que, se aucuns des menbres
« sont bleschiés, il en descende douleur au chief. Et
« pour venir à mon propos, je considère ce royaulme
« de France chrestien estre ung corps duquel nostre
« souverain seigneur le roy est le chief ; et les men-
« bres sont ses subgectz. En quel degré je mecteray
« messeigneurs du sang royal, qui nous ont icy en-
« voyés, et vous aussi, mes très redoubtez seigneurs,
« ausquelz nous parlons ? Je ne sçay ; car nous n'avons
« point de chief, senon le roy, nostre souverain sei-

---

1. R., « Secundo. » — Nos deux manuscrits, Le Laboureur, les anciennes éditions de Monstrelet et celle de Buchon, ont « *selon ce* » ou bien « *et selon* », que l'on ne saurait admettre. Le Monstrelet manuscrit, ayant une lacune à cet endroit, n'offre rien à comparer.

« gneur et prince. Quant au chief, je ne vous compère
« pas, ne aussi aux menbres particuliers du chief; et,
« pour tant que, entre les aultres menbres du chief,
« les yeulx sont les plus notables, et de plus grant,
« singulier et milleur condicion, je vous compère
« comme les yeulx oudit chief, pour trois causes très
« excellentes et singulières. Premiers, car les yeulx
« sont et doivent estre, de leur nature, en corps bien
« disposé de mesure, forme et figure et de veue, et
« sans quelque différence : si comme que, quant ung
« oeil regarde droit, et l'autre de travers, ou que l'un
« fust clos et l'autre ouvert, tout le corps en est diffa-
« mé, et de ce prent-il nouvel nom, comme borgne et
« loucque. Et ainsi me semble que nos seigneurs
« [qui]¹ nous ont icy envoyez, et² vous, nos très
« redoubtez seigneurs, ausquelz nous parlons, supposé
« que soiez pluiseurs en grant nombre, toutteffoiz
« estes-vous regart sur tout le corps, et devez estre
« tout d'une volentez, tendans à bonne fin; c'est
« assavoir l'ueil d'entendement par clère congnois-
« sance, et l'ueil par effect, par vray amour et sans
« différence, comme dist le sage Ecclésiasticque :
« *Oculi sapientis in capite ejus*. Secondement, les ieulx
« sont en la plus haulte et évidente partie de tout le
« corps, comme dist le prophète Ezéchiel, ou xxiiij⁰
« cappitle : *Speculatorem dedi te domui Israel*³. Pariel-
« lement sont nos seigneurs du sang royal ; car, pour

---

1. R. et M.
2. Nos manuscrits et L. ont *à*, au lieu de *et*.
3. Ce n'est pas au XXIIII⁰ chapitre d'Ézéchiel, mais au XXXII⁰, verset 7, que se trouve cette citation : la faute est également commune aux deux manuscrits.

« la singulière affection que ilz ont à leur seigneur et
« à toute sa dominacion et seignourie, ilz veillent con-
« tinuellement sur la garde d'icelluy. Tiercement, car
« pour la grande noblesse de l'ueil, qui a la forme
« ronde, il a telle sensibilité de tous les menbres de
« son corps, que tantost que aucun menbre est bléchié
« de douleur, il en pleure, comme dit le prophète
« Jhérémie, ou xix° chappitre : *plorans plorabit et*
« *deducet oculus meus lacrimam*, etc.[1]

« Et semblablement fait à ce propos ce que récite
« Valère le Grant, en son viij° livre de Marcelle, tirant;
« lequel, véant la désolacion de sa cité par son enne-
« my, laquelle il avoit prins par force, ne se pot tenir
« de plourer de la douleur des menbres. Comme fist
« Codrus, duc d'Athènes, lequel, pour gaignier la
« bataille contre ses adversaires, il se fist tuer de sa
« mesme voulenté. Et pour ce, tous nos seigneurs sont
« et doivent estre de pareille condicion, et les ay équi-
« paré à ieulx[2], disant : *Oculi mei semper ad Dominum*,
« en la personne des seigneurs qui nous ont envoyez,
« voire et en la personne de nous, qui avons ceste
« charge reçeue. Non pas, pourtant, que aucuns de
« nous se équipare à l'oiel; mais comme trés humble
« serviteur de l'ueil, et assis entre les menus men-

---

1. Jérémie XIII, v. 17, et non pas XIX. La faute est commune à nos deux manuscrits et à L.
2. M. Les manuscrits et les éditions de Monstrelet et de Saint-
Remy, qui ont : « *à ceulx,* » ou bien : « *à iceulx,* » sont tous en
faute. C'est évidemment aux yeux que l'auteur de la harangue
entend faire comparaison ; et cela résulte du texte du Religieux
qui s'exprime ainsi : « Et quia omnes domini sunt et debent esse
« similis condicionis, eos possum *oculis* assimilare ; *etc.* »

« bres¹ du corps des devant dis ; comme l'ongle du
« petit doy, nommé le médecin, de la dextre main
« laquelle, par vraye disposicion de nature, a acous-
« tumé de servir et obéir à l'ueil, à l'exemple duquel
« nous sommes constrains de parler de tant haulte
« matière ; laquelle chose nous est moult griefve ;
« mais c'est le bien de la paix, et pour obéir à l'ueil.
« Car, en quelconcques temps, chascun doit avoir
« regard à nostre seigneur, mais encores plus en
« temps de adversité, comme dist Tulles : « Viengs
« à ton amy, quant tu es appellé, luy estant en
« prospérité ; et quant il est en adversité, n'atens
« pas que tu soyes appellez. » Mais j'entens de tous
« seigneurs terriens, supposé qu'ilz soient dissolus,
« et non faisant les faiz et œuvres du roy et du sei-
« gneur, selon le dit de l'apostre saint Pierre :
« Soyez subgectz à toutes créatures, pour l'amour de
« Dieu, et au roy comme au plus excellent. Et de
« rechief : Soyez obéissans, en la crémeur de Nostre
« Seigneur, et non pas tant seulement aux bons et
« justes, mais aussi aux non sachans. Et, par ainsi,
« se peult dire de chascun seigneur le mot que j'ay
« pris : *Oculi mei semper ad Dominum*.

« Et pourtant, messeigneurs qui nous ont icy
« envoyez, ayans l'ueil d'entendement par clère con-
« gnoissance, et affecté par vray amour à leur sei-
« gneur, comme au chief et à tout le corps de ce
« crestien royaulme, doubtans que d'eulx on ne die

---

1. R., « et situatum inter *minora membra* corporis. » Nos manuscrits et L. disent : « entre *ses ennemis maitre ;* » ce qui est tout à fait hors de sens.

« ce qui est escript par Ysaye ou viij[1] chapitre :
« *Speculatores ejus ceci omnes*, les gardeurs ou veilleurs
« sont aveuglez; et, aussi, que on ne die que ilz soient
« semblables aux porcz, qui les fruis des arbres
« dévourent, et jamais ne lévent[2] leurs ieulx à l'arbre :
« et, véans et pensans aucunes manières[3] qui, puis ung
« peu de temps, les ont tenus en la ville de Paris, se
« deullent qu'ilz voient avoir et souffrir tout le corps
« devant dit une grande destruction, par laquelle puist
« bientost venir et encourir à une bien grande maladie,
« périlleuze et telle que, par continuacion, puist estre
« mortelle : que Dieu par sa grace ne veuille!

« Premiers, ilz ont entendu la prinse des serviteurs
« du roy, de la royne et du duc de Guyenne, desquelz
« à ceulx seigneurs tant seulement apertient la con-
« gnoissance, et non à aultres. Et après, ont entendu
« que pariellement a esté fait des dames et damoi-
« selles, qui estoient en la compaignie de la royne et
« de madame de Guyenne; lesquelles choses, tant
« pour l'onneur de leur dicte maistresse, la royne,
« comme pour l'amour du sexe féminin, on deust par
« raison avoir différé, et aussi pour l'onneur de
« chasteté. Et, Droit dist ainsi et commande, sur grant
« paine, que honnestes femmes ne soient point traictiés
« en publicque; et aussi, pour l'onneur de noblesse
« et de la noble maison dont elles sont extraictes et

---

1. C'est le LVIe chapitre, verset 10, et non le VIIIe. La faute est commune à nos deux manuscrits, à Le Laboureur et à Monstrelet.

2. R., « porco assimilentur, qui poma comedet sub arbore col-« lecta, non respiciendo arborem. »

3. M. — R., « aliquos ineptos *modos*. » — Nos manuscrits et L., « aucuns *mauvais*. »

« yssues, il semble qu'elles ne doivent pas estre ainsi
« traictiez.

« Et, en oultre, se deulent; car non obstant que la
« congnoissance de quelque seigneur[1] du sang royal
« n'appertiegne fors seulement au roy et aux sei-
« gneurs de son sang, monseurs les ducz de Bar et de
« Bavière[, ...] comme ilz ont entendu[2] par gens qui
« n'avoient nulle auctorité d'office royal, et en manière
« de rumeur de peuple; lesquelz par force rompirent
« les portes de l'ostel du roy et de monseigneur de
« Guienne. Et, par espécial que ilz ne sçevent encoires
« aucunes justes causes, ou couleur pourquoy ilz font
« telz exploix qui ne se deussent faire; et, peult estre
« que se ilz sçavoient aucunes justes causes, ilz ne se
« esmervielleroient point tant que ilz font.

« Et encores oultre; car, en continuant comme on
« dit, monseigneur de Guienne a esté et est privé de

---

1. M.P. et L. « car non obstant que — quelque seigneur. »
2. Entre les mots « ducz de Bar » et ceux « ils ont entendu », nos deux manuscrits et Le Laboureur ont une lacune qui n'est pas dans Monstrelet. Seulement les textes de Monstrelet ne suffisent pas tous, indistinctement, pour la combler. Ainsi le manuscrit n° 2684 de la Bibliothèque nationale, que nous suivons pour nos variantes, a besoin de compléments. Nous les prenons dans l'édition Chaudière, 1572, et on les reconnaîtra entre crochets dans l'extrait qui suit : « Monseigneur le duc de Bar fut prins, et si
« [encores est, qui] est cousin germain du roy, [nostre sire]; dont
« moult se deulent les seigneurs devant diz, et par espécial le roy
« et la royne de Cécile, qui est [sa niepce; lesquels] grandement et
« affectueusement prient et requièrent pour leur délivrance, et aussi
« pour monseigneur le duc de Bavière, frère germain de la royne.
« Et de rechef se deulent plus de la forme et manière qui fut tenue
« et eue à la prinse; car ils ont entendu, ainsi qu'on leur a rap-
« porté, qu'ils furent prins *par gens*..... »

« sa liberté active et passive; [active,]¹ car il ne peult
« aller hors de son hostel ou au moins hors de la ville
« de Paris ; passive, car nul, de quelque condicion qu'il
« soit, ou de son sang, ou d'aultre, n'ose parler ne
« converser avec luy, fors ceulx qui le gardent, ainsi
« qu'il est acoustumé de faire à ung prisonnier
« honneste. Laquelle chose est moult griefve, à lui et
« ausdis seigneurs, d'estre privé de la vision et con-
« versacion de leur souverain seigneur, en terre;
« comme se c'estoit, après la vie, perdre la vision de
« Dieu.

« Item, se deulent ; car, puis que les choses sont
« advenues, vindrent lettres de par la ville de Paris
« envoyées ausdis seigneurs, et presque semblables
« envoyées aux bonnes villes de ce royaulme, conte-
« nant en effect les explois dessusdis avoir esté faiz
« [sur]² le petit gouvernement dudit monseigneur de
« Guienne ; et, en la [fin,] requérant que chacun fist³
« ainsi. Dont, quant aux lettres dessusdictes envoyées,
« ilz se deulent ; car nulz, fors ceulx du sang royal, ne
« doivent savoir quelque chose de leur gouvernement,
« ne qui donne charge à telz seigneurs. Et aussi n'y
« avoit la cause faincte, ne vraye, pourquoy les villes
« deussent faire telz exploiz ; car il n'estoit personne
« qui jamais se fust meslé du gouvernement de mon-
« seigneur de Guienne. Et semble que ce ne soit, fors
« à induire et esmouvoir le peuple à aucun maulvais
« appoinctement faire, au préjudice du roy et du
« royaulme.

---

1. et 2. M.
3. M. — Les deux manuscrits et L., « *fust.* »

« Et aussi se deulent ; car par l'importunité d'au-
« cuns continuans ladicte matière, furent impétrés
« mandemens contenant que, pour quelque mandement
« desdis seigneurs, ou d'aucuns d'eulx, nulz ne venis-
« sent en leur compaignie, mais se tenissent en leurs
« maisons jusques à dont que monseigneur le connes-
« table, ou aulcuns aultres seigneurs, estans dedans
« Paris, les manderoient. Dont grandement se plain-
« gnent, car oncques ne firent, ne ont intencion de
« faire chose pourquoy on leur doie oster leurs
« vassaulx. Et quant le roy a affaire d'eulx, leurs dis
« vassaulx les doivent servir en leur compaignie.

« Item, se plaingnent de pluiseurs aultres parolles
« et mandemens, par lesquels pluiseurs officiers[1],
« de fait ont prins et encores prendent chasteaulx et
« forteresses, en y commectant nouveaulx officiers,
« en bouttant dehors les capitaines, quelz qu'ilz soient
« notables, chevaliers et escuiers, preudommes et sans
« reproche, qui, toute leur vie, ont bien servy et
« léalement, et ont intencion de servir le roy. Les-
« quelles choses et mandemens, et chascunes d'icelles,
« leur sont moult estranges, nouvelles et desplaisantes,
« et donnent occasion à tous estas, tant en chief
« comme en menbres, de mal exemple et inobédience,
« et par conséquent de subversion et de ruyneuse
« dominacion ; car ce très noble et très crestien
« royaulme a esté gouverné longhement en bonne

---

1. Les deux manuscrits, Le Laboureur et Monstrelet ont :
« plusieurs officiers *qui* de fait. » Évidemment le pronom est de
trop. Le Religieux paraît avoir donné, seul, une construction
correcte. « Conqueruntur de multis aliis mandatis consimilibus *per*
« *que* aliqui officiarii regii occupaverunt de facto, etc. »

« prospérité, principallement par bonne pollicie d'icel-
« luy, en bonne et vraye justice, dont le fondement
« fut par trois choses par lesquelles il excède les
« aultres. Comme premiers, par[1] science, par laquelle
« la foy crestienne fut deffenderesse, justice et bonne
« pollicie soustenue en ce royaulme ; et, après, par la
« très noble et plaine preudommie de chevalerie, par
« laquelle, non pas seulement ce royaulme, mais toute
« la foy crestienne en a esté doubtée et deffendue ; et
« tiercement, le grant nombre de peuple, loyal et
« subgect, comme vray obéissant à sa dominacion.
« Lesquelz trois, par telz manières et exploiz, légière-
« ment venroyent à totale perversité et perdicion, et
« tellement que toute l'ordre est perverse, et que l'un
« occupe l'office de l'autre. Car les piedz qui port[oi]ent[2]
« le chief, les bras et le corps, vont deseure, et le
« chief en bas ; dont le corps et tous ses menbres per-
« deroient la reigle et bonne disposicion de nature ;
« et, ainsi que dit la loy [civile : *rerum commixtione*
« *turbantur officia* »][3].

« Pour laquelle chose, nos seigneurs nous envoient[4]
« à supplier au roy, à la royne et à monseigneur de
« Guienne ; et en priant et requérant à vous, nos très
« chiers et très redoubtez seigneurs, qui icy estes et
« à chascun de vous, à par luy, selon l'exigence du cas
« et possibilité ; laquelle est pour avoir et emporter
« les remèdes convenables. Et il leur semble, en

---

1. Les deux mss., et L., « *pacience.* »
2. M., « souloient porter. » — R., « solebant ferre. »
3. M. et R.
4. Les deux manuscrits, Le Laboureur et Monstrelet ont : « *qui*
« nous envoient.* »

« ensuyvant l'oppinion des sages phisiciens, que
« abstinence est préservacion des malladies pour la
« santé du corps. Et, pour ce, de la partie des seigneurs
« devant dis, nous vous pryons, et de la nostre vous
« supplions que, de cy en avant, telz exploiz et ma-
« nières, ainsi que dit est dessus, et toutes commis-
« sions extraordinaires cessent du tout par vraye
« exibicion de bonne justice; par laquelle honneur,
« prééminence et vraye liberté soit au roy; et à mon-
« seigneur de Guienne, comme au chief, soit honneur
« et prérogative acoustumé; et aux seigneurs, comme
« à l'ueil du chief, vraye justice, et en eulx préservant
« de toutes offences; et au peuple, comme le corps, les
« bras et les jambes, soit bonne vraye et seure paix.
« Et, comme dist le psalmiste : *quorum justicia et pax*
« *osculate sunt*[1]. Ouquel lieu dist saint Augustin que
« chascun demande paix en sa maison. Et si aucun
« veult dire abstinence est périleuse, pour la crémeur
« des deux choses contraires, qui sont guerre et justice
« rigoureuse, nous répondons, de la partie desdis
« seigneurs, que ces deux là ilz eschèveront de tout
« leur povoir, et par effect s'employeront de très bon
« coer à faire la dicte abstinence, et à expulser tous les
« gens d'armes portans dommage en ce royaulme, par
« toutes les voyes et par tous les moyens que ilz pour-
« ront. Et, quant au fait de justice rigoureuse, leur
« intencion est de ensuyvir la manière de tous princes,
« considérant la sentence de Platon que : Quant ung
« prince est cruel en la chose publicque, est [comme]

---

1. Ps. LXXXIV, v. 11; *quorum*, n'est pas du psalmiste, pas plus que le *quia* de Monstrelet.

« quant le tuteur chastie cruellement son pupille du
« conseil que ilz ont prins à [le] deffendre[1]; en espé-
« cial, en ensuyvant la coustume de leurs prédéces-
« seurs de la très noble maison de France, lesquelz
« ont tousjours acoustumé d'avoir en eulx pitié et
« débonnaireté, et délaissier au dérière rancune et
« malivolence contre ceulx de la ville de Paris, ou de
« la partie qui de ce pourroient estre coulpables ou
« chargiés. Et supplient au roy, à la royne et à mon-
« seigneur de Guienne, pour avoir et obtenir, tant
« d'un costé comme d'aultre, leur abolicion; et dési-
« rent lesdis seigneurs, sur toutes les choses de ce
« monde, à véir le roy et la royne et monseigneur de
« Guyenne en leurs franchises et libertez, comme à
« Rouen, Chartres, Meleun ou Mortargies, ou en aultres
« lieux plus convenables hors de Paris, pour le pre-
« mier accez; non pas pour le malivolence qu'ilz
« aient contre la ville de Paris ou contre les habitans
« d'icelle, mais pour eschever toute occasion de
« rumeur, laquelle seroit, ou pourroit estre, tantost,
« accès entre les serviteurs desdis seigneurs et plui-
« seurs de la ville. Et plaist ausdis seigneurs que, en
« toutte sceureté expédiente et nécessaire, soient
« voyes et manières advisées et mises avant, à obvyer
« à toutes souppechons et inconvéniens à la dicte con-

---

1. Le texte de cette sentence est ainsi donné en latin par le Religieux de Saint-Denis : « Quando princeps est contra rem publi-
« cam, tunc est *sicut* tutor qui verberat pupillum cum *cutello* cum
« quo *ipsum* deberet defendere. » On voit ce que nous en avons tiré, pour rendre à la phrase sa clarté et son sens, qui sont altérés dans Monstrelet, de la même manière que dans nos deux manuscrits.

« grégacion. Auquel lieu venront lesdis seigneurs, de
« très bon ceur, pour aviser et pourveoir au bon estat
« de ce royaulme, et au vray pacifiement d'icellui.
« Et sur ce soient advisées les manières possibles de
« sceureté; car noz seigneurs et nous, de leur partie,
« seront prestz d'entendre au bien, honneur, prouffit,
« et à la vraye union du très noble chief du corps, et
« de tous les menbres dessus dis.

« Et, se je ay dit petit, messeigneurs et compaignons
« sont bien disposez pour amender. Et, se je ay dit
« trop, ou chose qui touche au déshonneur ou à la
« desplaisance d'aucuns mes très redoubtez seigneurs,
« plaise vous le imputer à simplesse ou à ygnorance
« de loyaulté très parfaicte et très affectée au bon estat
« du roy, et à l'appaisement de tout son royaulme;
« veu et considéré que j'ay esté et suis, par nature,
« fort obligié à serment et service à ce faire; cuidant,
« de tout mon petit povoir, ensuir le singulier désir[1]
« lequelle le roy de Sézille, mon seigneur et mon
« maistre, a au bien de ceste matière; et il ne me
« soit pas, se il vous plaist, imputé de témérité, ne
« aultre mal talent, ou affection désordonnée que j'aye,
« ne otz oncques, ne entendz avoir, jusques à ceste
« proposicion desdis ambassadeurs; c'est assavoir du
« roy de Sézille et des autres seigneurs. »

Et après furent dictes et proférées pluiseurs parolles
sur l'adviz de la paix, d'une partie et d'aultre, affin
que ce royaulme demourast en transquilité et union,

---

1. R., « ac eciam sequendo, pro modico posse meo, singularem
« affectionem. » — M.P. et L., « ensuir *mon petit et* singulier
désir. »

et que provision feust mise aux inconvéniens. Si furent faiz aucuns articles sur ce, lesquelz sont contenus en une cédule de laquelle la teneur s'ensuit.

« Premiers, entre les seigneurs du sang royal sera
« bonne amour et union; et promèteront et jureront
« estre bons et vrays amis, et de ce feront lettres, les
« ungs aux aultres, et sermens; et, en plus grant
« confirmacion de ce, jureront et promèteront pariel-
« lement les serviteurs plus principaulx desdis sei-
« gneurs, d'une part et d'aultre.

« Item, les seigneurs du sang royal, qui ont envoyez
« leurs messages et ambassades, feront cesser la voye
« de fait et de guerre, et ne feront quelque mandement
« de gens d'armes; mais, s'aulcuns en estoient faiz, ilz
« les feront cesser du tout.

« Item, feront tout leur loyal povoir de faire expul-
« ser et retourner, le plus brief que faire porront, les
« gens des compaignies qui sont avec messire Clugnés
« et Loys Bourdon et aultres adhérens, par toutes
« voyes et manières à eulx possibles : et, se les gens
« des compaignies ne vouloient ce faire, lesdis sei-
« gneurs s'employeroient ou service du roy pour
« iceulx faire retourner ou destruire, et tous les
« aultres ennemis du roy qui vouldroient grever son
« royaulme.

« Item, promecteront que, des choses qui sont
« advenues à Paris, ilz ne porteront nulles rancunes,
« maltalens, ne dommages à la ville de Paris, ne à
« aucuns particuliers d'icelle, ne procureront estre
« faiz en aucune manière soubz umbre de justice, ou
« en aultre manière, comment que ce soit. Et, s'aucune
« sceureté estoit advisée pour le bien de la ville et des

« particuliers d'icelle, ilz s'ueffrent[1] faire procurer et
« aidier de tout leur povoir.

« Item, que tous les siegneurs jureront et promec-
« teront, par leurs sermens sur la saincte Vraye Croix,
« et sur les sainctes Ewangilles de Dieu, en parolles
« de princes, et sur leur honeur, faire entretenir et par-
« acomplir loyallement toutes les choses dessusdictes,
« sans aucuns frauldre, ou calompnie de vérité ; et de
« ce bailleront leurs lettres au roy séellées de leurs
« seaulx.

« Item, en ce faisant, les messages et ambassades
« desdis seigneurs requéront au roy que il luy plaise
« adnuller et révocquer tous les mandemens des gens
« d'armes, et facent cesser toutes voyes de fait de
« guerre, excepté contre les gens de Ponthoiese.

« Item, semblablement facent cesser et réduire à
« néant tous les mandemens, nagayres donnez à mectre
« en sa main aucuns chasteaux et forteresses, et de
« iceulx oster les capitaines et aultres y commectre
« en lieu de iceulx, ou en lieu des seigneurs ausquelz
« les chasteaulx et forteresses appertenoient ; et facent
« remectre les dessusdis au premier estat, quant ad
« ce ; et que la commission par luy donnée après
« certain temps pour les faits des prisonniers appellez
« ou à appeller à banissement, soit révocquiée, et que,
« par justice ordinaire et acoustumée du roy soient
« constrains et convenus, sans ce que aucuns commis-

---

1. M.P., « se euffrent. » — R., « offerent se. » On peut juger combien le Monstrelet manuscrit s'éloigne du sens, en écrivant, « il s'ensuit ; » mais l'édition Chaudière s'y conforme ainsi, « ilz s'euffrent ; » et, de plus, la faute est corrigée dans celle de M. Douët-d'Arcq.

« saires particuliers de ce se entremellent aucune-
« ment.

« Item, que le roy, la royne et monseigneur de
« Guienne, ces choses ainsi faictes et accomplies, soient,
« ung certain jour, en aucun lieu dehors Paris, auquel
« lieu soient les devantdis seigneurs de chascune par-
« tie, pour confermer bonne union entre eulx, pour
« adviser aux besoingnes du roy nécessaires à luy et
« à son royaulme. Et, se aucuns faisoient doubte que
« les seigneurs, ou aucuns d'eulx, voulsissent induire
« le roy, la royne, ou monseigneur de Guienne, à
« aucune hayne ou vengance contre la ville de Paris
« ou aucuns des habitans, ou prendre le gouvernement,
« ou attraire le roy avec eulx et monseur de Guienne,
« ou que, à la dicte congrégacion ou assamblée, on
« face aucune doubte, lesdis seigneurs sont prestz de
« baillier bonne sceureté possible là où on pourra
« adviser. »

Lesquelles besoingnes ainsi mises par escript et
conclues par les seigneurs dessusdis, d'une partie et
d'aultre, se départirent et retournèrent ès lieux dont
ilz estoient partis

Et après que les ducz de Berry et de Bourgoingne, et
ceulx qui avec eulx estoient, furent retournez à Paris,
remonstrèrent au roy les poins de leurs ambassades et
le contenu de la cédulle. Et, après ce que tout ot esté
avisé, par grant délibéracion de conseil, où estoient
ceulx de l'université de Paris et de la ville, en grant
nombre, fut accordé, de par le roy, que tout ce que les
ambassadeurs avoient fait et rapporté s'entretenroit.
Et, sur ce, fut ordonné à faire certains mandemens
royaulx, pour envoyer en tous les bailliages et sénes-

chauchiées du royaulme, pour estre publiées par les officiers ès lieux acoustumez. Desquelz mandemens la copie sera cy après déclarée.

Durant que on traictoit ainsi laditte paix, messire Clugnet de Brabant, messire Loys Bourdon, et aultres capitaines, en leur compaignie bien xvj^e combatans, faisant maulx innumérables, se trouvèrent jusques au païs de Gatinois, disans que c'estoit pour faire guerre aux Parisiens; et, de ce non contens, mirent jusques au nombre de xvj° lances et grant nombre d'aultres combatans, desquelz estoit chief et capitaine messire Elyon de Jacqueville. Toutesvoies, ilz ne se entretrouvèrent point, et se départirent sans combatre.

En ce temps, le roy ordonna une grande ambassade; c'est assavoir le conte de Saint-Pol, connestable de France, l'évesque de Tournay, et l'amiral; lesquelz furent par le roy envoyez à Boulongne sur la mer, pour communicquier avec les ambassadeurs du nouveau roy d'Angleterre, nommé Henry, filz du roy, Henry de Lenclastre (qui de nouvel estoit allé de vie à trespas), qui estoient descendus à Calais; c'est assavoir le conte de Warwic, l'évesque de Saint David, et aucuns aultres. Lesquelz ambassadeurs s'assemblèrent ensemble, et traictèrent unes trèves entre les deux royaulmes de France et d'Angleterre, jusques aux Pasques; lesquelles furent publiées et tenues.

CHAPITRE XXXVII.

Comment le roy conclud de entretenir ce que avoit esté conclud à Pontoise; et de la délivrance des princes et aultres grans personnages, chevaliers et officiers emprisonnez par les Parisiens; aussi la réintégracion de pluiseurs qui avoient esté desmis de leurs offices. Du partement du duc de Bourgoingne; de la venue de pluiseurs princes à Paris; et comment messire Charles de Labreth fut remis en estat de connestable.

Vous avez ouy comment les ducz de Berry et de Bourgoingne avoient besoingnié à Ponthoise avec les ambassadeurs du roy de Sézille, des ducz d'Orléans et de Bourbon, et aultres qui lors estoient à Vernon sur Saine; et comment le roy, en son grant conseil, conclud de tenir et entretenir tout ce qu'en ladicte ville de Ponthoise avoit esté fait et pourparlé. Pour laquelle cause, ordonna certains mandemens estre publiez partout son royaulme. Par lequel mandement il faisoit savoir le traictié de la paix, et comment il révocquoit et adnulloit tous les bannissemens et toutes sentences quelzconcques qui avoient esté faictes contre ceulx de son sang et contre les prisonniers prins par ceulx de Paris; et vouloit aussi que toutes gens de guerre et tenans les champs s'en ralaissent en leurs hostelz, sans plus adommagier son royaulme, sur paine de confiscation de corps et de biens; en mandant aussi à tous ses baillifz et officiers que, se les gens d'armes de Champaigne ne vouloient obéyr, qu'ilz trouvassent la manière d'estre les plus forts, en abandonnant tous leurs biens, chevaulx et harnas à ceulx qui à leur compaignie seroient; et que, se aucuns se défendoient, que on les occeist; et s'aucuns vouloient empeschier le bien de la paix, fust en parolle ou en fait, qu'ilz fussent criminélement pugnis.

Or est ainsi que, après ce que le roy ot ainsi conclud [de entretenir]¹ la cédulle qui avoit ainsi esté faicte audit lieu de Ponthoise, incontinent après, en la présence des ducz de Berry et de Bourgoingne, fut ordonnée; et de fait allèrent les trois ducz de Berry, de Guienne et de Bourgoingne, desprisonner les prisonniers que ceulx de Paris avoient emprisonnez ; c'est assavoir les ducz de Bar, de Bavière, et aultres grans personnages, et en grant nombre de chevaliers et officiers, tant des gens du roy, de la royne que de monseigneur de Guienne. Dont pluiseurs de Paris cuidèrent empeschier et la paix et la délivrance d'iceulx. Mais, pour eulx on n'en fist riens.

Après ce que les prisonniers furent délivrez, fut maistre Jehan de Troyes, lors conchierge du Palais, desmis de son office, et tous ses biens prins et emportez dudit Palais par aucuns de la ville de Paris, lesquelz l'avoient acoustumé de l'acompaigner ; et en l'office de conchergerie fut restitué celluy qui auparavant l'exerçoit. Et pareillement, pluiseurs aultres à qui on avoit osté leurs offices y furent remis et restituez, comme Anthoine des Essars ; et aussi au duc de Bar fut rendue la capitainerie du Louvre, au duc de Bavière la Bastille, comme auparavant avoit esté.

A la délivrance des prisonniers dessusdis, fut faicte une grande feste et grant joye par tout Paris ; et firent feste par deux jours entiers, sonnant les cloches, toutes

---

1. Les deux manuscrits ont : « conclud *que* la cédule. » Le Laboureur, qui devait sentir le besoin d'une correction de cette conjonction, lui a substitué *pour*, sans que la phrase en soit devenue plus claire. Il nous a semblé que le sommaire du chapitre nous fournissait la vraie variante.

en heure, comme l'en disoit. Et icelle feste se faisoit pour l'amour de la paix.

Tantost après ceste feste faicte, furent prins des gens du duc de Bourgoingne le seigneur de Viefville, messire Charles de Lens; et messire Robinet de Mailly, doubtant qu'il ne fust prins, s'en alla, et pour celle cause fu bany du royaulme. Le seigneur de Jacqueville fut desmis de son office de capitainerie de Paris. Pluiseurs des bouchiers, Caboche, Jehan de Troyes, maistre Witasse de Lattre, s'en allèrent, les ungz en Flandres, les aultres en Bourgoingne.

Pluiseurs aultres aussi se absentèrent; c'est assavoir les commissaires qui avoient esté ordonnez à interroghier les prisonniers. Quant le duc de Bourgoingne vit la manière du duc de Guienne, doubtant qu'il ne fust mie bien content de luy, fut en grant souspechon que on ne meist la main à sa personne; et avec ce il véoit, chascun jour, que ses gens le leissoient et secrètement s'en alloient, sans prendre congié de luy, pour doubte que on ne les prinst, ainsi que desjà en avoit de prins; et sy estoit advertis que on avoit fait aucuns agaitz de nuyt autour de son hostel. Véant aussi que de jour en jour venoient devers le duc de Guienne grant nombre de ceulx qui par avant avoient esté ses adversaires, et pour ce, affin de obvyer et résister aux périlz qui s'en pourroient ensiévir, trouva manière que le roy alla chasser ès bois de Villenoeufve Saint-George. Si alla avec luy, et quant il vit son point, il print congié du roy, en disant que il avoit eu nouvelles de son pays de Flandres, où il failloit qu'il retournast pour aucuns affaires qui luy estoient survenus. Et, de fait, se party, après ce qu'il ot prins congié du roy.

Ce jour alla gésir au Pont-Saincte-Massence, et prinst son droict chemin à Lille en Flandres. Après son partement, les Orléannois et aucuns Parisiens commencèrent à fort murmurer contre luy ; et ses gens qui avoient tenu son party furent en grant soussy, et non sans cause ; car chascun jour on en prenoit, dont les aucuns on faisoit justice assez hastive. Et, de fait, furent exécutez, traynez et pendus, les deux nepveux Caboche, et pariellement Jehan de Troyes, cousin germain de maistre Jehan de Troyes. Quant la royne, les ducz de Guienne, de Berry et de Bar scèrent le partement du duc de Bourgoingne, ilz en furent moult joeulx, et aussi pluiseurs aultres qui par avant se monstroient du tout à luy ; et fort estoit la chance retournée, car n'avoit pas grant temps que nul n'osoit parler des Orléannois ; et, à ceste heure, estoit tout le contraire, car de tout point ilz estoient au dessus en la ville de Paris, et de Bourgoingne n'estoit nulz qui en ozast parler.

Ne demoura gaires que le roy de Sézille, les ducz d'Orléans et de Bourbon, les contes d'Alenchon, de Vertus, d'Eu et Dampmartin, et aultres, en grant nombre, allèrent à Paris en grant compaignie de gens d'armes, en très belle ordonnance. Les ducz de Berry et de Bavière, et pluiseurs bourgois de la ville, allèrent à l'encontre d'eulx et les reçeurent à grant joye. Iceulx princes allèrent tout droit au Pallais faire la révérence au roy, à la royne et au duc de Guienne, qui là estoient à ceste assemblée. La joye fut moult grande, et là souppèrent la plus part des princes ensemble ; et, l'endemain, messire Charles de Labreth arriva à Paris, auquel fut rendue son office de connestable, et le conte de Saint-Pol desmis.

CHAPITRE XXXVIII.

Le mandement que le roy feist publier par tout son royaulme, par lequel il annula, révocqua et adnichila tous aultres mandemens, lettres et ordonnances par luy octroyées contre les princes de son sang, barons et aultres.

Le viij⁰ jour de septembre, en celluy an, à l'instance et faveur des princes dont devant est faicte mencion, le roy alla en la chambre de parlement et s'asist au lieu acoustumé; et, là, fist et constitua, par son grant consiel, ung édit par lequel il ordonna estre prononchié; duquel la teneur s'ensuit.

« Charles, par la grâce de Dieu, roy de France, à
« tous ceulx qui ces présentes lettres verront, salut.
« Comme, pour l'occasion des divisions, des guerres
« et discors, meuz en nostre royaulme entre aucuns
« de nostre sang et lignage, pluiseurs choses nous
« eussent dampnables et mesonguièrement esté rap-
« portées, soubz umbre desquelles, et pour ce que
« en nostre conseil, et aussi en nostre ville de Paris,
« n'estoit pas telle francise, et que n'estions pas con-
« seilliez vrayement ne léalment, à l'onneur de nous
« et de nostre royaulme, comme il appertenoit; car
« pluiseurs estoient parcialles et affectez désordonnée-
« ment, et les aultres avoient telle crémeur qu'ilz
« chéoient en la personne mesmement de grant vertu
« et de grant constance, parce que ilz véoient, par
« dire et tenir vérité, pluiseurs perdre leur estas; et

« aussi pluiseurs, par espécial les notables prélatz,
« nobles et aultres aussi de nostre conseil et de nostre
« ville de Paris, estre torcionnièrement et violentement
« prins et despouilliez de leurs biens, et mis à raen-
« chon. Pourquoy pluiseurs de noz bien vueillans
« estoient fugitifs et absens de nostre conseil et de
« nostre ville de Paris, et furent pluiseurs lettres
« patentes dampnablement procurées et indeuement
« obtenues en nostre nom, et séelleez de nostre séel,
« et envoyez à nostre très puissant Père, souverain
« seigneur, au saint colliége de Romme, et à aultres
« pluiseurs grans princes et seigneurs, contenant que
« il estoit venu à nostre congnoissance, plainement et
« clérement, et nous teneismes pour bien et deuement
« informez, tant par certaines lettres que nagaires
« furent trouvées et apportées en noz mains et de
« nostre conseil, comme par envies, que nous aviesmes
« veu et voyesmes tous les jours, jà soit ce que jà
« des piéca nous en doubtiesmes et que la chose avoit
« esté grant temps couverte soubz dissimulacion, que
« Jehan de Berry nostre oncle, Charles d'Orléans et
« ses frères noz nepveux, Jehan de Bourbon, Jehan
« d'Alenchon, Charles de Labreth noz cousins, Ber-
« nart d'Erminac et leurs aidans et adhérens, aliez et
« complices, à nous contraires et induiz de maulvaiz
« propoz, inicque et dampnable, avoient entreprins et
« s'estoient efforchiez de expulser, destituer et des-
« truire nous de nostre estat et auctorité royal, et, de
« tout leur povoir, nous et nostre genre; que Dieu ne
« veuille! et, oultre ce, faire ung nouveau roy en
« France; laquelle chose est abhominable à oyr et à
« réciter à tous ceurs de noz bons et loyaulx subgectz;

« et que en ce, et en aultres choses qu'ilz leur impo-
« soient inicquement et mauvaisement, ilz avoient
« commis envers nous et nostre royalle majesté grans
« et énormes criesmes et maléfices, tant de lèze majesté
« comme aultrement; et aussi pluiseurs libelles diffa-
« matoires ont esté faictes et bailliés à pluiseurs per-
« sonnes, et atachiés aux portaulx des églises, et
« publiées en pluiseurs lieux, au grant deshonneur et
« grant charge de nostre sang et lignage, comme de
« nostre très chier et bien amé filz, noz très chiers et
« bien amez nostre oncle de Berry, nos très chiers et
« bien amez nepveux et cousins, les ducz d'Orléans et
« de Bourbon, les contes de Vertus, d'Alenchon,
« d'Erminacq, et aussi de Labreth, connestable de
« France, et aussi de pluiseurs barons, nobles et
« aultres, leur bien veullans, et conséquament de
« nous et de nostre dominacion. Pour lesquelles
« choses nous, par icelles lettres, habandonniémes
« tous noz oncles, nepveux et cousins, avec leurs
« adhérens, serviteurs et bien veullans, à prendre
« et destruire avec toutes leurs terres et seignou-
« ries et biens quelzconcques, en déclarant iceulx
« avoir fourfait envers nous, corps et biens, et
« encores, à eulx plus grever et injurier, et de nous
« eslongier, et esmouvoir le peuple contre eulx, soubz
« couleur de certaines bulles oultre lx ans impétrées
« et octroyées contre les gens de campaigne, lesquelz
« sans tiltre et sans cause, et de leur auctorité, levoient
« et assembloient par manière de compaignies contre
« nous et nostre royaulme; lesquelles ne se povoient,
« comme par l'inspection d'icelles peult clèrement
« apparoir, complicqier contre nosdis oncles, filz,

« nepveux et aultres, et tout par défaulte de bien et
« vray conseil, et sans ce que nostredit souverain et
« très Saint Père, le pape, et sans délibéracion de
« notables personnes, comme il apertenoit au cas, et
« sans ordre de droit, de procès ou monition à ce
« requise ne observée, et sans précédentes délibéra-
« cions quelzconcques, furent indeuement, par force,
« faveur et voulenté désordonnées, déclarées aucunes
« sentences d'excommuniement contre les devant dis
« de nostre sang et lignage, leurs officiers, subgectz,
« adhérens et complices; par lesquelles ilz furent,
« comme vérité est, publiés comme excommuniés,
« par tout nostre royaulme. En oultre, de rechief
« furent proclamés à paine de ban, comme trayttres et
« malfaicteurs, de fait banis de nostre royaulme, et
« despoinctiez de leurs bénéfices et offices; à l'occa-
« sion desquelles choses furent dictes, semées et
« publiées pluiseurs erreurs et excès, inhumanitez
« crueuses contre pluiseurs ; lesquelz, à l'occasion
« des choses devant dictes, furent prins et mis à mort,
« au regard du salut de l'âme[1], comme de telle mort
« naturelle et piteuse, comme gens hors de la loy et
« sans confession, comme bestes bruttes, sans avoir
« quelque admenistracion de quelque sacrement de
« Sainte Église, et enfouys aux champs, et gectés
« aux bestes mues, et aux oyseaulx comme se ce
« feussent chiens; lesquelles choses sont moult dures
« et inhumaines, dampnables, inicques, crueuses,

---

1. Les éditeurs du tome X du *Recueil des Ordonnances des rois de France*, où ces lettres sont insérées (pages 173 à 177), jugent ce passage tronqué ou corrompu. Il y a certainement une obscurité, qui s'étend du reste sur le texte tout entier de l'édit.

« destrecheusses, et, par espécial, entre chrestiens et
« vrays catholiques. Lesquelles choses devant dictes
« ont esté faictes à l'instigacion, impression, violence
« et importunité d'aucuns sédicieux, troubleuz de paix,
« et mal vuellans de nos oncles, filz, nepveux et
« cousins, contre raison et vérité, par machinacion et
« dampnable fiction, et pour venir à leurs faulses et
« mauvaisses enterprinses, comme nous avons esté
« depuis et sommes de présent informez plainement.
« Et, pour ce, nous qui ne voulons, par raison, pour
« telz choses et telz blasphèmes non vrayes et ainsi
« faictes et procurées, comme dist est, au déshonneur
« et charge de ceulx de nostre sang et lignaige et
« d'aucuns d'autres, demourer ainsi; et qui tousjours
« désirons et avons désiré la vérité des choses dessus
« dictes estre congneues et réparées, laquelle par
« inadvertence ou autrement, indeuement a par nous
« esté faicte, au préjudice, à la charge, au déshonneur
« d'aultruy, et mesmement de ceulx de nostre sang et
« lignaige, et des autres devant dis, comme nous
« sommes obligiés, savoir faisons nous estre plaine-
« ment informez de nosdis oncles, filz, nepveulx et
« cousins, prélatz, barons, nobles et aultres, leurs
« bienvoeullans, avoir eu tousjours devers nous bonne
« et léalle intencion, et avoir esté nos bons et loyaulx
« parens, obéyssans et subgectz, et telz que doivent
« estre envers nous; et tout ce qui y a esté fait
« maulvaisement, dampnablement et subreptivement
« impétré contre vérité et raison, à l'instance, im-
« pression, instigacion, importunité et violence d'au-
« cuns sédicieulx, troubleurs de paix et malveullans.
« Pour laquelle cause, toutes les lettres et mandemens

« que contre leur honneur et à leur charge ont esté
« faictes touchant les choses dessusdictes, et leurs
« deppendantes, nous icelles déclairons, et par ces
« présentes avons déclaré avoir esté torcionnièrement,
« de nulle valeur, faictes passées et subreptivement
« impétrées par leurs faulx et malveullans accuseurs ;
« et en ce avons esté déceuz et non bien adverty de la
« vérité par défaulte de bon conseil et liberté de dire
« vérité, comme dist est. Et toutes les lettres et man-
« demens, avec toutes les choses quelzconcques qui
« seroient à la charge et deshonneur de nosdis oncles,
« filz, nepveulx et cousins, et autres devant dis, et
« généralement tout ce qui s'en est ensuévy, nous
« estant en nostre dit parlement et lieu de justice
« tenans, de pluiseurs de nostre sang et pluiseurs
« prélatz, gens d'église, tant de nostre fille, l'univer-
« sité de Paris, de pluiseurs barrons et aultres per-
« sonnes, tant de nostre grant conseil et parlement,
« comme nostre bonne ville de Paris, acompaigniés,
« révocquons et anullons, et par ces présentes avons
« révocquié et anullé, dampnons et adnichilons et du
« tout en tout mectons au néant ; et deffendons à tous
« noz subgectz, sur paine d'encourir nostre indigna-
« cion, et sur toutes quanques ilz peullent meffaire
« envers nous, qui contre la teneur de noz affections,
« déclarations, renonciations et ordonnances, ne
« facent, dient, ne viengnent pour le présent ne en
« temps advenir, par faict, par parolles, ne aultrement
« par quelconcque manière que se soit. Et, se aucunes
« lettres ou mandemens estoient, ou fussent exibé,
« monstré, ou produit en jugement ou dehors, ne
« voulons à iceulx aucune foy estre adjoustée, main-

« tenant ne aultreffoiz; mais voulons et mandons que
« ilz soient deschirez et coppez par tout là où ilz
« pourront estre trouvez. Et, pour ce, donnons en man-
« dement à noz amez et féaulx, noz conseilliers gens
« de parlement, au prévost de Paris et à tous aultres
« noz bailliez, prévostz, seneschaulx et aultres justi-
« ciers, à leurs lieuxtenans et à chascun d'eulx, si
« comme à luy appertiendra, que nostre présente
« assertions, déclaracions, révocacions et ordonnances
« facent publyer, affin que nulz ne puist avoir de ce
« ignorance, en leurs auditoires et en tous aultres
« lieux à faire proclamacions en telz cas et aultres
« acoustumez en leurs juridicion et mectes, à son de
« trompe ou aultrement deuement. Et tout ce voulons-
« nous estre preschié et remonstré par les prélatz et
« clercz qui ont acoustumez de preschier au peuple,
« que ès choses dessus dictes avons esté déçeuz, séduit
« et mal informez ou temps passé par les manières et
« cautelles dessus dictes. Et aussi voulons et ordonnons
« que au transcript de ces présentes lettres, faictes
« soubz séel royal, ou autre autenticque, comme à
« l'original soit plaine foy adjoustée. En tesmoing
« desquelles choses, nous avons à ces présentes fait
« mectre nostre séel. Donné en nostre grant chambre
« de parlement, à Paris, ou estoit le lit de justice, le
« xij° jour de septembre, l'an mil IIII^c et XIII, et de nostre
« règne le xxxiiij°. Par le roy, tenant son lieu de justice,
« en sa court de parlement, [Baye[1]]. » Et, depuis,
furent publiées à Amiens ou mois de septembre le
xv° jour de l'an dessus dit.

---

1. M. Au lieu de cette signature, les deux manuscrits et l'im-

CHAPITRE XXXIX.

De la venue à Paris de Jehan duc de Bretaingne, beau filz du roy, du conte de Richemont, son frère, et de l'ambassade d'Engleterre. Comment le duc d'Orléans et ceulx de son party retournèrent à gouverner le roy et royaulme; et de l'édict que le roy feit pour entretenir la paix, et pluiseurs aultres besongnez.

A la venue à Paris du roy, Loys, des ducz d'Orléans et de Bourbon, et des aultres princes, se firent à merveilles grans festes, grans bancqués et grans esbattemens à merveilles. Et fist faire le duc d'Orléans heucques italiennes de draps de laine de couleur violet. Et sur icelles avoit escript en lettres faictes de boulons d'argent : *le droit chemin*. Et n'estoit pas de bonne heure, ne avant Paris, qui n'en avoit une. Dansses et momeries se faisoient; et Dieu scet comment le duc Jehan de Bourbon estoit en bruit entre les dames et damoiselles. Or estoit bien l'estat tourné que devant est dit; car n'avoit guaires de temps que les princes dessusdis on n'eust ozé dire mot, si non à leur foule et vitupère. Or, est fol qui en peuple se fie.

En ce temps vint à Paris Jehan duc de Bretaingne, lequel avoit espousé la fille du roy; avec lui le conte de Richemont, son frère, et aussi l'ambassade du roy

---

primé ont l'adjectif *vraie*. C'est une faute. Le Monstrelet, qui nous aide à la corriger, est celui des anciennes éditions et de l'édition Buchon : car les lettres de Charles VI ne se trouvent pas dans tous les textes de Monstrelet, soit imprimés soit manuscrits; et c'est une particularité que nous aurons sujet de relever à l'Appendice.

d'Angleterre, c'est assavoir le duc d'Iorke et le conte de Rothelem, pour traictier le mariage du roy d'Angleterre et de madame Catherine de France, fille du roy, affin de essiéver[1] l'alyance que vouloit faire le duc de Bourgoingne, qui vouloit donner sa fille au roy d'Angleterre. Iceulx ambassadeurs d'Angleterre furent oyz et bien venus; mais riens n'y firent et s'en retournèrent en Angleterre.

En ce temps estoit le duc de Bourgoingne en la ville de Lille, en laquelle il assembla grant noblesse de ses pays; et, avec ce, les quatre menbres de Flandres. Et là, fut le conte Walleran de Saint-Pol, lequel venoit de Boulongne et Babelinghem, où il s'estoit assemblé avec le conte de Warwic et l'évesque de Saint David, et aucuns aultres Anglois, pour les trèves d'entre les deux roys de France et d'Angleterre, lesquelles furent octroyées jusques à la feste de Saint Jehan Baptiste. Et là, receu ledit conte de Saint-Pol, connestable de France, lettres du roy, par lesquelles luy mandoit que il allast à Paris rendre l'espée de connestable. Sur lesquelles lettres il demanda conseil au duc de Bourgoingne. Toutteffoiz, j'entens que il ne fu pas conseillié de ce faire, et s'en alla en sa ville de Saint-Pol, et puis alla jusques en la ville d'Amiens, là où il ordonna une ambassade pour aller à Paris devers le roy.

Ses ambassadeurs furent le conte [de Conversen][2] le vidame d'Amiens, et maistre Robert le Josne, pour proposer devant le roy leur légacion. Eulx venus à Paris devers le roy, furent ouys; et proposa ledit maistre Robert en plain conseil, auquel estoit le roy et

---

1. M., « empescher. » — 2. M.

pluiseurs aultres princes ; et remonstra au roy et luy dist que le conte de Saint-Pol, son maistre, n'avoit oncques tenu party que le sien, ne oncques ville ne forteresse n'avoit tenu contre luy, ainsi que pluiseurs avoient fait. Ces choses dites et proposées, luy fut dit que il se feist advouer des seigneurs avec lesquelz il estoit venus ; lesquelz le désavorent. Et pour ce, fut prins et menez en Chastelet, où il fut deux jours en très grant paour et amère desplaisance. Toutteffoiz le duc de Bar, beau frère du conte de Saint-Pol, requist au roy de sa délivrance, et fut mis hors de prison ; et en ce point s'en retournèrent les ambassadeurs du conte de Saint-Pol.

En après, furent de rechief grans mandemens royaulx envoyés par toutes les parties du royaulme, à estre publiés ès lieux acoustumez. Lesquelz mandemens contenoient les desroys faiz en la ville de Paris par les Parisiens, à la desplaisance du roy, de la royne et du duc de Guienne.

Lesquelz mandemens contenoient tous les monopoles, tuisons, desrisions que avoient fait les Parisiens dedens la ville de Paris, et mesmement comment ilz estoient allez à main armée et en grant desrision à l'ostel du duc de Guienne, où ilz avoient trouvé le duc de Bar, lequel ilz avoient prins avec pluiseurs aultres nobles hommes ; en après, comment ilz avoient esté jusques à la chambre de la royne prendre aucunes nobles femmes, dont en avoit du sang royal, et menées prisonniers en divers lieux et pluiseurs aultres choses.

Après ces choses faictes, le duc d'Orléans requist au roy qu'il luy feist ravoir ses villes et chasteaulx de Coussy, Pierrefons et la Freté Milon, que le conte de

Saint-Pol avoit conquises, et ne luy vouloit rendre, jà soit ce que, par les couvenances de la paix, se devoient ainsy faire. La requeste du duc d'Orléans luy fut accordée, et fut, de par le roy, ordonné messire Gasselin du Bos, bailly de Sens, à aller recevoir l'obéissance, de par le roy, des dessus dis places; lesquelles obéyrent au roy et furent rendues et restituées au duc d'Orléans.

Ne demoura guaires que le conte d'Erminacq vint à Paris, en sa compaignie messire Clugnet de Brabant et aultres, à grant compaignie de gens d'armes; lequel fut honourablement receu du roy.

En ce temps estoit gouverné [le roy] et tout le royaulme par les Orléannois; et au regard de ceulx qui avoient tenu la partie de Bourgoingne, estoient du tout bouttez arrière et n'avoient quelque audience. Et couvenoit que ceulx qui dedens Paris demourez estoient, ouyssent pluiseurs parolles que pas ne leur plaisoient.

Vous avez oy comment le duc de Bourgoingne estoit à Lille, où il avoit mandé pluiseurs grans seigneurs, pour avoir advis et conseil de ses affaires; car souvent luy venoient nouvelles de Paris, comment ceulx qui avoient esté ses adversaires gouvernoient le roy et le duc de Guienne, et grand peine mectoient de le mectre hors de leur grace. Pour lesquelles causes, il doubtoit que en fin ilz ne le meissent en guerre, et de tout poins tournassent le roy et le duc de Guienne contre luy; pour laquelle cause il avoit assemblé son conseil. Et durant que le duc de Bourgoingne estoit à Lille, le roy d'Angleterre envoya une ambassade devers luy, pour traictier le mariage du roy et de l'une de ses filles. Toutesvoies, ilz ne porent estre d'accord, et par ainsy retournèrent en Angleterre.

Le iiij⁰ jour d'octobre en celluy an, le roy ordonna de ses gens ; c'est assavoir le seigneur d'Auffémont et le seigneur de Moy, lesquelz il envoya devers le conte de Saint-Pol luy requérir, de par le roy, qu'il renvoiast l'espée de conestable. A quoy il respondit que il n'avoit point fait chose par quoy on luy deust oster, et qu'il s'en conseilleroit à ses amis, et, en brief jour, assembleroit ses parens et amis, et feroit telle responce, que, par raison, le roy deveroit estre content.

Tantost après, le roy feist ung edit, par lequelle il ordonna ung mandement pour faire publier à l'encontre de ceulx qui ne se povoient tenir de murmurer et injurier les ungz les aultres, et qui désiroient d'émouvoir gens à commocion et discorde, pour engendrer nouveaulx debatz et guerres. Lequel mandement fut publié par tout le royaulme, qui contenoit en effect que le roy vouloit tenir et entretenir, de point en point, le traictié de la paix, sans l'enfraindre ne souffrir estre enfrainct en aucune manière, en faisant exprez commandement et deffence, de par le roy, sur paine de confiscation de corps et de biens, que nulz, de quelque estat, autorité, ou condicion qu'il soit, ne facent, dient, profèrent parolles au contraire de la dicte paix, ne gens induire à venir contre icelle, ne vouloir empeschier : « Et de
« tous ceulx que vous trouverez faisans, parlans, ou
« murmurans au contraire, nous voulons, par vous ou
« voz commis, estre faicte inquisition, et diligente-
« ment en faciez ou faict[es¹] faire pugnicion et justice ;
« toutes excusations cessans, par sy et telle manière
« que ce soit exemple à tous aultres, et que par vous,

---

1. M.C. — L'édit n'est pas dans le Monstrelet ms.

« vostre négligence, ou coulpe, n'y ayt aucune faulte.
« Et les biens desdis coulpables et murmurans,
« meubles et non meubles, prendrez ou faictes pren-
« dre et mectre en noz mains, aux despens de la chose,
« par personne, ou personnes souffisans et notables,
« qui de ce puissent rendre bon compte, et relicqua,
« où et quant mestier sera. Et de ce faire vous don-
« nons, aussy à voz députez et commis en ceste partie,
« plaine puissance, nonobstant quelconcques lettres,
« ordonnances, mandemens, deffences, opposicions
« ou appellacions à ce contraires. Donné à Paris, le
« vj° d'octobre, l'an mil III° et XIII, et de nostre règne
« le XXXIII°. Ainsi signé : Par le roy et son grant
« conseil, où estoit le roy de Sézille, les ducz de Berry,
« d'Orléans, de Bourbon et pluiseurs aultres. » Et
puis furent publiées à Amiens et ou bailliage, le iiij° de
novembre, oudit an.

CHAPITRE XL.

*Comment Loys, duc de Bavière, espousa la vesve du
conte de Mortaingne, frère du roy de Navarre. Du
bannissement du royaulme des gens du duc de Bourgoingne, et de l'ambassade que le roy envoya au duc
de Bourgoingne, et aultres incidens.*

En ces propres jours, ou là environ, Loys, duc de
Bavière, frère de la royne, espousa la vesve de feu
messire[1] Pierre, frère du roy de Navarre, en son temps
conte de Mortaingne. Ausquelz nœupces ot une très

---

1. L. et M. — Les deux manuscrits ont *maistre*.

belles joustes, et y jousta le roy et pluiseurs aultres de son sang. Et, le lendemain, pluiseurs des gens du duc de Bourgoingne furent banis du royaulme de France. Duquel banissemens les nouvelles furent rapportées au duc de Bourgoingne, qui lors estoit à Saint-Omer ; duquel ne fust pas bien content, et luy conseilloient aucuns qu'il se mist en armes et en puissance, et que il tirast droit à Paris, et que les Parisiens luy feroient assistence aussi grande que faicte luy avoient autreffoiz ; mais il n'en vouloit riens faire.

En ce temps, s'esmeult discention entre les ducz d'Orléans et de Bretaingne, pour ce que le duc de Bretaingne se vouloit mectre au dessus du duc d'Orléans. Le roy en eult la congnoissance et en décida, et juga que le duc d'Orléans yroit au dessus du duc de Bretaingne, tant en aller, seoir, escripre, que en toutes aultres choses. Dont le duc de Bretaingne fut malcontent, et pour ceste cause se party de la ville de Paris par maltalent.

Mais, avant son partement, eult parolles entre luy et le conte de Vendosme moult aigres ; et, par ainsi, demourèrent en hayne l'un contre l'autre. Environ ces jours, fut le Borgne de la Heuze desmis, de par le roy, de la prévosté de Paris ; et, en son lieu, y fut constitué maistre Andrieu Marchant, advocat en Parlement. Messire Guissart le Daulphin, grant maistre d'ostel de France, le seigneur de Rambures, maistre des arbalestriers et messire Anthoine de Craon furent renvoyez en leurs maisons, et leur fut dit que ilz ne retournasent plus, se le roy ne les mandoit. Et pariellement furent mis hors de Paris de trois à quatre cens [que][1] hommes

---

1. M.

que femmes, pour ce qu'ilz avoient esté favorables au duc de Bourgoingne. Le conte de Vendosme fut fait grant maistre d'ostel, et avec ce pluiseurs offices furent renouvellées.

Environ le Toussains, le roy ordonna une ambassade pour envoyer devers le duc de Bourgoingne, qui lors estoit à Lille, qui se donnoit du bon temps ; où il fist une festes et joustes où luy mesmes jousta, son filz, conte de Charrolois et ses deux frères ; c'est assavoir le duc de Brabant et le conte de Nevers, et pluiseurs aultres chevaliers.

L'évesque d'Evreux, le seigneur de Dampière, l'admiral de France, et aultres ambassadeurs du roy, présentèrent au duc de Bourgoingne lettres par lesquelles le roy mandoit au duc de Bourgoingne que, sur paine de toutte confiscation, il ne fesist couvenance, ne traictié nul, au roy d'Angleterre touchant le mariage de sa fille, ne aultrement, en quelque manière que ce feust ; et, avec ce, qu'il rendeist et feist rendre au roy trois de ses villes et chasteaulx, lesquelles il tenoit ou faisoit tenir par ses gens ; c'est assavoir, Chierbourg, Kem et le Crotoy, et qu'il tenist, de point en point, la paix telle qu'il avoit promise. Quant le duc de Bourgoingne eult oy la lecture du mandement et commandement royal, sans faire quelque responce, se party de la ville de Lille, et s'en alla à Audenarde. Les ambassadeurs du roy retournèrent à Paris sans aultre chose faire.

Le roy, doubtant la rompture de la paix, fist faire nouveaulx mandemens parquoy il mandoit à tous les baillifs, seneschaulx et officiers qu'ilz feissent publier iceulx mandemens, par lesquelz il mandoit qu'il vouloit tenir et entretenir la paix faicte entre les Orléannois et les Bourguignons, laquelle chascune des parties avoit juré solempnellement, sur les sainctes Evangilles et sur la saincte vraye Croix, tenir sans icelle enfraindre ou violer. Néantmoins, il estoit venu à la cognoissance du roy, que pluiseurs de divers estatz et condicions murmuroient à part, en semans mauvaises parolles, lesquelz faisoient secrètes conspirations et monopoles, pour venir à conclusion de rompture de la paix, à icelle intencion d'esmouvoir guerre mortelle. Pour laquelle cause, le roy mandoit à ses officiers que, s'ilz trouvoient aucuns des gens telz que dessus est dit, ilz fuissent prins, pugnis criminellement; et, avec ce, ceulx qui les accuseroient à justice eussent la tierce partie de leurs biens.

CHAPITRE XLI.

Comment le roy de Sécille renvoya la fille du duc de Bourgoingne, Catherine, laquelle estoit pleive à Loys son filz, dont le duc de Bourgoingne fut mal content; et des lettres excusatoires et accusatoires que ledit duc envoya au roy.

Le xxe jour du mois de novembre, le roy de Sézille fist ramener en la ville de Beauvais, Catherine, fille au duc de Bourgoingne, laquelle devoit estre espousée à Loys, son filz aisné, ainsi comme paravant, du consentement des deulx parties avoit esté traictié. Et, sur ce, par le duc de Bourgoingne, luy avoit esté envoyée en très honnourable estat; mais, comme dit est, lo renvoya à compaignie du seigneur de Longny, mareschal de France, et pluiseurs aultres, jusques au nombre de viij^{xx}[1] chevaulx, chevaliers, escuiers, dames et damoiselles, et aultres officiers du roy, Loys. Laquelle fut rendue aux gens de son père ; c'est assavoir, aux seigneurs de Dours, de Brimeu, de Humbercourt et de Bours et aultres chevaliers, escuyers, dames et damoiselles, pour ceste cause là envoyez de par luy. Et d'iceulx fut receue et ramenée jusques à Amiens, et de là à Lille devers son père.

Le duc de Bourgoingne, qui de ce grandement fut troublé, conceut pour ceste cause grant haynne allencontre du roy de Sézille, laquelle dura toutes leurs vies. Et, depuis, sans avoir esté mariée, morut en la ville de Gand icelle dame Catherine de Bourgoingne, laquelle estoit selon sa jeunesse une très gracieuse dame. Tantost après le duc de Bourgoingne envoya à Paris, devers le roy, unes lettres contenant les excusacions et accusacions que il faisoit contre ses adversaires. Desquelles lettres la teneur s'ensuit :

« Mon très redoubté seigneur, je me recommande
« à vous tant humblement comme je puis; et suis
« desirant continuellement[2], comme droit est, de savoir
« de vostre bon estat, que Dieu, par son doulx plaisir,
« veulle tousjours continuer de bien en mieulx, selon
« vostre bon vouloir et désir. Pourquoy, je vous sup-
« plie très humblement, mon très redoubté seigneur,
« que, plus souvent, je puisse, par vostre bon plaisir,
« estre de vous par lettres bien à plein acertenez ; car
« Dieu scet, mon très redoubté seigneur, comment je

---

1. L. traduit ce nombre par *cent soixante*.
2. M.P. et L., « *journellement.* »

« désire de vous veoir en bonne prospérité. Et ne puis
« avoir plus grant consolacion ne plus parfaicte joye
« en ce monde, que d'oyr bonnes nouvelles de vous,
« que Dieu par sa saincte grâce, me doint tousjours
« oyr et savoir telles et si bonnes que vous vouldriés,
« et que je vouldroie et désire pour moy mesmes.
« Mon très redoubté seigneur, se, de vostre grâce et
« humilité, vous plaist savoir de mon estat, j'estoie, au
« département de ceste[1], en très bonne santé de ma per-
« sonne, grâce Dieu, qui tousjours vous veulle octroier.

« Mon très redoubté seigneur, je tiengs bien estre
« en vostre bonne mémoire comment par vostre bonne
« ordonnance du conseil de mon très redoubté sei-
« gneur, monseigneur de Guyenne, vostre filz et le
« mien, de pluiseurs seigneurs de vostre sang et de
« vostre grant conseil, à la grande et humble requeste
« de vostre fille, l'Université de Paris, des gens d'église
« d'icelle ville, du prévost et des eschevins, et géné-
« rallement des aultres bonnes gens de vostre ville,
« certaines ordonnances tant de vostre grant conseil,
« comme de pluiseurs aultres conseilliers, lesdis sei-
« gneurs de ladicte Université, de l'Église, et de ladicte
« ville de Paris, à avoir paix et union des seigneurs de
« vostre sang, pour le bien qui en peult advenir, à
« vous et à eulx, et généralement à tout vostre
« royaulme; et mesmement pour la réparacion de
« misère et misérable estat de vostre dit royaulme, qui

---

1. M.C., « *cestes.* » Le Monstrelet ms. ne donne pas ces *Lettres*, dont le mot est sous-entendu dans nos textes, selon un usage familier au style épistolaire. Le Laboureur, et, après lui, Buchon, sans y prendre garde, y ont fait cette singulière addition : « au département de ceste *ville.* »

« estoit en estat de toute désolation, se ne fust de la
« grâce de Dieu qui vous inspira de la dicte ordon-
« nance, moyennant laquelle chascun vostre loyal
« parent et subjectz de vostre royaulme povent avoir
« espérance de dormir et reposer en paix, sy comme
« il fut dit et proposé notablement par devant vous,
« où estoient pluiseurs tant de vostre sang comme
« aultres, par ung notable chevaliers, conseillier de
« mon très chier seigneur et cousin, le roy de Sézille.

« Et néantmoins, mon très redoubté seigneur, jà
« soit ce que je euisse juré en vostre présence, de
« bonne foy et bonne intencion, et tant cordialement,
« que pluiseurs adont assistens, présens devant vous,
« povoient veoir ; et pour ce que je doubte et ay doubté
« que, pour mon département, pluiseurs puissent
« prendre aucune estrange imaginacion sur la romp-
« ture et infraction de vostredite ordonnance, le plus
« tost que j'ay peu, depuis mon département, je vous
« ay envoyez devers vous mes gens, pour ceste cause,
« principallement mes lettres à vous certifier la vou-
« lenté et intencion que j'avoye et ay à l'entretenne-
« ment de vostre ordonnance.

« Et encoires, à plus grant confirmacion, j'ay
« envoyé devers vous mes gens pour ceste cause prin-
« cipallement que je tiengs estre en vostre bonne
« mémoire. Mais, ce non obstant, mon très redoubté
« seigneur, et que je ne ay riens fait contre vostre
« dite ordonnance, quelque charge que aucuns m'ont
« volu donner, contre vérité, saulf l'onneur et révé-
« rence de vous, moult de choses sont et ont esté
« faictes semblablement qui ont esté faictes, contre la
« teneur de vostre ordonnance, du content, préjudice,

« et vitupère de moy et des miens, qui estoient dedens
« icelle ordonance déclairés. Et, pour ce, suis-je mains
« tenu de procéder de vostre volenté et intencion de
« vostre dit filz, mon très redoubté seigneur, ou d'au-
« cuns aultres preudommes de vostre sang et lignaige,
« ou aussi de pluiseurs aultres de vostre grant conseil.

« Mais je suis tenus de procéder à l'instigacion et
« pourchas et grans importunitez d'aucuns qui ont
« longuement contendu et contendent à estranges
« voyes et matières ; lesquelz Dieu par sa grace veulle
« réduire et ramener à bien, ainsi que il scet que
« mestier est, et que je le désire.

« Pour la déclaracion des causes dessus dictes, il est
« vray, mon très redoubté seigneur, que, à l'instigacion
« et procuracion d'aucuns, assez tost après le serment
« faict sur vostre dicte ordonnance, ont esté faictes
« pluiseurs chevauchées, armes et congrégacions, par
« le moyen d'aucuns de vostre dicte ville de Paris ; par
« espécial, emprés mon hostel et logis et à l'environ ;
« lesquelz semblablement estoient faiz ou content et
« préjudice de moy. Car, depuis que je partis de Paris,
« n'ont point là esté faictes telles armées, chevauchées
« ne assemblées. Et, qui pis est, qui eust adont creu
« aucuns, la main eust esté mise sur moy devant mon
« département ; qui n'estoit pas signe d'avoir paix ne
« union.

« Item, est vray que, devant et après, pluiseurs de
« voz bons et anciens serviteurs, et pluiseurs des
« miens, qui n'avoient riens fourfait, furent prins et
« emprisonnez, et les aultres constrainz par force et
« par voyes oblicques à eulx départir hors de Paris.

« Item, que tous ceulx que on sçavoit qui avoient

« eu aucune amour ou faveur à moy, furent destituez
« de leurs estatz, honneur et offices par telle manière
« que aucuns, par élection et sans aultruy préjudice,
« les eussent euz, et sans que sur eulx on sceust ou
« peust savoir aucun mal ou quelque aultre faulte ou
« cause, fors tant que ilz estoient trop fort Bourgui-
« gnons. Et encores tous les jours se fait ainsi; et, se
« par aventure deissent ou feissent dire, ou vaul-
« sissent dire que cela avoit esté fait et se faisoit pour
« ce que, moy estant devers vous, en vostre service à
« Paris, je avoye fait semblablement, ad ce peult estre
« respondu bien et vrayement; car, supposé que ainsi
« fust, se peult-on clérement appercevoir, congnoistre
« et considérer les termes de vostre ordonnance qui
« sont principallement fondez sur bonne paix, amour
« et union, que ce n'est fors vengeance de avoir fait
« ce que dit est; laquelle chose est signe de division,
« et non pas de paix, amour et union. Et [eust esté[1]]
« plus expédient, pour la conservacion de vostre or-
« donnance et bien de vostre royaulme, de pourveoir,
« par bonne élection et vraye, à voz offices, non point
« aux personnes, sans avoir regard à ladicte ven-
« geance.

« Item, que par lesdictes procurations et inductions,
« à paines estoit-il nulz qui osist parler ne communi-
« quier avec aucuns, puis que on sentoit, ou sçavoit
« que il vaulsist mon bien et honneur, qu'ilz ne fussent
« griefvement pugnis et corrigiés.

« Item, que en pluiseurs séremens, proposicions et
« assemblées, ont esté dictes parolles contre mon

---

1. M.

« honneur et estat, et contre vérité, saulve l'honneur
« et révérence de vous, en usant de parolles non pas si
« étranges que on n'entendeist bien notoirement que
« on les deist pour moy, en venant directement contre
« la paix ordonnée par vous tant à Chartres, comme à
« Aussoire, et contre les trévez derrenièrement juréez
« et promises. Lesquelles choses sont de très mauvaix
« exemple et contre l'ensaignement de Cathon, et pro-
« movans à toutes tenchons, débatz et destructions[1]
« qui pourroient tourner, que Dieu ne veulle ! en grant
« préjudice et détriment de vostre royaulme.

« Item, ont esté faictes pluiseurs lettres et en plui-
« seurs lieux en vostre royaulme, comme dehors,
« grandement faisant mencion, qui bien les entend,
« contre l'onneur de vous, mon très redoubté seigneur,
« de monseigneur de Guyenne, et de pluiseurs aultres
« de vostre sang. Et se aucuns disoient, ou vouloient
« dire que ce fust fait pour le recouvres de leur
« honneur, dont par les lettres ilz avoient esté vitu-
« pérez, à tout le moins, deust il avoir exprimé la
« vérité ès derreniers lettres, sans donner charge à
« aultruy qui a bien voulu tenir les trèves de vostre
« ordonnance.

« Item, que pluiseurs m'ont voulu donner charge,
« contre vérité, saulve l'onneur et révérence de vous,
« mon très redoubté seigneur, que j'ay tenu, contre
« vostre ordonnance et deffence, gens d'armes qui
« grandement ont opprimé et dommaigié vostre
« peuple. La vérité est, comme aultreffoiz vous ay dit
« et fait dire ; par vostre commandement je otz charge

---

1. M. M.P. et L., « *discentions.* »

« d'avoir mil hommes d'armes avec monseigneur de
« Berry, mon oncle, et aultres aussi; ausquelz vous
« adviez donné charge de gens d'armes à obvyer à
« pluiseurs dommaiges que faisoient pluiseurs gens de
« compaignies[1], en pluiseurs emprises qu'ilz vouloient
« faire devant vostre ville de Paris, en grant deshon-
« nourance et vitupère de vous. Et, incontinent après
« vostre dicte ordonnance jurée, je le contreman-
« day, ne oncques puis je ne manday. Pour gens
« d'armes[2], n'en ay tenu aucuns sur le païs; et, se
« aucuns se y sont tenus, eulx advouans de moy, ce
« n'a pas esté par mon ordonnance, ne de mon com-
« mandement; ne sçay se ce a esté de leur voulenté,
« par ce qu'ilz véoient les gens de compaignie qui fai-
« soient, comme encores font, tant de maulx que
« chascun scet.

« Item, est vray, mon très redoubté seigneur, comme
« il est assez notoire, que aucuns ont tenus longhement
« et encoires teinnent gens de compaignie entre les
« rivières d'Yonne, de Loire, de Sainne, et ailleurs, en
« venant contre vostre dicte ordonnance; qui est à la
« totale destruction de [vostre] peuple et pays, où ilz ont
« esté et sont sans différence de personne, de quelque
« estat qu'ilz soient, gens d'eglise, nobles ou aultres; en
« moy donnant charge qu'ilz les tiennent pour ce que
« on dist que je faiz assemblée de gens par tous mes
« pays pour aller à Paris, à grant puissance, et en ce
« et[3] aultrement faisant contre vostre dicte ordon-

---

1. M.P. et L., « a obvyer — à pluiseurs gens de compaignies. »
2. M.P. et L., « je *les* contremanday — Pour gens d'armes. »
3. M.C. — Nos mss. et L. ont : « *est.* »

« nance ; laquelle [chose[1]], saulf vostre honneur et ré-
« vérence, mon très redoubté seigneur, n'est pas vray ;
« car je ne l'ay pas fait, ne oncques ad ce, ne aultres
« choses quelzconcques qui vous deuist desplaire en
« quelque manière ; ne je ne feys oncques, ne veul
« faire le contraire. Mais, seray, tant que je vivray,
« vostre bon et léalle parent, et très obeyssant subgect.

« Item, est vray, mon très redoubté seigneur, que
« pluiseurs, si comme je suis informez plainement, ont
« dit publicquement contre vérité, saulf tousjours
« l'onneur et révérence de vous, que je avoye, à Paris,
« murdriers, ou tueurs couvenables et expers, pour
« eulx tuer et murdrir. Sur quoy, mon très redoubté
« seigneur, je vous afferme, en vérité, que je ne feys
« oncques ce, ne le pensay ; et ce ne sont pas les pre-
« miers charges qu'ilz m'ont voulu donner.

« Item, que pluiseurs ont esté banis, ou content de
« moy ; dont aucuns dient que ilz ne l'ont pas desservy,
« et que ilz le montreront bien, si comme ilz dient,
« s'ilz pevent estre seurs de leurs corps d'avoir bonne
« et vraye justice. Laquelle chose je ne dis pas ne en-
« tens à empeschier la pugnicion ou correction des
« maulvais ou de ceulx qui vous ont fait desplaisir,
« mais pour ceulx qui, au content de moy, ont esté
« ainsy déposez.

« Item, que aucuns ont esté en l'ostel de mes povres
« serviteurs que j'ay en vostre ville de Paris, entour et
« environ mon hostel, iceulx hosteulx cherchier et
« retourner, pour ce que on disoit que lettres avoient
« esté portées esdis hostelz de par moy, pour baillier

---

1. M.C.

« à pluiseurs du quartier des Halles, pour faire une
« commotion en vostre ville de Paris; et par espécial
« oudit quartier des Halles, dont pluiseurs des femmes
« de mesdis serviteurs ont esté durement traictiés en
« vostre Chastelet, examinées sur ce. Pour quoy, mon
« très redoubté seigneur, plaise vous savoir que onc-
« ques je n'escripvy aucunes lettres, en enfraingnant
« vostre dicte ordonnance; et font mal et péchié ceulx
« qui me baillent telz charges, de quoy vous et aultres
« puissent avoir mauvaise ymaginacion contre moy.
« Et, bien doivent congnoistre ceulx de Paris, ceulx
« dudit quartier, comme des aultres, qui, pour mourir,
« ne feroient ou vouldroient faire pour moy ne pour
« aultre, quelque chose qui deuist tourner à vostre
« deshonneur ou desplaisance. Et, quant est à moy,
« Dieu ne me preste jà tant vivre que je face le
« contraire.

« Item, et que pis est, on a dit que j'ay entendu,
« contre vérité, que j'ay traictié ung mariage en En-
« gleterre, auquel mariage j'ay promis les chasteaulx
« du Crotoy, de Chiérebourg et de Kem, avec pluiseurs
« aultres choses faictes oudit traictié, ou grant préju-
« dice de vous et de vostre royaulme. Et pleust à Dieu
« qu'ilz vous fuessent tousjours aussi loyaulx à la
« conservacion de vostre personne, progenie, et de
« vostre seignourie, demaine et royaulme, comme j'ay
« esté et seray toute ma vie.

« Item, contre vostre ordonnance ont esté faictes et
« poursieuvyes pluiseurs aultres choses à déclarer en
« temps et en lieu, qui sont contre l'estat de ma per-
« sonne; desquelles choses devant touchiés et aultres
« à déclarer, ne font tenir les plus principaulx poins

« et termes de vostre ordonnance. Mais, ilz me veullent
« faire plus dure guerre, et plus mauvaise que homme
« à paines puist faire ; c'est assavoir, de controuver
« toutes les voyes qu'ilz puissent trouver, par ce que
« dit est, de moy faire eslongier de vous. Touteffoiz,
« mon très redoubté seigneur, je ne vous escrips pas
« les choses devant dictes, affin que je vœulle aller
« contre vostre ordonnance ne icelle enfraindre et de
« réintégracion ou réparacion de vostre estat ne de
« vostre royaulme, qui tant a à souffrir en tous estatz
« et en tant de manières qu'il n'est homme tant par-
« vers ne cruel auquel il n'en deveist prendre pitié.

« Item, se aucuns m'ont donné ou veullent donner
« charge de reculer et eslongier vostre ordonnance, je
« vous afferme que oncques ne pensay, ne à icelle n'ay
« volu empeschier ; mais l'ay volu autant que [gens[1]] de
« vostre royaulme, soit de vostre sang ou aultre, exau-
« chier. Mais, il est vray que je quéroye provision de
« mectre bonne paix, ferme et estable en vostre royaul-
« me, touchant les choses dessus dictes advenir. Pour
« quoy, je vous supplie, mon très redoubté seigneur,
« tant cordialement comme je puis, que il vous plaise
« à pourveoir aux inconvéniens devant dis, par icelle
« manière que ceulx qui de ce sont bleschiez ou em-
« peschiez, ne aient cause de eulx plus dolloir ; et que
« vostre ordonnance soit tellement entretenue que ce
« soit, au bien et honneur de vous, salut et restaura-
« cion de vostre royaulme, et que chascun puist
« dormir, ainsi que on cuidoit, et reposer en paix. Et,
« ad ce veul exposer mon corps, mes amis, et tout ce

---

1. M.C.

« que Dieu m'a presté. Et en ce, et en toutes aultres
« choses, vostre bon plaisir et commandement d'ac-
« complir je suis prest et appareillié. Mon très
« redoubté seigneur, je supplie au benoit Filz de Dieu,
« qui vous ayt en sa sainte garde, et vous doint
« bonne vie et longe. »

Icelles lettres furent présentées au roy par le roy d'armes de Flandres, lequel les receut amiablement et aggréablement. Mais ce ne fust pas du gré de ceulx qui alors gouvernoient, et ne souffrirent pas que le roy feist responce par escripture ne aultrement. Mais, par le chancellier, fut dit au roy d'armes que le roy avoit veu les lettres que son maistre, le duc de Bourgoingne, avoit envoyées, sur lesquelles auroit advis, et en temps et lieu luy en feroit responce.

Aultre response ne ot le roy d'armes de Flandres, et en cel estat s'en retourna devers son maistre, qui lors estoit en son pays de Flandres.

Ne demoura guaires après, que le duc de Bourgoingne fist une assemblée de ses amis en la ville d'Anvers, pour avoir conseil de ses affaires. En laquelle ville furent le duc de Brabant, son frère, le duc Guillame en Bavière, conte de Haynault, Jehan de Bavière, esleu de Liége, les contes de Clèves et de Saint-Paul, et pluiseurs autres gens et notables seigneurs. Et là remonstra et fist remonstrer que il doubtoit de avoir guerre contre les Orléannois, et leur requist que, s'il avoit affaire, qu'ilz le vaulsissent servir, aidier et conforter. Sy lui promirent tous ceulx qui là estoient assemblez, de lui faire à l'encontre de tous ses adversaires, excepté la personne du roy et ses enffans, ayde et assistence de tout leur povoir.

Après celuy conseil, se retourna en Flandres, et les aultres seigneurs tous en leurs lieux. Quant le conte Walleran fut retourné en son hostel, il trouva ung sergent d'armes envoyé devers luy de par le roy, qui luy présenta lettres par lesquelles le roy luy mandoit et commandoit et deffendoit, sur grant paine, qu'il ne se armast, ne feist assemblées de gens d'armes, pour servir ne accompaignier le duc de Bourgoingne ne aultres de son royaulme sans son commandement.

CHAPITRE XLII.

Comment la roynne feit prendre quatre chevaliers et pluiseurs escuyers et serviteurs du duc de Guyenne, son filz, desquelz messire Jehan de Croy estoit l'ung, qui fut envoyé tenir prison à Mont Lehéri. Des lettres que le duc de Guyenne escripvit au duc de Bourgoingne, lequel avec son armée vint jusques devant Paris, où il ne peult entrer; et comment le dit messire Jehan de Croy fut par force et subtilité délivré de sa prison.

En ce temps, le duc de Guyenne tenant son estat dedens le chastel du Louvre dedens Paris, la royne sa mère alla devers luy; laquelle paravant conseillée du roy de Sézille, des ducz de Berry, d'Orléans et d'aultres princes, fist prendre quatre chevaliers et pluiseurs escuiers, et aultres serviteurs de son filz, le duc de Guyenne, et les fist mener hors du Louvre; dont le duc de Guyenne fut fort troublé. Et de fait, se n'eussent esté les princes qui autour de luy estoient, il eust esmeu le peuple de Paris pour estre en son ayde à deffendre ses gens. Mais iceulx princes, et aussy la royne sa mère, le rappaisa au mieulx qu'elle pot. Les quatre chevaliers dessus dis furent messire Jehan de Croy, le seigneur de Moy, messire Bertran de Montaben, et messire David de Brimeu; dont les trois furent en briefz jours délivrez, par ainsi qu'il feirent serment de non plus retourner devers le duc de Guyenne. Mais messire Jehan de Croy fu mené au chastel de Mont Lehéry, où là fut détenuz prisonnier.

Le duc de Guyenne, très mal content de l'outrage que on luy avoit fait, envoya secrètement devers le duc de Bourgoingne, affin que il venist hastivement devers luy, à tout puissance de gens d'armes; et par trois foiz escript le duc de Guyenne au duc de Bourgoingne, pour le haster, ainsi que cy après sera dit.

Quant le duc de Bourgoingne ot receu les lettres du duc de Guyenne, il en fut moult joeulx; car aultre chose ne demandoit que d'aller à Paris, et d'avoir occasion et couleur de faire assemblée de gens d'armes. Sy fist ung grant mandement par tous ses pays, et fist tant que il ot une grant compaignie. Mais, avant son partement, il rescripvy lettres à la plus part des bonnes villes de Picardie, par lesquelles il leur remonstra le traictié de la paix faicte à Ausoire, et depuis confermée, jurée et traictié à Pontoise. Néantmoins, on luy avoit fait de grans injures et blasphèmes par prédications et collacions, et aultrement, faiz en la ville de Paris; et mesmement à la ducesse de Guyenne, sa fille, et aussi à pluiseurs de ses serviteurs. Toutes lesquelles choses il avoit porté paciamment pour l'observance de la paix, et le souverain bien du royaulme, jusques à ce que le duc de Guienne l'avoit mandé pour pluiseurs excès et despiz que on luy avoit fait dedens le chasteau du Louvre à Paris, où on le tenoit comme prisonnier. Et pour garder sa loyaulté, il s'estoit délibéré de hastivement aller à Paris, devers le roy et le duc de Guienne, à tout le plus grant compaignie de gens d'armes que il pourroit finer.

Or, ne fault pas doubter que en briefz jours l'assemblée que faisoit le duc de Bourgoingne fut sceue à Paris, et pour ceste cause fut le conseil assemblé ; auquel conseil fut appoinctié que le duc de Guienne rescriproit au duc de Bourgoingne certaines lettres qui contenoient en effect qu'il luy mandoit, et néantmoins commandoit, qu'il ne feist assemblée de gens d'armes, en quelque manière que ce fust ; et que c'estoit contre la paix d'Aussoire qu'il avoit juré ; et ne vouloit point que il allast à Paris. Mais, se on luy avoit fait faire aucune chose qui fust contre le traictié de la paix, qu'il le mandast au roy, ou au duc de Guienne, et on lui en feroit raison.

Touteffoiz, néantmoins le mandement du duc de Guienne, le duc de Bourgoingne ne cessa point de assembler gens ; pour laquelle cause le roy envoya certains mandemens aux baillifz et seneschaulx de son royaulme, qu'ilz feissent cryer et publyer par tout les lieux acoustumez de ce faire, que tous ceulx qui s'estoient acoustumez d'armer fussent prestz ; c'est assavoir ceulx de Picardie, le ve jour de février, en la ville de Mondidier, pour tirer droit à Paris ; car le roy estoit délibéré et conclud de résister, de toute sa puissance, contre les entreprises du duc de Bourgoingne, et contre tous ceulx qui vouldroient empeschier le bien de la paix ; et, avec ce, que le roy mandoit que nul, de quelque estat qu'il fust, ne se armast avec le duc de Bourgoingne, et ceulx qui seroient trouvez faisant le contraire, tantost et incontinent leurs biens fussent mis en la main du roy. Avec iceulx mandemens furent envoyez lettres closes sur les passages, par lesquelles il leur deffendoit que au duc de Bourgoingne ne feissent aucune ouverture de leurs villes et passages, sur paine d'encourir en son indignacion.

Or est vray que, quelque mandement que le roy et le duc de Guienne feissent au duc de Bourgoingne, pour ce que le duc de Guienne luy avoit rescript par trois foiz que il ne laissast point à soy assembler et mectre sus, et la cause fut pour les lettres qui lui avoient esté envoyées, comme vous orez par la teneur des trois lettres escriptes de la main du duc de Guienne.

La première contenoit : « Très chier et très amé
« père, nous vous mandons que, incontinent ces
« lettres veues, toutes excusacions cessans, vous venez
« devers nous acompaignié[1] pour la scéurté de
« vostre personne ; et, sur tout ce que vous doubtez
« à nous courouchier, ne nous failliez pas. Escript de
« nostre propre main, à Paris, le iiij[e] jour de décembre.
« Signé, de sa main : Loys. Et, en la superscription :
« A nostre très chier et très amé père, le duc de Bour-
« goingne. »

La seconde contenoit : « Très chier et très amé
« père, je vous ay autreffoiz escript que venissiez

---

1. M.P. — Les autres textes portent : M.B., « à *la* compaignie; » L., « très bien accompaignié; » M.C., « bien accompagnez. » Le Monstrelet manuscrit ne donne aucune des trois lettres du duc de Guyenne.

« devers moy, très bien acompaignié ; pour quoy je
« vous prie que, le plustost que vous pourrez, vous
« venez à moy très bien acompaignié, et pour cause.
« Et ne doubtez, car je porteray vostre fait tout
« oultre, qui que le veul veoir. Escript, à Paris, le
« xiij° jour de décembre. Signé : Loys ; et, en la super-
« scription, comme dessus. »

La tierce lettre contenoit : « Très chier et très amé
« père, je vous ay jà mandé, par deux foiz, que vous
« venissiez à moy ; dont vous n'avez riens fait. Tout-
« teffoiz, nous vous mandons encores de rechief que,
« toutes choses arrière mises, le plus tost que vous
« pourrez, vous venez à nous, bien acompaignié,
« pour vostre sceurté ; et en ce ne défaillies pour
« quelconcques lettres que ayez de nous, et surtout
« quanques vous nous doubtez à courouchier, et pour
« certaines causes qui tant nous touchent que plus ne
« pevent. Escript le xxj° de décembre. Signé : Loys ; et
« la superscription, comme dessus. »

Icelles lettres furent veues de Jehan Clabault, escuier, garde, de par le roy, du séel du bailliage de Vermendois, estably à Roye, dont vidimus fut faicte et séellé du séel royal.

Vous advez cy ouy la cause pour quoy le duc de Bourgoingne entreprist son voyage d'aller à Paris, et prinst, de sa ville d'Arras, le chemin pour tyrer à Péronne, où il cuida passer la rivière de Somme. Mais ceulx de la ville de Péronne avoient mandement et deffence du roy, de non les laissier passer ; et pour icelle cause envoyèrent au devant luy le seigneur de Longueval, qui lors estoit leur capitaine, pour [eulx] excuser du passage. Sy prinst le duc de Bourgoingne son chemin à Exclusiers, où il passa la rivière de Somme, et, de là, à Roye. Et puis envoya à Compiengne le conte de Nevers, son frère, qui fist tant que, nonobstant le mandement et commandement du roy, que ceulx de Compiengne feirent ouverture et luy donnèrent passage. Et la cause qui les meult de ce fait fut pour ce que ilz veirent les lettres que le duc de Guienne luy avoit envoyées.

Après ce que le duc de Bourgoingne se fut trouvé dedens Compiengne, prist le séremens des plus notables de la ville, lesquelz luy promirent de tenir son party; et prinst son chemin pour aller à Senlis, y cuidant passer; mais ceulx de la ville luy refusèrent passage, pour la deffence qu'ilz avoient du roy. Pour quoy luy couvint tirer la plaine de l'Ille de France; c'est assavoir à Barron et Dampmartin en Gouelle, où là vindrent pluiseurs de la duchié et conté de Bourgoingne à grant compaignie de gens d'armes.

Les nouvelles du duc de Bourgoingne, de son allée, vindrent à Paris, que desjà il estoit à l'Ille de France, et furent dictes au duc de Guienne, qui, ce jour, disnoit en l'ostel d'un chanoine, ès cloistres de Nostre-Dame de Paris. Icelles nouvelles oyes, promptement manda estre devers luy le roy Loys, le duc d'Orléans, les contes de Vertus et de Richemont, et pluiseurs aultres. Et là fut conclud de promptement mectre gens sus, au plus grant nombre que faire se pourroit, faisant ordonnances de trois batailles, c'est assavoir, avant-garde, bataille et arrière-garde. L'avant-garde fut conduicte par les contes de Vertus, d'Eu et de Richemont, lesquelz chevauchoient tous trois en reng, à ensaigne desployée, et leurs gens après eulx.

En la bataille estoient le roy Loys, les ducz de Guienne et d'Orléans. En après, estoit l'arière-garde que le conte d'Erminac et aultres conduisoient. Esquelles trois batailles, on extimoit xiiij^m chevaulx; et se fist icelle assemblée devant le portal Nostre-Dame. Puis s'en allèrent en belle ordonnance devant l'Ostel de la ville, et là fist-on sonner une trompette pour faire silence, tant que le chancelier du duc de Guyenne eubt parlé et remonstré la cause pourquoy ceste assemblée estoit faicte. Et aussi disoit au peuple comment le duc de Guienne, son maistre, les merchioit de la bonne amour que ilz avoient à lui, et de la loyaulté et obédience que ilz luy monstroient à ceste foiz, en leur requérant que ilz s'appointassent et ordonnassent, à toute puissance, pour résister allencontre du duc de Bourgoingne; lequel, contre le vouloir du roy, en allant contre sa deffence, et aussi en enfraingnant la paix, en leur certiffiant qu'il ne l'avoit point mandé, ne escripst qu'il venist à Paris[1]. Puis demanda le chancelier au duc de Guyenne s'il estoit ainsi que il avoit dit; et il respondit que oy.

Icelles parolles dictes, les seigneurs dessusdis se

---

1. Il y a dans cette phrase un vice de construction qui est commun aux manuscrits de notre chronique et à tous les textes de Monstrelet. Voici celui du ms. 2684, où il suffirait d'un mot que nous y introduisons entre crochets, pour la rendre régulière de forme et de sens : « lequel [alloit] contre la voulenté du roy, « en venant contre sa défense, en venant aussi contre ladicte paix, « et en enfraingnant icelle; et aussi qu'il leur ratifioit et affermoit « qu'il ne l'avoit point mandé, ne n'avoit escript qu'il venist à « Paris, jà soit ce qu'il deist avoir les lettres devers lui. » Le Laboureur, de son côté, a essayé d'une correction qui ne nous paraît ni un remède ni une guérison.

partirent et chevauchèrent au long de la ville de Paris, en tirant droit à la Croix du Tiroir, devant laquelle Croix du Tiroir ilz s'arestèrent; et là le chancelier du duc de Guienne parla au peuple, disant telles parolles, ou semblables, qu'il leur avoit dit en Grève devant la Maison de la ville.

Icelles choses faictes et dictes, le duc de Guyenne s'en alla à son hostel du Louvre, le roy de Sézille à la bastille Saint-Anthoine, le duc d'Oriéans à Saint-Martin des Camps, le conte d'Erminacq à l'hostel d'Artois, le duc de Berry au Temple, et les aultres seigneurs parmi la ville. Lesquelz, songneusement et diligamment, y chevauchoient pour doubte que aucune rumeur ne se feissent; et firent clore toutes les portes, excepté la porte Saint-Jacques et Saint-Anthoine. Et à la vérité, ilz estoient en grant doubte, quelque puissance qu'ilz eussent, doubtans la faveur que pluiseurs de la ville de Paris avoient au duc de Bourgoingne qui estoit logiés à Dammartin en Gouelle. Le duc de Bourgoingne receut moult honourablement ses gens de la duchié et conté de Bourgoingne, qui estoient là venus; et en après desloga, et prist son chemin pour venir tout droit[1] dedens la ville de Saint Denis. Le iij^e jour après, envoya à Paris son roy d'armes d'Artois porter lettres au roy, aussi à la royenne, au duc de Guienne, et à ceulx de la ville; requérant au roy qu'il luy pleusist estre content qu'il allast devers luy, pour luy dire la cause de sa venue; laquelle estoit contendant à toute bonne fin, et que là n'estoit venu pour faire guerre, ne pour malveillance nulle; mais estoit venu au man-

---

1. M.P. et L., « son chemin — tout droit. »

dement de monseigneur de Guienne, pour obéyr, ainsi que tenu estoit : et avoit le duc de Bourgoingne avec luy de vj à vij^m combatans.

Or est vray que le roy d'armes cuida bien faire son message et présenter ses lettres ; car il avoit esté mené en ung hostel, en la ville de Paris ; auquel hostel, deux ou trois heures après ce qu'il y estoit arivez, alla devers luy ung homme qu'il ne congnoissoit, qui luy dist que tost et hastivement il s'en retournast, ou il seroit en dangier de sa personne. Et, ainsi que le roy d'armes estoit à cheval pour s'en retourner devers son maistre, trouva le conte d'Erminacq qui lui dist que, se luy ne aultres, de par le duc de Bourgoingne, retournoient plus dedens Paris, on leur feroit trenschier la teste. Ainsi retourna sans riens besoingner, et racompta au duc de Bourgoingne la rudesse que il avoit trouvée, lequel en fut très desplaisant ; pourquoy il assembla son conseil. Sy luy fut conseillié de luy mectre l'endemain très matin au champs, à toute sa puissance, montez et armez ung chascun au mieux que faire se povoit, et en belle ordonnance tirassent leur chemin droit à la porte de Montmartre ; laquelle chose fut ainsi faicte. Mais ilz trouvèrent la porte close, devant laquelle ilz se mirent en bataille, en très belle ordonnance.

Or, est ainsi que le duc de Bourgoingne ordonna iiij de ses chevaliers, lesquelz ilz fist mectre hors de la bataille, ausquelz il ordonna que se tirassent vers la porte Saint-Honnouré, et que ilz trouvassent manière de parler à ceulx qui gardoient la porte, pour leur dire et remonstrer la cause qui l'avoit là amené. Et, avec les quatre chevaliers, ordonna son roy d'armes [d'Arthois pour aller devant la porte ; mais, quand le roy d'armes]¹ requist aux gardes de la porte que ilz parlassent à luy pour faire le message des quatre chevaliers, iceulx gardes respondirent que ilz n'avoient cure de parler à luy, disant que bientost s'en retournassent, ou, ce se non, on tiroit après luy; et aultrement ne parlèrent.

Cependant, Enguérant de Bournonville estoit descendus à piet, en sa compaignie quatre cens combatans², portant l'estandart du duc de Bourgoingne, espérant que se aucuns de Paris le véoient, ilz se metteroient sus à puissance, pour faire ouverture d'aucunes des portes. Mais riens n'en advint, et commencèrent à tirer d'arbalestre sur les gens du duc de Bourgoingne. A la retraicte, en y eult de navrés, non obstant que les gens du duc de Bourgoingne leur disoient qu'ilz ne vouloient point de guerre, mais, de tous poins, vouloient entretenir la paix. Et aussi ne feirent oncques semblant de vouloir mal à quelque personne qui dedens Paris fust.

Quant le duc de Bourgoingne vit que riens ne pourfitoit estre devant la ville de Paris, ne nulz n'avoit volu parler à luy, ne à ses gens, il s'en retourna dedens la ville de Saint-Denis, où il ordonna certaines lettres que secrètement il fist atachier au portal Nostre-Dame de Paris, au Pallais et en pluiseurs aultres lieux, contenant que, par le mandement de monseigneur de Guienne, dont il avoit pluiseurs lettres signées de sa main, il s'estoit mis sus en armes, pour soy employer au bien du roy, du duc de Guienne et du royaulme, et aussi pour les mectre hors du dangier où ilz estoient

---

1. M.P. et L.
2. M.P. et L., « iiij — combatans. »

en servitude, et que nul ne pensast que il vaulsist avoir l'administracion et gouvernement, en quelque manière, ne vouloir adommagier la bonne ville de Paris, et qu'il estoit prest de entretenir tout ce que par l'ordonnance du roy avoit juré et promis et s'en retourner en ses pays ; mais que les aultres seigneurs, qui dedens Paris estoient, vaulsissent faire le semblable. Et se donnoit merveilles pourquoy on n'avoit volu recevoir ses lettres, et aussi que, sans invasion de traict, aucunement se seroit trouvé devant la ville de Paris, pour faire exposer aucunes besoingnes touchant le bien de la paix et du royaulme.

Toutesvoies, on avoit tiré et bleschiés aucuns de ses gens, et requéroit à tous les biens veullans et subgectz du roy, qu'ilz le vaulsissent aidier et conforter contre tous ceulx qui ainsi avoient mis en dangier et servitude le duc de Guyenne. Telles parolles ou semblables estoient esdictes lettres, données à Saint-Denis, le xie de février, l'an mil cccc et xiii.

Quant ces lettres furent ainsi trouvées en pluiseurs portaulx, dedens Paris, furent monstrées au conseil du roy et des princes, qui là estoient. Pour laquelle cause fut renforchié et guet et garde de Paris.

Ce temps durant que le duc de Bourgoingne estoit logis à Saint-Denis, le seigneur de Croy, qui en sa compaignie estoit, ordonna xx hommes d'armes, sages, prudens et vaillans, et très bien montez, lesquelz trouvèrent manière de passer la rivière de Saine, auprès de Conflans. Lesquelz chevaucèrent le plus secrètement que ilz porent, jusques en la ville de Mont Lehéry, eulx disans au duc de Bourbon, et que là ilz estoient venus pour faire son logis. Messire Jehan de

Croy, filz du seigneur de Croy, prisonnier dedens le chastel de Mont Lehéry, estoit, par le moyen d'un chappelain qui léens le gouvernoit, adverti de la venue desdis xx hommes d'armes. Or, est vray que, à celle heure que ces xx hommes d'armes arivèrent à Mont Lehéry, messire Jehan de Croy oy messe en une chappelle auprès de la porte du chastel. La messe oye, iceulx hommes d'armes, qui ung bon cheval avoient amené pour messire Jehan de Croy, se trouvèrent assez près; et, incontinent, sachans leur besoingne estre preste, et que ilz povoient bien enmener messire Jehan de Croy, se tirèrent vers luy, et le feirent monter à cheval. Ainsi que messire Jehan de Croy montoit à cheval, aucuns de la place allèrent devers messire Colart de Calleville, capitaine du chastel et garde de messire Jehan de Croy, qui de ces nouvelles fut moult esmerveilliés; car en riens ne se doubtoit. Lors, il acourut, en grant diligence, à la porte, et véant messire Jehan de Croy à cheval, hors de sa main et de sa puissance, dist : « A! à! monseigneur, se vous vous en
« allés ainsi, je suis destruit de corps et de chevance. » Messire Jehan luy respondy : « De vostre anuy et do-
« maige me desplairoit. Touteffoiz, à l'ayde de Dieu,
« j'ay intencion de m'en aller; mais se vous voulez
« venir avec moy, les biens de monseigneur mon père
« et les miens ne vous fauldront point. » Et, en ce point, se party messire Jehan de Croy; et messire Colart de Calleville demora, attendant l'adventure de Dieu, et telle que advenir luy poroit. Les xx hommes d'armes se conduirent si sagement qu'ilz se trouvèrent dedens la ville de Saint-Denis, à tout messire Jehan de Croy.

Le duc de Bourgoingne, qui tousjours avoit espoir d'avoir nouvelles de Paris, de rechief envoya son roy d'armes d'Artois, portant lettres devers le roy de Sézille, et devers les ducz d'Orléans et de Berry, pour eulx signiffier la cause de sa venue, en eulx requérant que ilz vaulsissent souffrir que il parlast au roy et au duc de Guienne, ou, à tout le moins, que ses gens y peuissent parler ; disant, oultre, que ilz laissaissent le roy dominer et gouverner, sans le tenir en servitude, et, par espécial, le duc de Guienne lequel ilz détenoient à sa grant desplaisance.

Mais, quant le roy d'armes fut à la porte Saint-Anthoine, on luy dist que il s'en retournast à tout ses lettres, et qu'il n'entreroit point dedens Paris. Quant le roy d'armes oy ceste responce, qui très rudement et rigoreusement luy fut faicte, il prist ung baston fendu, dedens lequel il mist ses lettres, et devant la porte les ficha en terre, et là les laissa ; et, le plus tost que il peult, retourna à Saint-Denis devers son maistre, lequel fut plus mal content que devant. Quant le duc de Bourgoingne vit que il perdoit temps, et que venir ne povoit à son intencion, il conclud de retourner en son pays de Flandres, et laissa garnison à Compeingne et à Soissons ; c'est assavoir, à Compeingne, messire Heu de Lannoy, le seigneur de Saint-Légier et pluiseurs aultres ; à Soissons, messire Colart de Fiennes, Enguérant de Bournoville, et aultres gens de guerre. Et fu conclud par le duc de Bourgoingne, avec sa chevalerie et les bonnes villes, que jusques à tant que le roy et son filz, le duc de Guienne, seroient en franchise, sans estre ainsi détenus, et que ilz gouverneroient par telles personnes que ilz vouldroient, et que ceulx, qui ainsi les tenoient et leurs gens, seroient chascun en leurs pays, sy comme luy de Bourgoingne et ceulx de son party qui s'offrent eulx en aller en leurs terres et pays, ilz ne donneroient point d'obéyssance aux mandemens donnez par l'adviz et conseil desdictes seignouries, ne de ceulx de leur party. Lesquelles choses le duc de Bourgoingne signiffia à pluiseurs bonnes villes, en les requérant, de par le roy et le duc de Guienne, qu'ilz le voeillent aidier et eulx joindre avec luy; et, en ce faisant, eulx et chascun d'eulx acquiteront leur loyaulté, et en seront recommandez toute leur vie, en les promectant de les aidier et conforter de tout son povoir, et de ce leur baillier ses lettres.

Ces choses faictes, le duc de Bourgoingne s'en alla en sa ville d'Aras; et, les Bourguignons de la duchié et conté, qui l'estoient venus servir, il les envoya tenir les champs ès pays de Cambresies et de Terasse, et sur les terres de messire Robert de Bar, conte de Marle.

Et, quant il fut arivé en sa ville d'Arras, il assembla les trois estas de son pays, et par espécial les nobles, pour leur communiquier ses affaires; et si leur fist dire, de par le seigneur d'Ollehain, la cause qui l'avoit mené à Paris. Ces remonstracions faictes, toute la noblesse qui là estoit, luy promirent de le servir allencontre de tous ses adversaires, excepté le roy et ses enffans.

En ce conseil et assemblée ordonna le duc de Bourgoingne lettres pour envoyer en pluiseurs bonnes villes du royaulme, lesquellez contenoient tout le démené de son voyage qu'il avoit fait devant Paris[1], et comment,

---

1. M.P. et L., « de son voyage — devant Paris. »

par lettres de monseur de Guyenne, il y estoit allé. Et finablement estoit contenu ès lettres comment le roy et le duc de Guienne estoient comme prisonniers; leur requérant qu'ilz ne vaulsissent obéyr as lettres, ne aux mandemens quelzconcques, tant qu'ilz fuissent au gouvernement des gens où lors estoient. Ces choses faictes, et envoyées lesdictes lettres avec le vidimus de trois lettres que le duc de Guyenne luy avoit envoyées, il s'en retourna en son pays de Flandres.

CHAPITRE XLIII.

Des mandemens que le roy feit publier, par son royaulme, à l'encontre du duc de Bourgoingne, en le banissant et privant de touttes grâces et bienfaicts, ensemble ses favorables amis et alliez, en luy imposant crismes horribles et détestables.

Or, fault parler des princes qui dedens Paris estoient. Vray est que, après le partement du duc de Bourgoingne de la ville de Saint-Denis, le roy et les aultres princes qui là estoient sceurent que le duc de Bourgoingne avoit mis garnisons ès villes royalles; pour laquelle cause furent moult esmerveilliez, disans qu'il monstroit qu'il vouloit venir à la guerre. Et, pour y obvyer et résister, le roy fist faire mandemens, lesquelz il envoya publyer par tout son royaulme, contenant en effect que le duc de Bourgoingne, contre le mandement et deffence de luy, et mesmement contre la paix par luy jurée, avoit fait grans mandemens et assemblées de gens d'armes, estoit allé devant la ville de Paris, et, à son retour, mis garnison ès villes royalles, et avec ce tenoit gens d'armes sus les champs, pillans et robans le povre peuple; pour laquelle cause le roy mandoit qu'il fust crié, à son de trompe, que toutes gens de guerre fussent prestz pour aller servir le roy, sur confiscacion de corps et de biens.

Après la publicacion des mandemens dessusdis, ceulx qui avoient tenu le parti du duc de Bourgoingne, à Paris et à l'environ, furent moult oppressez; pluiseurs furent prins et décapitez, et leurs biens confisquiés. Et, avec ce, fut ordonné ung mandement royal envoyé par les bailliages et seneschaucies, par lequel le roy les privoit[1] de toutes grâces et bienfaiz, en banissant le duc de Bourgoingne, luy, ses favourables amys et alyez pour le très cruel et dampnable homicide perpétré et commis en la personne du duc Loys d'Orléans. Et, avec ce, tous les faiz que povoit avoir fait ou fait faire le duc de Bourgoingne, et tous les maulx que on pourroit dire ne penser allencontre de luy, estoient mis par escript en icelluy mandement, disant que il avoit fait pluiseurs foiz questionner et tourmenter pluiseurs personnes, les [avoit] fait mourir soubz umbre de justice, sans cause et sans raison, les aultres mourir de faim, en prison, sans confession, sans aultres sacremens ecclésiastiques, les faire gecter aux champs, aux chiens, sans vouloir souffrir que ilz eussent sépulture, ne que leurs enffans nouvellement nez fuissent baptisiés; qui est expressément contre nostre foy.

En ces choses fist faire horribles cruaultez et les plus

---

1. Nos textes ont tous le participe « *privant* »; c'est une faute de copiste.

grans inhumanitez que oncques fuissent veues ne oyez ; et, plus, soubz umbre de guerre qui n'estoit pas au roy ne devoit estre, mais au duc de Bourgoingne et pour son fait particulier. Et, avec ce, on disoit que le duc de Bourgoingne faisoit lever sur les subgectz du royaulme merveilleuses finances, tant par tailles, empruntz, réformacions, [comme en prenant ou]¹ trésors d'églises, ès cours de parlement, de chastellet et ailleurs, mises en dépost, et aultres sommes de deniers qui estoient mises et consignées au prouffit de femmes vefves, et d'enffans mendres d'ans, pour cause de ratraicte, ou rachas de revenues ou héritaiges. Et tant de maux innumérables estoient audit mandement, comme le tout se peult voir ès cronicques, où ilz estoient bien et au long spécifiez et déclarez.

CHAPITRE XLIV.

Comment les chaines de la ville de Paris furent ostées, et les bastons invasibles et deffensables deffendus de porter aux Parisiens, et leurs armures ostéez ; et comment les articles de maistre Jehan Petit, que autrefoiz avoit proposé, furent ars publicquement.

Vous advez oy comment le duc de Bourgoingne, après son partement du pays de France, s'estoit retraict en son pays. Mais, ce non obstant, les ducz

---

1. Je prends cette addition dans le mandement royal lui-même dont Saint-Remy donne ici l'analyse, et que les chroniques de Monstrelet reproduisent tout entier.

de Berri, d'Orléans et aultres, n'avoient fiance nulle à ceulx de Paris, et toujours les souppechonnoient estre Bourguignons. Pour laquelle cause fut appoinctié et ordonné messire Taneguy du Chastel, lors prévost de Paris, et Remonnet de la Guerre, par l'autorité du roy et de son grant conseil, oster toutes les chaines servans aux rues de Paris. Lesquelz le firent, par doubte de mutacion du peuple, mener au Louvre et en la Bastille Saint-Anthoine; et, avec ce, furent les bourgois manans et habitans de Paris constrains de baillier toutes leurs armures, lesquelles furent aussi portées au Louvre et en la Bastille; et, avec ce, leur fut deffendu de porter bastons invasibles et deffensables. Et si leur fut deffendu la garde des portes, et les faisoient garder les Orléanois, aux despens de ceulx de la ville.

Tous les jours, grant chevauchies de gens d'armes alloient avant la ville et faisoient guetz de nuyt et de jor, aux portes et à la muraille. Pour laquelle cause, ceulx de la ville de Paris, véans qu'ilz estoient mis en telle subgection, et que toute deffence on mectoit sur eulx, ilz conchurent telle hayne, allencontre du conte d'Erminacq, que oncques puis ne l'amèrent. Et, depuis, bien luy monstrèrent, comme il sera dit cy après.

En ce mesme temps, le roy envoya pluiseurs lettres et mandemans contenant, en effect, comme aultreffoiz il avoit escript et envoyé pluiseurs lettres aux bonnes villes de son royaulme, pour séduire le peuple, pour parvenir à sa mauvaise et dampnable emprinse[1]. Et avec ce furent envoyées aultres lettres, de par le roy,

---

1. M.P. et L., « sa maulvaise et *mauldicte* emprise. »

aux nobles du pays d'Artois, aux baillifz de Tournay et de Vermendois, par lesquelles il deffendoit, sur grosses paines, que de là en avant ilz ne s'armassent avec le duc de Bourgoingne, ne l'acompaignassent, ne luy, ne les siens, en quelque manière que ce fust; mais, tantost et incontinent, se préparassent en armes pour servir le roy; car, par l'aide de Dieu, il avoit intencion de pugnir et humilyer le duc de Bourgoingne.

En ce temps, l'évesque de Paris, à la requeste de l'Université, envoya devers le duc de Bourgoingne, pour sçavoir se il vouloit advouer maistre Jehan Petit des articles que aultreffoiz avoit proposé, à sa requeste, contre le feu duc d'Orléans. Et le duc de Bourgoingne respondyt au messagé que il ne le vouloit porter ne advouer, sinon en son bon droit. Le messagé retourna à Paris [devers][1] l'évesque. La responce oye par l'inquisiteur de la foy, fut ordonné que les articles que avoit preschié publicquement [maistre Jehan Petit seroient arses publiquement,][2] présent le clergié et tous aultres qui veoir le vouldroient. Et ainsi fu fait; et fut renommée que on yroit quérir les oz dudit maistre Jehan Petit, qui estoit trespassé et enterré dans la ville de Hesdin, pour les faire ardoir en la ville de Paris, ou lieu où les articles avoient été arses.

---

1. M., « Après laquelle response iceulx retournez à Paris *devers* « ledit évesque et l'inquisiteur de la foy, fut ordonné..... »
2. M.P. et L.

CHAPITRE XLV.

Des remonstrances que le duc de Bourgoingne feit aux nobles de son pays d'Artois et de Picquardie; et de la maladie que alors régnoit au royaulme de France, nommée la cocqueluce

Le duc de Bourgoingne oy nouvelles que le roy faisoit grant assemblées de gens d'armes. Pour laquelle cause il manda les nobles de son pays d'Artois et Picardie, pour estre devers luy en sa ville d'Arras; et leur fist remonstrer que il avoit eu certaines nouvelles que le roy et le duc de Guienne estoient du tout tournez contre luy, par le moyen de ceulx qui les gouvernoient. Sy leur fist monstrer les lettres escriptes de la main du duc de Guienne, et avec ce leur fist dire qu'il avoit laissié ses gens ès villes de Compeingne et de Soissons, pour le bien du roy. Toutesvoies, il savoit, de vérité, que l'assemblée que le roy faisoit, c'estoit pour recouvrer icelles villes; pour laquelle cause il requéroit aux nobles, qui là estoient, qu'ilz luy voulsissent baillier conseil et ayde. A quoy luy fut respondu de tous, que voulentiers le serviroient à l'encontre de tous ses adversaires, réservé le roy et ses enffans. Mais le seigneur de Rom dist plus; car il dist que il le serviroit contre le roy et contre tous aultres qui grever luy vouldroient.

Et, en ce temps, régnoit une malladie par tout le royaulme de France, qui tenoit en la teste; dont pluiseurs josnes et vieulx mouroient. Laquelle malladie se nommoit la coqueluche.

CHAPITRE XLVI.

De l'armée que le roy meit sus contre le duc de Bourgoingne ; et comment la ville de Compeigne fut assiégée, où le roy se trouva en sa personne ; et comment la ville luy fut rendue par appointement.

La roynne et le duc de Guienne tindrent conseil, auquel fut conclud de faire guerre au duc de Bourgoingne et à ses aliez ; et se tint le second jour de mars, en celluy an, où furent assemblez, en l'hostel de Saint-Pol, la royne et le duc de Guienne, pour ce que le roy estoit malade. Là furent pluiseurs princes et prélatz. Auquel consiel, par la bouche du chancelier, fut remonstré, bien au long, l'estat et gouvernement du duc de Bourgoingne, et comment il s'estoit conduit rigoreusement contre le roy et les seigneurs de son sang, par pluiseurs et divers foiz, depuis la mort du duc Loys d'Orléans, et pluiseurs aultres remonstrances ; requérant aux princes qui là estoient que, sur foy, serment et loyaulté qu'ilz devoient au roy, le vaulsissent conseiller et le duc de Guienne, son filz, de ce qu'ilz avoient affaire contre le duc de Bourgoingne.

Or, est vray que, après ce que la matière qui grande estoit, ot esté bien débattue, fut, par la bouche de l'archevesque de Sens, dit, de l'auctorité et ordonnance de tous ceulx qui là estoient, que licitement et de raison le roy povoit et devoit faire guerre au duc de Bourgoingne ; considérés les manières qu'il avoit tousjours tenues et tenoit à l'encontre du roy, du duc de Guienne et de tout le bien publicque du royaulme. Sy fut conclud que le roy, en sa personne, se mecteroit sus, avec sa puissance, pour faire guerre au duc de Bourgoingne, ses alyez et aidans. Et là fut fait promesse, mesmement de la royne, du duc de Guyenne et de tous les aultres, que jamais n'attenderoient à quelques ambassades, lettres ou aultres choses, qui peussent venir de par le duc de Bourgoingne, jusques à tant que luy et les siens se seroient humiliez et du tout remis en l'obéissance du roy et de son conseil.

La guerre conclutte, le roy feist son mandement, par tout son royaulme, plus grant que oncques en sa vie n'avoit fait; et pariellement le feirent tous les princes qui là estoient; et tant que, en peu de temps, grant nombre de gens d'armes se trouvèrent en l'Ille de France et en la marche d'environ. Icelle assemblée faicte, furent envoyés aucuns capitaines devant la ville de Compiègne, [qui] mirent le siége devant Compiengne, de l'un des costez, en attendant la venue du roy. Et, affin que les gens du roy ne se peussent logier à leur ayse, ceulx de dedans la ville ardirent et démolirent les fauxbourts de ladicte ville et pluiseurs notables édiffices, tant églises comme maisons. Mais, ce non obstant, les Franchoiz ne se laissèrent pas à logier, et, de fait, firent pons sur la rivière d'Oise, affin de asseigier la ville de tout en tout, ainsi qu'ilz fierent.

Et le merquedy de la semaine péneuse, iiij[e][1] jour

---

1. Le quantième du mois et le jour de la semaine concordent exactement ici, et pour la vraie date. Le dimanche de Pâques ouvrant l'année 1414 le 8 avril, le mercredi saint tombait au 4. Mais les textes de Monstrelet diffèrent de celui de Saint-Remy,

d'avril, le roy yssit hors de Paris, à grand estat, et s'en alla en la ville de Senlis, pour là atendre les princes de son sang et de son armée. En laquelle armée on fist porter au roy et au duc de Guienne la bende et ensaigne du conte d'Erminacq; dont pluiseurs se donnèrent grant merveille que il avoit laissié son enseigne anchienne et que ses prédécesseurs avoient tousjours porté en armes; c'est assavoir la blanche croix. Dont pluiseurs furent mal content, veu que [c'estoit]¹ en son royaulme; et veu aussi la bende du conte d'Erminacq, laquelle il portoit par condempnacion d'un pappe, en signe d'amendise de l'un de ses prédécesseurs, pour ung fourfait que il avoit commis contre l'Église. Toutteffoiz, la pluspart de ceste armée portoient les deux ensaignes; c'est assavoir la croix et la bende.

Au commencement de l'an renouvellé de datte, c'est assavoir le lundy de pasques, l'an mil CCCC et XIII, le duc de Guienne, premier filz du roy, party de Paris à très noble compaignie, et alla à Senlis où estoit le roy son père. Après la venue du duc de Guienne, le roy tantost après se party, pour aller au siége de Compiengne, et fut son premier logis à Verbrie; et de là s'en alla au siége. Et quant à la royne et à la ducesse de Guienne, elles se partirent de Paris, et s'en allèrent à Meaulx en Brie; et le duc de Berry demoura capitaine de Paris et gouverneur des marches d'environ. Le roy de Sézille s'en alla en son pays d'Anjou, et depuis

---

et ne s'accordent même pas entre eux; le ms. 2684, ainsi que l'édition D.D., portent : « le mercredi ... *iij*ᵉ jour d'apvril; » et les éditions C. et B : « le *samedi* ... *troisième* jour d'apvril. »

1. M.

revint à Paris; mais il ne fut point, tout le voyage, avec le roy.

Quant le roy fut arrivé devant la ville de Compiengne, il envoya devers ceulx de la ville ung officier d'armes, par lequel il leur fist nonchier sa venue, en les sommant qu'ilz luy feissent ouverture, pour y logier luy et les siens, comme raison estoit, et comme bons loyaulx debvoient faire à leur souverain seigneur. Ceulx de la ville respondirent que très volentiers et de bon ceur le receveroient[1], luy et son aisné filz de Guienne, avec leur estat, et non aultrement. Laquelle responce fu faicte au roy, qui aultre chose n'en fist pour l'eure. Si fu le logis du roy ordonné en la maison d'un bourgois de Compeingne séant entre la ville et la forrest; et le duc de Guyenne fut logié en l'abbaye de Royal Lieu, et les aultres princes tout à l'environ de la ville. Canons et bombardes furent afustés qui dommagèrent la ville. Pluiseurs saillies et escarmuches se faisoient, le siége durant; entre les aultres, en y eult ung dont il fault faire mencion.

Vray est que messire Hector, bastard de Bourbon, manda à ceux de Compiengne que, le premier jour de may, les yroit esmayer; laquelle chose il fist, monta à cheval, en sa compaignie deux cens hommes d'armes des plus vaillans qu'il pot finer, et avec une belle compaignie de gens de pyé; et tous ensemble, chascun ung chapeau de may sur leurs harnas de testes, allèrent devant la porte de Compiengne, nommée la porte de Pierrefons; et avec eulx portoient une grant branche de may, pour les esmayer, ainsi que promis l'avoient.

---

1. M.P. et L., « très voluntiers — le recepveroient. »

Les chevaliers et escuyers, avecques eulx les aultres, qui dedens la ville estoient, qui savoient ceste venue, s'estoient préparez, armez et ordonnez; et pluiseurs, montez et armez, ouvrirent la porte et firent une saillie sur le bastart de Bourbon et sur ses gens. En laquelle saillie y eult maintes belles armes faictes ; dont pluiseurs, tant d'un costé comme d'aultre, y furent bléchiés et navrez; et si en y eult de mors en la place. Et, de fait, ot le bastart de Bourbon son cheval tué soubz luy; et, sy n'eust eu bonne ayde, eust esté mené prisonnier dedens la ville. Touteffoiz, il fut très bien secouru, et sans grant perte retourna en son logis, luy et les siens.

Quant ceulx de la ville se veirent asségié, et le roy devant eulx à si grant puissance, ilz conclurent d'envoyer devers le duc de Bourgoingne, luy requérant se de luy auroient secours, ou quelle chose il luy plairoit qu'ilz feissent. Le duc de Bourgoingne véant que le roy estoit en personne, et qu'il n'avoit point gens prestz pour lever le siége, leur manda que ilz feissent traictié et appointement le plus honnourablement que faire se povoit. La responce du duc de Bourgoingne venue à ceulx de Compeingne, trouvèrent manière de parlementer à ceulx du siége ; et tant fut exploictié que la ville seroit rendue au roy, par ainsi que tous les gens de guerre, qui dedens estoient, s'en yroient où bon leur sembleroit, à tout leurs biens, et généralement, à tous ce qui leur appertenoit ; et, quant aulx habitans de la ville, ilz demouroient en corps et biens saufz ; et si auroient pardon, moyennant que ilz cryeroient merchy au roy. Et, par ainsi, fut la ville de Compeingne rendue au roy ; qui fut le vij^e jour du moys de may, l'an mil IIII^c et XIIII. Icelle reddition faicte, et les Bourguignons widiés, lesquelz s'en allèrent ou pays d'Artois, le roy et le duc de Guienne entrèrent dedens la ville, où ilz furent faisant bonne cheire par aucun temps.

Pendant ce temps, le conte Walleran de Saint-Pol, entre Amiens et sa ville de Saint-Pol, chéy de son cheval si ruddement qu'il se rompit la jambe; et, pour icelle adventure, ne se arma point en icelle armée; dont les aucuns dirent[1] que il faignoit estre bleschié, affin de estre excusé d'aler au mandement du roy. Et pareillement estoit requis du duc de Bourgoingne que il l'allast servir; et ainsi, par la blèchure ou aultrement, ne servy ne l'un ne l'autre. Et pareillement, messire Jaque de Castillon, seigneur de Dampière, admiral de France, se tint toute la saison en son castel à Roulencourt, où on disoit que il estoit mallade; et, pour icelle année[2], ne servy le roy ne le duc de Bourgoingne. Touteffoiz, la pluspart de leurs gens furent au service du duc de Bourgoingne.

CHAPITRE XLVII.

Comment Soissons fut assiégiée par le roy, prinse et pillée, les églises violées et de grandz crimes perpétrés.

Après la prinse de Compiengne, le roy prinst son chemin pour aller devers Soissons, avec toute son

---

1. M.P. et L., « *dient*. »
2. M.P. et L., « *armée*. » Notre manuscrit avait aussi *armée*; mais ensuite le mot a été rayé, et l'on a écrit au-dessus, *année*.

armée. Si exploitta tant que il se trouva devant la cité de Soissons, dont, pour le duc de Bourgoingne, estoit capitaine Enguérant de Bournonville, non obstant que il y eust dedens la ville pluiseurs grans seigneurs. Le roy se loga en une abbaye nommée Saint-Jehan des Vignes, le duc de Guienne à Saint-Crespin, et les aultres princes tout entour, le mieulx que porent ; et, de l'autre costé de la rivière, estoit logié le conte d'Erminacq. Au prendre le siége eult des grans escarmuches ; car ceulx de dedens faisoient ardoir et démolir églises, maisons, et aultres édiffices. Ce non obstant, on n'y laissa point pourtant à logier. Le roy fist sommer ceulx de la ville, comme leur souverain seigneur ; mais les gens du duc de Bourgoingne n'en vauldrent riens faire, espérans d'avoir secours du duc de Bourgoingne.

Après ce, furent appoinctées bombardes et canons, dont la ville fut très fort battue et très fort approchiée. Dedens la ville de Soissons estoient de xl à l Englois, entre lesquelz avoit de très bons archiers. Sy advint que, en une saillie que ceulx de la ville firent, messire Hector, bastard de Bourbon, à l'escarmuche et au rebouter ceulx dedens la ville, fut navré d'une flesche parmy le gorgerin qui fut faulsé tot oultre, tant que le fer de ladicte flesche entra dedens la gorge de messire Hector. De laquelle bléchuere il alla de vie à trespas ; dont le duc Jehan de Bourbon fut moult courouchié et merveilleusement desplaisant ; et aussi furent la plus grant partie de ceulx de l'ost. Et, si il fut fort plains, ce ne fut pas merveille ; car, à vérité dire, c'estoit l'un des vaillans chevaliers de la compaignie ; et ne sçay point se plus vaillans y avoit.

Depuis la mort du bon messire Hector, ne fina le duc de Bourbon de pourchasser la destruction de ceulx de la ville de Soissons, tant par battures de canons, d'approches, que aultrement. Et, de fait, fist tant que journée fut prinse de l'assaillir, et ordonnance faicte que chacun feist pourvéance de grandes et longues bourrées, pour gecter dedens les fossez; et tant fut procédé que la ville fut assaillie, eschielles dreschiés aux murailles, pour combattre main à main. A merveilles, fort fut la ville assaillie, aussi bien deffendue.

Le duc de Bourbon, qui mortellement hayoit ceulx de la ville, fut de ceulx montans aux eschielles, et combattant main à main; et, en combattant, fut abatu de hault en bas, d'un cop de hache; dont il fut si fort grevé que on cuidoit que il fust mort. Et fut porté en son logis en tel estat qu'il ne congnoissoit ne homme ne femme. Pour laquelle bléchure, tant pour entendre à luy, à l'emporter, que pour la vaillance de ceulx de dedens, l'assault fut de tous poins délaissié; et se retrayoit chascun. Mais, ne demoura guaires que on commença à cryer « Ville gaingnie! » Dont tous ceulx qui estoient du costé vers Saint-Jehan des Vignes furent moult esmerveilliés; car desjà estoient tous retrais. Mais, est vray qu'il y avoit dedens la ville de Soissons aucuns Anglois qui avoient eu débat et noize en la ville; duquel débat n'avoient point eu le meilleur. Pour laquelle cause ilz avoient conceu hayne à pluiseurs qui dedens la ville estoient; et, pour eulx vengier, trouvèrent fachon de parler à aulcuns Anglois Bourdelois de la compaignie du conte d'Erminacq. Et tant y en bouttèrent que ilz furent maistres de la ville; car jamais ceulx de la ville ne se fussent doubtez que leur ville eust esté prinse par là ; car la rivière estoit entre deulx, et, sans ouvrir la porte[1] qui murée estoit, et sans avaler le pont, ou la planchette, estoit impossible de par là prendre la ville.

Or, est ainsi que quant les gens du conte d'Erminacq se trouvèrent puissans dedans la ville, commencèrent à cryer « Erminacq ! Erminacq ! Ville gaignie ! » Laquelle chose pluiseurs des gens de guerre, qui là estoient, ne povoient croire ; et, de fait, en furent pluiseurs prins et mors ; lesquelz furent trouvez en la garde qui leur estoit ordonnée pour la ville deffendre. Quant Enguéran vit la mal adventure, il se cuida deffendre ; mais sa deffence guaires ne luy valut ; et fut prins et fort bleschié à prendre. Entre lesquelles blécheures en avoit une au front, dont il estoit fort bleschié. Quant ceulx du costé Saint-Jehan des Vignes oyrent le bruit et le cry en la ville, véans la muraille abandonnée et encore la pluspart des eschielles dreschiés, saillirent ès fossez et montèrent à mont la muraille, qui plus n'estoit deffendue. Ainsi que vous advez oy, fut la ville de Soissons prinse.

Or, fault parler de la pitié et cruaulté qui en la ville fut faicte. Premièrement, furent bien, que mors que prins en la place, que testes coppées que pendus, bien de mil à douze cens. En après furent toutes les églises violées, casses[2] et relicquaires rompus ; les ocellemens des corps sains gectez dehors ; le corps de Jhésu Christ

---

1. M.P. et L., « eust esté prinse par là — et sans ouvrir la porte. »

2. L. fait, de ce substantif, l'adjectif ou participe *cassées*, qu'il accorde avec *églises*. Ce ne peut être qu'une inadvertance qui a été trop fidèlement suivie dans l'édition Buchon.

hosté hors des vaisseaulx, qui estoient dedans le tabernacle, pour avoir yceulx vaisseaulx ; femmes efforcées devant leurs maris, et aucunes des notables femmes qui se retrayrent dedens les églises ; les enchaintes, de paour et de tristesse, enfanter sans terme, dont les enffans n'avoient point de vie ; et n'estoit point à croire que oncques telles cruaultez fussent faictes en ville nulle ; et, avec ce, fut toute la ville nettiée, nettement widiée et pilliée. Le vaillant escuier, Enguéran de Bournoville, il eust la teste trenchie, messire Pierre de Menau, et pluiseurs aultres ; et avec ce furent de cent à vj^{xx}, tant Anglois comme aultres, pendus.

Après celle destruction, le roy fist dilligemment enquérir qu'estoient[1] devenuz les ocellemens des corps sains ; et avec ce fist cryer que nulz, de quelque estat, ne les transportast hors de la ville. Par lequel moyen, aussi par argent qui en fut donné, furent pluiseurs corps sains et relicquiaires remis ès églises ; et, avec ce, pluiseurs notables femmes, qui par nobles hommes avoient esté menées en la garde du duc de Guienne, furent ramenées en leurs maisons ; et, avec ce, furent ordonnez gens des plus notables pour retraire le peuple de la ville, tant prisonniers que ceulx qui s'en estoient fuyz, ausquelz le roy donna pardon. Et, par ainsi, se retrayrent pluiseurs de la cité.

Après ces ordonnances faictes, le roy se party de la ville de Soissons, en prenant son chemin vers la cité de Laon, où il fut bien l'espasse de xv jours. Et là alla devers luy Phelippe, conte de Nevers, frère du duc de

---

1. M.P., « fist dilligemment — qu'estoient. » L. a rempli la lacune par le verbe *cherchier*.

Bourgoingne, lequel fist son traictié envers le roy, tel que le roy n'yroit ne envoyeroit en sa conté de Réteil, ne aussi en aultre terre et seignourie que il eust. Laquelle chose le roy lui accorda, par ainsi que il n'aideroit ne conforteroit, en quelconcque manière, le duc de Bourgoingne, son frère. Puis, après ce traictié fait, s'en alla le conte de Nevers en sa ville de Maizière[1] sur Meuze. Le roy, estant à Laon, fist publyer nouveaux mandemens pour avoir gens de guerre.

CHAPITRE XLVIII.

Comment la contesse de Haynnau, seur du duc de Bourgoingne, alla à Saint-Quentin vers le roy, pour traictier la paix, qui alors ne se peult trouver.

Le XVe jour de juing, se party le roy de Laon, et alla en sa ville de Saint-Quentin. En laquelle ville alla devers luy la dame de Haynnau, seur du duc de Bourgoingne, pour traictier la paix; mais, quelle remonstrance qu'elle sceusist faire, riens ne s'i peult traictier; et prinst congié du roy, et s'en retourna en Haynnau. Le roy[2], estant à Saint-Quentin, ouy nouvelles que les Bourguignons de la duchie et conté, en très belle compaignie, s'en alloient tout droit au païs de Haynnau, pour servir le duc de Bourgoingne. Pour laquelle cause, le duc de Bourbon, le conte d'Eu et messire Charles de Labreth, furent ordonnez pour tirer sur les

---

1. M.B., « *Maizien.* »
2. M.P. et L., « et s'en retourna — le roy. »

Bourguignons et les ruer jus. Et tant chevauchèrent qu'ilz les trouvèrent à ung passage qui se nomme le Pont à Merbe, ou pays de Haynnau. Les Bourguignons estoient en [très] belle compaignie. Or, est ainsi que les Bourguignons desjà avoient passé le Pont à Merbe, excepté le Veau de Bar qui conduisoit le charroy, qui se mist à deffence, et très vaillamment combaty. Mais, gueires de gens n'avoient avec luy, et ses adversaires estoient bien quatre mille. Sy fut là prins, et bien quarante ou cincquante avec luy; et les aultres se saulvèrent et prinrent leur chemin droit à Bruxelles en Brabant.

Or, est vray que le roy, après ce qu'il ot envoyé son avant-garde sur les Bourguignons, se party de Saint-Quentin, en tirant après ses gens, et fu jusques à ung gros village nommé la Chapelle en Terrasse. Mais, quant il sceut que son avant-garde retournoit avec leur prinse, il retourna à Saint-Quentin; et tantost après alla à Péronne, où il fut longhe espasse; et puis, de tous poins, conclud d'aller asségier Bappasmes et Arras. Mais, avant son partement, avoit esté le duc de Bourgoingne en la ville de Perronne, et aussi les ambassades des quatre menbres du pays de Flandres; et ceulx quatre menbres pour trouver la paix du duc de Bourgoingne. Mais, pour abrégier, riens n'y firent et retournèrent tous en leur pays, très desplaisant qu'ilz ne povoient trouver l'appoinctement du duc de Bourgoingne devers le roy[1]. Quant le duc de Bourgoingne sceult que il ne povoit avoir sa paix, il con-

---

1. M.P. et L., « pour trouver la paix du duc de Bourgoingne — « devers le roy. »

clud de soy deffendre contre ses ennemis, tousjours réservant la personne du roy et du duc de Guienne. Et, de là en avant, fist provision pour la garde de ses villes et forteresses de la conté d'Artois et ailleurs.

CHAPITRE XLIX.

Comment le duc de Bourgoingne pourveist de capitaines ses villes de la conté d'Artois et frontières.

A Douay, [le duc de Bourgoingne]¹ ordonna capitaine des gens de guerre messire Gauttier de Ruppe. De la ville d'Arras fut capitaine généralle messire Jehan de Luxembourg, lors josne chevalier; avec luy le seigneur de Roin, le seigneur de Noyelle, messire Jehan Bonnier, gouverneur d'Arras, Alain de Vendosme, et pluiseurs aultres, jusques au nombre de vj cens hommes d'armes, et vj cens hommes de traict. En la cité lez Arras estoient le seigneur de Montagu, monseigneur de Vienne, le bastard de Granson² et aultres, jusques au nombre de vj cens hommes d'armes; et, de la ville et communaulté d'Arras, estoit capitaine le seigneur de Beaufort. Et, pour venir à parler du roy, vray est qu'il se party de Péronne, le xx⁰ jour de juillet, et s'en alla logier à Miramont et ès villages d'entour; et l'endemain [xxj⁰ de juillet, le roy vint] devant Bappasmes.

---

1. M.P. et L.
2. M.P. et L., « *Garnison*. » Notre manuscrit avait d'abord, aussi, *Garnison* qui a été ensuite corrigé par « *Granson*. »

CHAPITRE L.

Comment Bappasmes fut assiégée, et rendue au roy par traictié et appoinctement.

Mais, promptement que le roy et ses gens se trouvèrent en la conté d'Artois, ilz desployèrent banières, disans qu'ilz estoient ès terres de leurs ennemis ; et si faisoient porter le roy l'orryflambe, comme il eust fait sur les Sarrazins. Toutesvoies, l'orriflambe n'estoit point desployé, mais le portoit ung chevalier en esquierpe. Quant le duc de Bourbon, qui estoit chief de l'avant-garde, se trouva devant Bappasmes, il fist de sa main pluiseurs chevaliers ; entre lesquelz y fu fait le conte d'Eu ; et pareillement en fist le roy, quant devant la ville fut arrivé. Et après ce qu'il ot fait pluiseurs chevaliers, le seigneur de Boissay et le seigneur de Gaucourt, pour ce voyage mareschaulx ordonnans les logis, menèrent le roy logier en une abbaye assez près de la ville de Bappasmes, et en hault lieu, sans rivières, ne fontaine nulle. Et, si estoit en temps d'esté que il faisoit chault et secq ; pour quoy les marez furent tantost tout secq. Et falloit aller, plus de trois lieues long, quérir l'eaue à la rivière auprès de Miraumont ; qui estoit une grant paine. Si se advisèrent aucuns de faire perchier nouveaulx puichs ; tant en firent que on avoit son cheval abeuvré, le jour, pour ung petit blancq.

Advint que le duc de Guienne manda le capitaine de Bappasmes ; c'est assavoir Ferry de Hangest, avec luy messire Jehan de Jeumont et Adam d'Avelus, ausquelz il demanda pourquoy ilz ne faisoient ouverture au roy, leur souverain seigneur. Sy respondirent, très humblement, que ilz le gardoient pour le roy et pour luy, par le commandement du duc de Bourgoingne, qui ainsi leur avoit baillié en garde; en requérant au duc de Guienne que on leur donnast terme de viij jours, pour envoyer devers le duc de Bourgoingne, qui ainsi leur avoit baillié en garde. Pendant lequel temps ilz requirent trèves; laquelle requeste leur fu accordée. Sy fut envoyé devers le duc de Bourgoingne pour luy remonstrer la grant puissance qui estoit devant la ville de Bappasmes, laquelle estoit très mal pourveue de tous vivres et habillemens de guerre. Pour laquelle cause, le duc de Bourgoingne conclud et fut content que ilz rendissent la ville et le chausteau au roy et au duc de Guienne, moyennant leurs corps et biens saufz, et ainsi de ceulx de la ville; et fut ainsi fait, et la ville rendue, et aussi le chastel, au roy. Mais, au traictié faire[1] furent réservez ceulx de Paris, s'aucuns en y avoit. Le jour et l'heure fut ordonné du partemen des Bourguignons, lesquelz furent visitez et regardez se en leur compaignie n'avoit nulz Parisiens. Si en y fut trouvé trois en habillemens de varletz, portans bachinés avec leurs maistres, affin qu'ilz ne feussent congneuz. Toutesvoies, riens n'y valu; car ilz furent recongneus, et puis eulrent les testes trenschées. Et en ce propre jour fu publyé, à son de trompe, que tout homme, de quelque estat qu'il fuist, marchans ou aultres, repairant en l'ost du roy, portast la droicte croix et la bende, sur paine de confisquier corps et biens.

---

1. M.P. et L. n'ont point « *faire.* »

CHAPITRE LI.

Des préparations que ceulx d'Arras feirent pour la garde de la ville et cité, attendans le siége du roy.

Alors, le duc de Brabant et la contesse de Haynnau estoient à Cambray, qui envoyèrent devers le roy, luy requérant de povoir venir devers luy ; mais le roy ne les volu pas, et fut content d'envoyer devers eulx son ambassade ; c'est assavoir le baron d'Ivry[1] en Normandie, le seigneur de Ligne, de Haynault, bien instruis pour communiquier avec le duc de Brabant et la dame de Haynnau. Mais nullement ne se porent acorder, et revindrent devers le roy. Le duc de Brabant et la dame de Haynnau s'en retournèrent devers le duc de Bourgoingne. Après le siége de Bappasmes, ceulx de la ville d'Arras s'atendirent, tout sceurement, d'avoir le siége, comme ilz eulrent ; et, sachans la grant puissance que le roy avoit, firent grans préparacions pour eulx deffendre et fortyffier leur ville de bollowers fais, au devant des portes, de gros chesnes plantez par grand maistrise, barer et fossoyer en divers lieulx. Et si se prouvirent[2] de toutes aultres choses à eulx nécessaires ; et, avec ce, firent ordonnances que messire Jehan de Luxembourg, leur capitaine, fist publier à son de trompe ; c'est assavoir que tous bourgois, manans et habitans de la ville, ou aultres, de quelque estat qu'il fust, se pourveissent, du moins pour six mois, ou qu'ilz

---

1. M. et L. — Nos mss. ont « *Ivoi.* »
2. M.P. et L. — Il y a « *promurent* » dans M.B., avec accentuation de l'*ŭ*.

wydassent la ville, et pareillement les gens de guerre.

Après lesquelles publications, aucuns bourgois et habitans menèrent leurs femmes, enffans et aucuns de leurs biens, ès villes de Douay, Lille, Béthune et aultres lieux où bon leur sembla. En oultre, les capitaines firent abatre et démolir pluiseurs notables églises, maisons et édiffices, tout autour de la ville; c'est assavoir l'abbaye de la Thyeuloie, l'église des Cordeliers, celle des Jaccoppins et aucunes aultres; et pareillement le feirent autour de la ville.

CHAPITRE LII.

Comment le roy assiéga Arras avecques deux cens mil hommes, qui fut approchée et fort battue et vaillamment deffendue.

Ne demoura guaires après que le roy eult envoyé son ambassade à Cambray devers le duc de Brabant; et la contesse de Haynnau, après son ambassade retournée, s'en alla mectre le siége devant Arras, et laissa à Bappasmes messire Gasselin du Bos, capitaine de la ville, qui fist faire le serment à tous ceulx de la ville. Vous avez ouy comment le roy alla asségier la ville d'Arras, à si grant compaignie que on estimoit deux cens mil hommes. Sy fu le roy logié en une maison nommée le Temple, et le duc de Guienne assez près de luy, ès fourbours. Et, du costé de l'abbaye de la Tieulloye, furent logiés le duc d'Orléans, les contes de Vertus et d'Alenchon et le duc de Bar; mais, les plus hounourablement logiés furent le duc de Bourbon et le conte d'Eu ; car ils furent logiez ès fourbours qui se nomme Baudimont, au droit chemin d'Arras à Lille; lesquelz ne povoient avoir que, à très grant paine, secours et ayde de leurs gens; et si estoient à la venue par où la puissance du duc de Bourgoingne povoit venir, sans le dangier[1] des aultres. Mais, ung bien y avoit pour eulx, car leur logis estoit clos de muraille; mais, aussi, estoient ilz en la plaine saillie de la ville et de cité, qui sont deux villes.

Touteffoiz, quelque grant puissance que le roy euist, qui fut estimé ij^c mil, se ne fust oncques la ville si assiégie qu'ilz n'eussent deux portes ouvertes pour entrer et yssir, quant bon leur sembleroit. Auprès d'Arras siet ung petit castel nommé Belle Motte, lequel, durant le siége, par appointement, ne fist point de guerre aux gens du roy; ne aussi les gens du roy ne luy firent point de guerre. Tousjours, toutesvoies, y demourèrent les gens du duc de Bourgoingne, pour ce que la ville d'Arras ne fust point asségie que tousjours[2] ne peussent entrer et yssir, ainsi que devant est dit. Si se faisoient de grans saillies et escarmuches, tousjours à l'avantage des Bourguignons. Entre lesquelles escarmuches s'en fist une envers la porte Saint-Michiel, en la prairie oultre une riverette; c'est assavoir, il se trouvèrent, des gens du roy, de vj à vij^{xx} combatans, qui, par dessus une planchette, passèrent la rivière; laquelle chose ceulx de la ville véoyent. Sy envoyèrent, le plus secrètement que faire se peult, oster la planche; et, ce fait, par une petitte posterne, saillèrent sur les gens du roy. Et quant les gens du roy veirent la puis-

---

1. M.P. et L., « *congier.* »
2. M.P. et L., « ne fut point — que tousjours. »

sance qui venoit sur eulx, cuidèrent retourner ; mais trouvèrent leur passage rompu, et là furent, que mors que prins, de quarante à cinquante. Entre lesquelz fut prins ung gentilhomme nommé Cordellier de Gironne; et l'endemain furent trouvez xx ou plus en la rivière, où la besoingne avoit esté. Et, pour parler des courses et chevauchies que faisoient les gens du roy ou pays d'Artois, ce seroit long à raconter; car tout le pays d'Artois fut si pillié et destruis qu'il n'est point à croire, fors à ceulx qui le veirent[1].

Entre aultres courses, l'un des bastart de Bourbon[2], après la mort de son frère messire Hector, fu envoyé quérir aux escolles, où il estoit à Paris ; et le fist-on venir au siége d'Arras. Et, pour luy baillier bruit et renommée, luy furent bailliez mil combatans, lesquelz allèrent courre à la conté de Saint-Pol, où ilz firent de grans dommages, prinrent et ravirent biens sans nombre, et furent devant la ville de Saint-Pol, où le conte et sa femme estoient, laquelle estoit seur du duc de Bar. Et pluiseurs reproches, desrisions et mocqueries disoient du conte de Saint-Pol; disant qu'il faingnoit estre mallade, affin qu'il n'allast servir le roy, et bien monstroit qu'il estoit Bourguignon, quant il avoit envoyé messire Jehan de Luxembourg, son nepveu, et la pluspart de ses gens au service du duc de Bourgoingne. Et pluiseurs aultres parolles disoient de luy.

Après ce que le bastard de Bourbon fut retourné au

---

1. M.P. et L., « véoient. »
2. Les deux manuscrits et L. ont : « l'un des bastarts de Bour-« bon qui. » La construction de la phrase nous paraît exiger la suppression de ce pronom, que Buchon n'a pas admis.

siége devant Arras, ung aultre capitaine de deux cens combatans allèrent courre devant les villes de Lucheu et de Hesdin, où ilz firent maulx innumérables, tant de bouter feu, comme de prendre prisonniers. Touteffoiz, ceulx de la garnison de Hesdin et d'autres places tenans le party du duc de Bourgoingne, se mirent ensemble et poursuyvirent les Franchois tellement qu'ilz rescourent la pluspart des prisonniers. D'aultre part, les aultres garnisons tenant la partie de Bourgoingne faisoient souvent de grans destrousses. Le duc de Bourgoingne, qui grant désir et voulenté avoit de secourir ceulx d'Arras, se conclud que il se mecteroit en peine de ruer jus l'avant-garde du roy. Et fut jour prins pour ce faire, et fut mandé à ceulx des villes d'Arras et cité, affin que ilz fussent tous prestz pour saillir, le plus grant nombre qu'ilz pourroient.

Au jour qui avoit esté prins, se trouvèrent les Bourguignons quatre mil combattans, desquels estoit capitaine le seigneur de Croy, messire Jehan de Rupple, et pluiseurs aultres, qui chevauchèrent ensemble jusques à trois lieues près d'Arras, où ilz ordonnèrent leurs coureurs, pour aller devant. Desquelz coureurs furent Jacques et Athys de Brimeu frères[1], Loys de Boussu et aultres, qui tous ensemble, de droicte fortune, furent prins des gens du roy et menez au siége. Et pourtant, les gens du duc de Bourgoingne sachant la prinse de leurs coureurs, et doubtant leur emprinse par eulx estre découverte, furent moult troublés, et sans riens besoingnier, retournèrent.

Durant le siége d'Arras, les gens du roy prinrent la

---

1. M.P. et L., « Jacques et Arthus — frères. »

forteresse d'Avesnes le Conte et une aultre forteresse nommée Villers le Chastel, toutes deux séans à quatre lieues d'Arras, où tousjours avoit grant nombre des gens du roy, qui gastoient le pays; et, avec ce, ne se povoit faire assemblée de Bourguignons qu'ilz ne le seusissent pour mander au siége. La ville d'Arras fut merveilleusement battue, et si furent faictes approches et mynnes couvertes et descouvertes, allans jusques aux murs[1] de la cité, où par icelle les gens du roy cuidèrent secrètement entrer dedens. Mais, par une contermine, furent très vaillamment combatus.

CHAPITRE LIII.

Comment armes furent faictes, ès mynnes devant Arras, du conte d'Eu à l'encontre du seigneur de Montagu; et d'aultres armes qui se fierent devant la ville de Lens; et la bonne chière que les parties feirent les ungs aux aultres.

Après ces choses faictes, se firent pluiseurs devises de ceulx de la ville à ceulx de dehors; et tant dirent que armes furent prinses à faire dedens les mines; c'est assavoir de monseur le conte d'Eu à l'encontre de monseigneur de Montagu, capitaine de la cité; et furent les armes condicionnées. C'est assavoir que le seigneur de Montagu devoit estre, dedens les mynnes, armés et

---

1. La bizarrerie d'orthographe, dans les deux manuscrits, est à signaler ici. M.B. écrit « aux mur; » et M.P., ainsi que L., écrivent « au murs. »

enbastonnés de halche, d'espée et de daghe, se bon luy sembloit; et le conte d'Eu, dehors les mynnes, ainsi armé et enbastonné comme l'autre. Et furent les armes ainsi devisées que, se le seigneur de Montagu povoit yssir hors des mynnes, oultre le vouloir du conte d'Eu et par force d'armes, le conte d'Eu estoit tenu[1] de luy donner ung diamant de cent escus. Et, ou cas que le conte garderoit tellement l'issue que le seigneur de Montagu ne pourroit yssir, ledit seigneur de Montagu seroit tenu de luy donner pareillement ung dyamant de cent escus. Ainsi que vous advez ouy, furent les armes faictes; mais le conte d'Eu, qui josne enfans estoit, garda si vaillamment l'issue et le passage que oncques le seigneur de Montagu ne le peult[2] conquester. Et, de fait, paya voulentiers le dyamant qu'il fist présenter au conte d'Eu, pour donner à sa dame.

Durant icelluy siége, avoit à Lens, en Artois, garnison de vaillans chevaliers, escuiers et vaillans hommes. Or, est vray que les gens du roy alloient souvent courre devant la ville et chastel de Lens, et ou pays environ. Sy se prindrent à deviser, les uns aux aultres, de rompre leurs lances; et tant que, en pluiseurs devises, se meist sus une entreprinse de quatre nobles hommes Franchois, contre quatre nobles hommes Bourguignons; esquelles armes chascun devoit estre armé et monté ainsi que[3] bon luy sembloit, et de telz lances et fers,

---

1. M.P. et L., « oultre le voullunté du conte d'Eu — estoit « tenu. »
2. M.P. et L., « *sceust.* »
3. M.P. et L., « armez — ainsi que. »

que chascun vouldroit porter; mais, qu'ilz fussent de mesure.

Or, vous advez oy comment le bastard de Bourbon, josne enfant, pour ce que le duc de Bourbon désiroit luy baillier bruit et congnoissance, le fist chief des quatre Franchois; et, de la partie des Bourguignons, fut capitaine ung très puissant et bel chevalier, nommé Cotte Brune, qui depuis fut mareschal de Bourgoingne; et en sa compaignie trois nobles hommes natifs du royaulme de Portingal, lesquelz estoient serviteurs du duc de Bourgoingne. Et se fist l'assemblée, à plains champs, entre Arras et la ville de Lens. Et, ce jour de l'assemblée, fut le bastard de Bourbon bien accompaignié de chevaliers et escuiers, lesquelz avoient sceurté et saufz conduit du duc de Bourgoingne; et pareillement l'avoient, les Bourguignons, du roy.

A l'assembler, s'entrefeirent grant feste, tous, excepté ceulx qui les armes faisoient, qui ne parlèrent les ungs aux aultres jusques aux armes faictes. Cotte Brune, qui grant et puissant estoit, avoit fait aporter grosses lances à merveilles, et les plus beaulx fers de lances que jamais on povoit veoir. Mais, quant il sceult que il avoit affaire à ung enffant, il trouva manière d'avoir lances gracieuses, desquelles il fist ses armes à l'enconstre du bastart de Bourbon, si gracieusement que nulz ne fu bleschié. Après le bastard de Bourbon et Cotte Brune, fist armes Alardin de Monsay, lequel estoit monté sur ung moult beau destrier que le duc Loys de Bavières avoit donné au duc de Guienne. Allardin de Monsay, qui dessus estoit, fist armes contre ung Portingalois; et, à chascune course que ledit Allardin couroit, désarmoit son homme du cop de lance ; et jusques à quatre courses¹ le fist. Mais, à la v^{e²}, le Portingalois assist la lance droit au milieu de la teste du bon cheval que Allardin chevauchoit ; duquel cop je oy³ dire que il morut : et, par ainsi, Allardin et son compaignon n'en firent plus.

Le iij^e se nommoit Virennes, escuier du duc de Bourbon, qui fist ses armes contre ung Portingalois, qui furent merveilleusement ruddes ; et, à la vj^e course, le gentil homme Franchois eust l'espaulle sénestre perchie⁴, et la lance rompue dedens le harnas. Et par ainsi n'en firent plus. Le iiij^e estoit aussi de l'ostel du duc de Bourbon, et se nommoit Congnet, qui fist aussy contre ung Portingalois ; lesquelz feirent tant ruddement que merveilles estoit à les veoir. Le Portingalois estoit monté sur ung bon destrier et bel, lequel chut en la place tout mort, sans savoir de quoy ce fust, synon que, au cheoir, il eult le col rompu. Touteffoiz, le Portingalois renouvella de cheval, et parfirent leurs courses ; mais, à la derraine course, le Portingalois assist la lance en la celle du Franchois, laquelle fut faulsée toutte oultre et le harnas jusques au sang. De laquelle blécheure fut grant bruit ; et disoient les Bourguignons qu'il estoit mors. Touteffoiz, je ne sceus oncques riens que ainsi fust ; et, s'il morut, ce ne fut pas d'ung mois après ; car il s'en r'ala du siége avec le duc de Bourbon son maistre.

Après les armes faictes, chevaliers et escuiers

---

1. M.P. et L., « quatre *cours.* »

2. L. a fait, assez singulièrement, de ce chiffre romain, le mot *vérité;* et Buchon n'a pas manqué de le suivre.

3. M.P. et L., « *j'ay* ouy. »

4. M.B., « *percheu.* »

s'entremirent en faisant telle chière que merveilles ; et avoient chascune des parties fait venir vin et viandes ; et là y avoit tentes et pavillons, où tables furent mises, et aussi les queues de vin effonsées sur les bous ; et Dieu scet la chière que chascun faisoit l'un à l'autre. Le bastart de Bourbon et Cotte Brune s'entredonnèrent dons de chevaulx et d'aucuns gracieulx habillemens de guerre. Là estoit Louvelet de Masinguehem, escuier d'escuirie du duc de Bourgoingne, qui portoit ung manteau tout chargié de blans doublés qu'il donna aux officiers d'armes du party du roy ; puis, preindrent congié les ungs des aultres, bien et doulchement ; et retournèrent chascun en son party.

CHAPITRE LIV.

Comment la paix fut traictée et accordée entre le roy et le duc de Bourgoingne, au siége devant Arras ; et du désordre ; qui fut au deslogement, à l'occasion du feu qui fust ès logis de l'ost.

Ne demoura guaires après, que le duc de Brabant et la contesse de Haynnau, sa sœur[1], vindrent au siége d'Arras, devers le roy ; et, avec eulx, les trois estas de Flandres, qui moult désiroient la paix. Quant ilz furent arrivez devers le roy, ilz furent du duc de Guienne très joyeusement receuz, et, pour encommenchement de venir à paix, furent prinses trèves entre les deux parties. Sy se misrent ensemble les gens du roy avec

---

1. Notre manuscrit dit, par inadvertance, « sa *femme*. »

le duc de Brabant, pour communiquier la paix qui très nécessaire estoit et pour le roy et pour le duc, et, par espécial, pour le pouvre peuple : car, non obstant que le roy avoit une merveilleuse puissance, toutesvoies, n'estoit la ville d'Arras si asségie qu'ilz ne povoient, quant affaire en avoient, avoir nouvelles gens et pourres et artillerie menues que ilz avoient souvent. Et, quant au duc de Bourgoingne, les garnisons que il tenoit en pluiseurs ses bonnes villes luy coustoient merveilleuses finances ; pour lesquelles causes la paix en estoit plus légière à faire. Si fu, par la grace de Dieu, la paix lors traictie ; dont pluiseurs furent joyeulx. Laquelle paix fut publiée, à son de trompe, le mardi iiij^e jour de septembre, devant les tentes du roy, environ vj heures [1] après disner ; et, par le cry, fut expressément commandé, sur peine d'encourir l'indignacion du roy, que les bendes fussent ostées ; et aussi les gens du duc de Bourgoingne devoient oster la croix Saint-Andrieu.

En l'ost du roy s'estoit frappée une malladie de flux de ventre, dont estoit mort messire Amer de Salbruse, et pluiseurs aultres notables gens : et, à ceste heure, en estoit mallade le duc Loys de Bavière, le connestable de France et aucuns de leurs gens ; pour laquelle cause le traictié s'en conclud plus légièrement. Et fut le traictié tellement fait que, pour l'honneur et révérence du roy, le conte de Vendosme entreroit dedens la ville d'Arras et la cité, pour prendre l'obéissance d'icelles ; et sur les portes mecteroit les banières du roy. Et pour ce que toutes les sceurtez pour l'entrete-

---

1. M., « *huit* heures. »

nement de la paix ne se ¹ pourrent là baillier, ne d'un
costé ne d'aultre, si fut ordonné, par le roy et son
conseil, au duc de Brabant, à la dame de Haynnau et
aux trois estatz de Flandres, qu'ilz fussent à certain
jour en la ville de Senlis devers le roy, ou ses commis.
Ces choses furent faictes, et la paix cryée et publiée,
comme vous advez ouy.

L'endemain que la paix avoit esté ainsi cryée,
aucune gens de guerre, désirans d'aller devant la
puissance du roy, se deslogèrent dès la mynuit, et, à
leur deslogement, bouttèrent le feu en leur logis. Or
estoient, de mal adventure, les logis au dessus du
vent, lesquelz tenoient ensemble couvers de paille : sy
furent en peu d'heure alumez par telle fachon que ung
chascun avoit assez affaire à sauver son corps. Et là
y ot ung desroy si grant que oncques, en ost de prince,
ne feust veu le pariel ² : car là y ot ars prisonniers,
gens mallades, harnois ³ de guerre, chevaulx, tenttes
et pavillons, en si grant nombre et si belles que en ce
temps oncques ne furent veues plus belles, ne plus
riches. Et fut le feu si grant que, hastivement et devant
le jour, failly faire lever le roy de son lit, non obstant
que le feu se preist bien arrière de son logis. Le duc
de Bar, le conte d'Erminacq et pluiseurs aultres, s'armèrent et se mirent aux champs et en belle bataille
et ordonnance; dont les aucuns furent ordonnez devant
trois des portes d'Arras; car, non obstant la paix cryée,
si ne se fièrent pas trop fort en ceulx de la ville.

---

1. M.P. et L. omettent « ne se. »
2. M.P. et L., « que oncques eult en ost de prince, et ne fut veu
« le pareil. »
3. M.P. et L., « harnas. »

Que vous dyroie-je? Ce fu le plus désordonné partement que oncques fut veu; et, sans pourveoir à leur artillerie, vivres de marchans et ce qu'il couvenoit à l'ost, ung chascun s'en alla, excepté le duc de Bourbon et le conte d'Eu, qui estoient logiez de l'autre costé de la ville, qui se délogèrent en belle ordonnance et firent l'arière-garde.

Après icelluy deslogement tel que vous advez oy, yssirent ceulx de la ville qui tant de vivres trouvèrent que à merveilles, tous habandonnez des marchans à qui ilz estoient; lesquelles vivres, avec l'artillerie du roy qui sans garde estoit demourée, feirent mener dedens la ville; laquelle artillerie fut depuis renvoyée quérir de par le roy. Mais, tout ne revint pas; car la pluspart fut perdue. Ainsi que vous advez oy, se desloga le roy et toute sa compaignie de devant Arras, et retourna droit à Paris.

La roynne et la ducesse de Guienne estoient en ung castel, au dehors de Paris, séant sur Saine, entre Montmartre et Saint-Denis, nommé Saint-Huymon. Le roy alla là descendre : aussi fist le duc de Guienne; et les aultres allèrent logier à Paris, et de là se retournèrent chascun en son pays.

CHAPITRE LV.

Le contenu des articles de la paix, qui fut jurée par le duc de Brabant, la contesse de Haynaulx et les députez du duc de Bourgoingne, d'une part; et, d'aultre, par le duc de Guienne, le duc d'Orléans et le duc de Bourbon et aultres.

Et pour venir à parler du traictié fait devant Arras, où le duc de Brabant et la contesse de Haynnaut, sa seur, estoient pour le duc de Bourgoingne; lesquelz avoient de luy bien ample povoir, pour pacifyer, accorder et obligier le duc de Bourgoingne à tout ce que ilz le vouldroient obligier touchant laditte paix et traictié qui là fu fait. Lesquelles choses furent traictiez en la présence du duc de Guienne, qui fut tel qu'il s'ensieult, ou en substance :

« Premiers, fut ordonné, pour ce que ou temps passez sont advenuz pluiseurs dommages ou royaulme de France, contre le plaisir du roy et de son filz, le duc de Guienne, que, en toute humilité, humblement leur supplieront lesdis de Brabant, dame de Haynnau et depputez de Flandres, ou nom du duc de Bourgoingne, et comme ses procureurs de luy fondez souffissamment, que en toutes choses où le duc de Bourgoingne a défailli, depuis la paix faicte à Ponthoise, où le roy et le duc de Guienne pevent avoir prins desplaisance, ilz leur veullent pardonner et en leur bonne grace et amour le recepvoir. En oultre, iceulx traicteurs dessus nommez bailleront ou feront baillier au duc de Guienne, ou à ses commis, les clefz de la ville d'Arras et cité, et aussi de toutes aultres bonnes villes et forteresses ou royaulme de France, appertenans au duc de Bourgoingne; esquelles le roy, ou son filz, mecteront baillifz, capitaines et aultres officiers, telz que bon leur semblera, sans pour ce enfraindre la paix. En après, fera le duc de Bourgoingne délivrer au roy, ou à ses commis, le chastel du Crotoy, et de fait le remètera en sa main.

« Item, le duc de Bourgoingne sera tenu de mectre

hors, et eslongier de luy et de sa famille, aucuns lesquelz sont en l'indignacion du roy et du duc de Guienne, sans plus les sousténir en nulz de ses pays ; et luy seront iceulx déclarez et bailliez par escript, en tempz et en lieu.

« Item, toutes terres, prinses et mises en la main du roy, des vassaulx, subgectz, bien veullans, aliez et favorissans du duc de Bourgoingne, de quelque estat qu'ilz soient, pour l'occasion de ceste guerre, seront mises et restituées en iceulx ; et aussi tous banissemens et appellacions faiz à la cause devant dicte seront mis à néant. Et pariellement, se le duc de Bourgoingne a mis ou fait mectre aucunes terres ou seignouries, ou biens quelconcques en sa main, des favorissans, ou de ceulx qui ont servi le roy en ceste présente armée, de quelque estat qu'ilz soient, seront mis à plaine délivrance.

« Item, combien que lesdis traicteurs ayent affermés au roy et au duc de Guienne, que le duc de Bourgoingne n'a nulle confédéracion ou alliance aux Anglois, néantmoins pour oster toute souppechon, les dessus nommez pour le duc de Bourgoingne prometteront que, doresnavant, il ne procédera ne fera procéder par manière d'alliance avec les Anglois, se ce n'est par le congié et licence du roy et du duc de Guienne.

« Item, quant à la réparacion de l'onneur du duc de Bourgoingne, pour ce que pluiseurs lettres ont esté faictes en pluiseurs lieux de ce royaulme, envoyez dehors, lesquelz le duc de Bourgoingne dist estre à sa charge et deshonneur, est ainsi que après ceste paix faicte et que le roy sera à Paris, disposera aucuns de son conseil avec aucuns des gens du duc de Bourgoingne telz qu'il lui plaira à commectre, et aviseront ensemble, premiers saulf l'onneur du roy, telles [lettres] que faire se pourront, à la descharge et réparacion du duc de Bourgoingne.

« Item, promettera le duc de Bourgoingne que jamais ne fera ne procurera estre fait par lui, en appert ne en couvert, aucun mal, destourbier, ou empeschement aux vassaulx et officiers du roy qui en ceste querelle l'ont servi, tant en personnes que soubz aultres capitaines de leur compaignie; ne aussi aux bourgois de Paris ne aux aultres habittans, par voye de fait ne par aucune manière ou occasion dudit service, empeschement ne fera, ne d'estre fait ne procurera.

« Item, le roy veult et ordonne, pour tousjours tenir ses subjectz en vraye obédience, comme ilz doivent estre tenus, que le traictié de Chartres et aultres traictiez, qui depuis ont esté fait, soient fermement et sans corruption gardez; et que, se aucune chose y a à garder, à parfaire et réparer, que de l'un et de l'autre soient faiz et réparez.

« Item, pour la sceureté des choses dessus dictes, estre fermement tenues et acomplies par le duc de Bourgoingne, le duc de Brabant et la dame de Haynnau et les dessusdis depputez jureront, ou nom du duc de Bourgoingne, par tous les pays, que le duc de Bourgoingne [tiendra] fermement et gardera perpétuellement ceste bonne paix, sans désormais faire venir ou procurer, pour lui, ou pour aultruy, aucune chose au contraire. Et, ou cas que le duc de Bourgoingne commencheroit aucune chose, en appert ou en couvert, contre la teneur et traictié de ceste bonne paix, iceulx duc et dame ne luy feront ne donneront aucune ayde, ne conseil de corps ne de pécune, en quelque manière que ce soit ; veu aussi que les seigneurs du sang du roy et aultres, et bonnes villes de ce royaulme feront semblablement serment ; et de ce, les dessus dis bailleront bonnes lettres et compétentes à l'ordonnance du roy et de son conseil. Et, avec ce, prometteront le duc de Brabant et dame de Haynnau que les depputez feront léalment leur povoir à faire semblablement jurer et promectre par ceulx d'Arras, et les nobles et aultrez qui sont dedens, à tenir les choses dessus dictes, et aussi ceulx qui, pour le présent, sont en la compaignie du duc de Bourgoingne. »

Après lesquelles choses traictées et mises par escript, affin que mieulx fussent entretenues, jurèrent et firent serment les parties acomplir et entretenir le traictié loyaulment et fermement. Et, premiers, jurèrent le duc de Brabant et dame de Haynnau, avec eulx les depputez, eulx faisant fors du duc de Bourgoingne, bien veullans et aliez, comme dit est. En après que iceulx eulrent fait le serment en la présence du duc de Guienne et de pluiseurs auitres princes et grant conseil du roy, le duc de Guienne jura et fist serment solempnel de entretenir la paix et traictié dessus dis ; et puis, appella Charles, duc d'Orléans, son cousin germain, en luy requérant qu'il vousist jurer la paix et traictié dessus dis. Lequel d'Orléans s'enclina bien bas, en disant au duc de Guienne : « Monseigneur, je ne suis pas tenu « de faire serment ; car je ne suis venu seullement que « pour servir monseur le roy et vous. » Et alors le duc de Guienne luy dist : « Beau cousin, nous vous « pryons que jurez la paix. » Et encoires le duc d'Orléans dist une foiz : « Monseigneur, je n'ay point rompu « la paix, et ne doye pas faire serment : plaise vous

« estre content. » Ausquelz parolles, derechief pour la tierce foiz, luy requist le duc de Guienne pour ce faire. Et adont le duc d'Orléans, par grant couroux, dist : « Monseur, je n'ay pas rompu la paix, ne ceulx de « mon costé : faictes ceulx venir qui l'ont rompu, « présent vous, sérement faire, et après je feray « vostre plaisir. » Et alors l'archevesque de Rains et aucuns aultres, veans le duc de Guienne non estre content de tant de parolles, dirent au duc d'Orléans : « Monseigneur, faictes ce que monseigneur de Guienne « vous requiére. » Lequel, après toutes ces choses, fist serment d'entretenir la paix, ainsi que contre sa volonté ; et luy sembloit que le duc de Bourgoingne et ses aliez avoient rompu la paix derrenièrement faicte et jurée à Ponthoise.

En après, fut appellé le duc de Bourbon, lequel, comme avoit fait le duc d'Orléans, cuida faire altercation de parolles ; mais, incontinent, le duc de Guienne luy coppa court, disant : « Beau cousin, nous vous « pryons que n'en parlez plus. » Et là fist le duc de Bourbon sérement, et tous les aultres princes enssuyant le firent pariellement, sans y mectre contredit et aussi les prélatz, réservé l'archevesque de Sens, frère de Montagu, qui dist au duc de Guienne : « Monseigneur, « souviengne-vous du sérement que feistes, et nous « tous, au partir de Paris, présent la royne. » Et le duc de Guienne respondit : « N'en parlés plus ; nous « voulons que la paix se tiengne, et que vous le « jurez. » L'archevesque respondit : « Monseigneur, « puisque c'est vostre plaisir, je le feray. » Et n'y ot plus, de toutte la seignourie du roy, qui feist refuz de jurer la paix, que les trois dessus dis.

Et furent toutes ces choses acomplies par avant que le roy et ses princes se partissent de devant Arras. Après lequel département, et que le roy fut retourné à Senlis, pluiseurs nobles et aultres, qui avoient esté en son armée, morurent de fleux de ventre; entre lesquelz morut Emond de Labrecht et son frère, le seigneur de Hangest et aucuns aultres.

CHAPITRE LVI.

Comment les Parisiens furent mal content qu'ilz n'avoient esté appellez à traictier la paix devant Arras; et comment le duc s'en alla en Bourgoingne, où il print la ville et chasteau de Tonnoire.

Ceulx de Paris oyans les nouvelles du traictié fait par le roy au duc de Bourgoingne, sans les appeller, desplaisans de ce, allèrent devers le duc de Berry, leur capitaine et gouverneur, demander comment icelle paix estoit faicte, et qui avoit meu le roy et son conseil de le faire sans les appeller; disans que à eulx appertenoit de le savoir, et bien estoit rayson que en icelle fussent comprins. Lequel duc de Berry leur respondy : « Ce ne vous touche en riens, ne entre- « mectre ne vous devez de monseigneur le roy, ne de « nous tous, qui sommes de son sang : car nous nous « courouchons l'un à l'aultre, quant il nous plaist; et, « quant il nous plaist, la paix est faicte. » Adont, ceulx de Paris, sans plus riens respondre, retournèrent en leurs propres lieux.

Or, est vray que, quant les duc de Brabant, dame de Haynnau, et depputez de Flandres eulrent fait rapport au duc de Bourgoingne, qui lors estoit en sa ville de Lille, et comment ilz avoient promis d'aller à Senlis pour la confirmacion de la dicte paix dont le duc de Bourgoingne fut content, toutteffoiz, ilz ne furent pas conseilliez, pour l'eure, de y aller. Pour laquelle cause ilz envoyèrent leur ambassade ; c'est assavoir le doyen de l'église cathédrale de Liége, Guillaume Blondel, escuier, et pluiseurs aultres, à comparoir pour eulx et en leurs noms, devant le roy et son conseil pour la cause dessus dicte, au jour et lieu dessus nommé. Lesquelx ambassades ne peulrent avoir responce du grant conseil du roy sur leurs demandes et requestes, pour ce que le roy estoit malade ; et, pourtant, retournèrent vers leurs seigneurs sans riens besoingnier.

Après ce que le roy et ses gens furent partis de devant Arras, le duc de Bourgoingne fist aller logier ses Bourguignons ou pays de Cambrésis et de Terraisse, et alla, en sa personne, en la cité de Cambray ; auquel lieu vint devers lui son frère de Brabant. Et après ce que il ot eu avec lui aucun parlement sur ses affaires, et aussi que il eult ordonné ses besoingnes, il print son chemin pour aller en Bourgoingne, et mena avec lui messire Robert de Mailly, maistre Eustasse de Lattre, qui naguaires avoit esté chancellier, Jehan le Gois, maistre Jehan de Troies, serurgien, Denisot de Chamont, Caboche et pluiseurs aultres qui autreffoiz avoient esté bannis du royaulme de France ; ensemble leurs femmes et enffans, et ses Bourguignons, qui tous ensemble avec aucuns aultres, tant de Picardie comme d'aultre pays, povoient estre xx^m chevaulx. Et fist son premier logis à le Chappelle en Terraisse, et d'illec prinst son chemin à Maizières sur Meuse, et là reposa pour ung petit de temps avec son frère, le conte de Nevers; puis alla logier devant Châlons.

Mais, ceulx de la ville cloyèrent leurs portes devant luy et ses gens, par vertus d'unes lettres envoyées du roy, contenant que luy ne ses gens ne le meissent ne reçeussent en leur ville. Laquelle chose despleut au duc de Bourgoingne; car il avoit voulenté de illec passer l'eaue de Marne. Sy print son chemin à Vitry, y cuidant passer; mais on lui refusa le passage, comme on fist à Châlons; et enfin s'en alla logier vers Saint-Digier où il passa la rivière de Marne; et, après ce, prist son droit chemin à Digon, ouquel lieu il fut receu honnourablement et joyessement de tous ses subgectz.

Le duc de Bourgoingne, au partir de Piccardie, avoit donné congié à tous ses capitaines d'icelles marches, lesquelz demourèrent pour la garde de ses pays; et d'aultre part laissa, à son département, à son filz, Philippe, conte de Carrolois, le gouvernement de Flandres, seul et pour le tout, jusques à son retour. Ne demoura guaires, après ce que le duc de Bourgoingne fut arrivé en sa ville de Dijon, que il fist prendre la ville et chasteau de Tonnoire, lesquelz furent pilliez [et][1] le chastel destruit et désolé par ses gens. Duquel chastel s'estoit party, ung peu devant, le conte de Tonnoire et ses gens d'armes, pour la doubte de la venue du duc de Bourgoingne et de ses gens, desquelz estoient capitaines messire Elion de Jacqueville, Fierbourg et aucuns aultres.

---

1. M. et L. — Nos deux manuscrits portent « *par.* »

En ce mesme temps, le duc de Bourgoingne envoya à Paris devers le roy, pour luy faire savoir le chemin et voye par lequel il estoit allé de Flandres en Bourgoingne, et esquelz lieux il paya ses despens, et ceulx où il ne paya point, et la cause pourquoy. Et aussi luy fist savoir la destruction du chastel de Tonnoire, que il avoit fait faire, pour ce que le conte, son vassal, luy avoit fait pluiseurs rébellions et désobéissances. Et, de fait, l'avoit deffié et entreprins sur sa terre en la détruisant et enmenant proies, comme il peult faire ès terres de ses ennemis; laquelle chose n'estoit point à souffrir. Touteffoiz, il n'entendoit point aller ne enfraindre la paix faicte naguaires devant Arras, mais le vouloit fermement garder et entretenir. En oultre, le duc de Bourgoingne fist asségier ung fort chastel scitué en la conté de Bourgoingne, appertenant au conte de Tonnoire, lequel fut conquis; et puis le donna à son filz, le conte de Carrolois.

CHAPITRE LVII.

Du concille qui se tint à Constance, où le cardinal de Columne fut esleu pape, et se nomma Martin; et comment le conte Wallerand de Saint-Pol asseiga la forteresse de Neufville sur Meuze, qui lui fut rendue.

En icelle année se tint le consille, à Constance en Allemaingne, de pluiseurs cardinaulx, patriarches, évesques et archevesque, avec aultres prélatz; et aussi y furent pluiseurs ambassades [de][1] roys et princes

---

1. M. — Cette préposition manque dans nos deux manuscrits; mais L. l'a employée.

chrestiens. Et estoit lors très grant division en l'Église par Pierre de la Lune, nommé le pappe Bénédic, qui se disoit vraye pappe, nonobstant que substracion luy estoit faicte, pour pluiseurs causes, de la plus grant partie de chrestiéneté; et ne avoit mais obéyssance que en Espaingne et en Arragon. Auquel royaulme d'Arragon il se tenoit en une forte ville sur la mer.

Et aussi, en icel an, avoit esté prins et mené en prison, en la duchie de Bavière, le cardinal de Bouloingne, nommé le pappe Jehan; et le prist le roy des Rommains, empereur d'Alemaingne, pour pluiseurs criesmes et articles que on luy mectoit sus. Et pour mectre l'Église en bonne paix et union, fist tant le roy des Rommains que le consille fu mis audit lieu de Constances; en laquelle ville le concille se tint continuellement par l'espasse de deux à trois ans, ainchois que ceulx des royaulmes d'Arragon et Espaingne y venissent. Lesquelz y vindrent en l'an mil CCCC et XVII, ou mois d'aoust, à très belle et noble compaignie de prélatz et de chevaliers; et tant que, après leur venue, on procéda à vraye élection de pappe. Et en fin fut esleu, confermé et pontifié le cardinal de la Colombe, de la nation de Romme, en l'an mil IIII^c et XVII; et fut nommé pappe Martin.

Le conte de Saint-Pol, soy disant encoires connestable de France, se party de la conté de Saint-Pol, à tout environ vj^c combatans, hommes d'armes et archiers, desquelz avoit bien lx Anglois; et s'en alla, par sa ville de Bohain, à Laon. Auquel lieu lui furent fermées les portes; dont il fut malcontent et se loga au dessus d'icelle ville; et puis, de là à Rains, à Challon, à Ligny en Barrois. Et, tantost après, le sieuvy la contesse sa femme, seur au duc de Bar, lesquelz tous ensemble sollempnisèrent la feste de Tous les Sains en la ville de Ligny, et s'en alla à Luxembourg, à Thionville et en aucunes aultres bonnes villes de la duchie de Luxembourg; de laquelle duchie il estoit gouverneur et de la conté de Signy, à cause de la contesse, sa femme. Et après que il ot visité les bonnes villes et forteresses oudit pays, se prépara environ la Saint-Andrieu pour asségier la forteresse de Neufville sur Meuze, en laquelle estoient aucuns haussaires de par le seigneur d'Orchimont, qui continuellement couroient et faisoient guerre en la duchie de Luxembourg et conté de Cigny. Et furent asségié par le conte de Saint-Pol, lequel avoit en sa compaignie de nobles gens de guerre; c'est assavoir, messire Colard de Fiennes, Gaviot de Bourgnoville, Allain de Vandomme et pluiseurs aultres. La place fut fort battue de bombardes et la basse-court prinse d'assault, et aussi en firent leur vouloir; et, après bien trois mois que le siége y eult esté, la place se rendy. Après laquelle reddicion le conte de Saint-Pol s'en alla à Ywis, où il fut grant espasse de temps sans luy partir, se n'estoit pour aller esbattre au champs.

En icelle saison, le duc de Guienne se party de Paris pour aller à Melun, à Montargis et à Bourges, et fu logier au palais du duc de Berry; et n'avoit, à son partement de Paris, que viij personnes avec luy. Maiz les contes de Vertus et de Richemont le sceurent; si le sieuvyrent et l'acompaignèrent tout le voyage; et l'endémain se partyt sans le sceu de ceulx de Bourges, et s'en alla au chastel de Mehun sur Yèvre, que luy avoit donné le duc de Berry après sa mort; et fut la cause pourquoy il alla en Berry. Le chastel luy pleust très bien, et en icelluy y demoura ung mois; après, retourna à Paris. En ce mesme temps, le conte de Warwic, trois évesques et trois abbés et pluiseurs notables chevaliers et clercz, docteurs en théologie et en décret, jusques au nombre de viij cens, descendirent à Calais, et, par Flandres, allèrent au concille de Constances, de par le roy d'Angleterre et de son royaulme, en moult noble appareil; lesquelz furent joyeusement receuz du pape et concille, et du nouvel roy d'Allemaingne et de Hongrie.

CHAPITRE LVIII.

Des services et obsèques que le roy feist faire solempnellement pour défunc Loys, duc d'Orléans, son frère.

En icelle année, le samedi veille des Roix, le roy fist faire solempnellement le service et obsèque de défunct Loys, duc d'Orléans, son frère, en l'église cathédralle de Nostre-Dame de Paris, qui encoires n'avoit esté fait, présent le duc d'Orléans, et le conte de Vertus, et les ducz de Berry, d'Alenchon et de Bourbon, et pluiseurs aultres, tous vestus de noirs habis. Le duc de Guienne, filz du roy, s'estoit party le jour devant, pour aller veoir la royne, sa mère, et sa seur, la ducesse de Bretaingne, qui estoient à Melum; et ne fut point à icelluy service. Auquel service prescha le chancellier de ladicte église de Nostre-Dame, nommé maistre Jehan Gerson, docteur en théologie, en recommandant le feu duc d'Orléans; disant que la gouverne du royaulme par luy administré, en son vivant, estoit meilleur comme celuy qui depuis y avoit esté. Ouquel sermon il sembloit que il voulsist plus esmouvoir la guerre que appaisier contre le duc de Bourgoingne. Et disoit que pas il n'ennortoit ne conseilloit la mort du duc de Bourgoingne, ou destruction; mais icelluy devoit estre humilié pour recongnoistre son péchié, en faisant digne sattisfaction, et par conséquent la salvacion de son âme.

En oultre, dist que l'exécution faicte, au quaresme derrain passé, devant la porte de l'église de Nostre-Dame, de la proposition jadis faicte et proposée par maistre Jehan Petit au conseil de France, pour le duc de Bourgoingne, contre le duc d'Orléans deffunct, comme mauvaise et faulse, avoit esté bien faicte, et que encores n'avoit-on fait comme il appertenoit; et, comme il dist, estoit prest et appareillié de ce soustenir par tout et contre tous.

Le roy estoit en ung oratoire emprés l'autel, du droit costé, sans habit noir. Auprès de luy estoit le duc d'Orléans, devant tous aultres, pour la cause du service de son feu père; puis le duc de Berry, le conte de Vertus et pluiseurs aultres en belle ordonnance. Après lequel sermon, les ducz d'Orléans et de Berry, et le conte de Vertus, recommandèrent au roy le prescheur. Et, le lundy ensuiant, le roy fist faire ung pariel service pour le duc d'Orléans en la chappelle des Célestins de Paris, en laquelle il fut enterrez, présent les dessus nommez; et prescha maistre Jehan Courte Cuisse, docteur en théologie, en ensuiant le propos de maistre Jehan Gerson. Pareillement, le roy fist faire encores ung service, comme dessus, pour le deffunct duc d'Orléans, ou colliége de Navarre en Paris, en la chappelle du lieu, présent ses parens dessus nommez.

CHAPITRE LIX.

Comment aulcuns hommes d'armes et gens de compaignies faisoient pluiseurs maulx au royaulme; et comment la paix, qui avoit esté accordée et traictée devant Arras, fut parachevée à Paris, et de rechief jurée.

Or, est vray que, après la destruction de Tonnoire, pluiseurs hommes d'armes et de traict, qui avoient esté à ladicte destruction, se tenoient ensemble par manière de compaignies, bien vij^m chevaulx; et en plusieurs lieux faisoient moult de maux ès pays du roy, tant en Auxerrois[1] comme ailleurs. Pourquoy fut ordonné, par le roy et son conseil, messire Gasselin du Bois, le seigneur de Gaucourt et plusieurs aultres, pour les conbatre et subjuguier. Mais ilz sceurent la venue des gens du roy; pour laquelle cause ilz se retrayerent en Bourgoingne. Touteffoiz, ilz furent poursievis des gens du roy, et en y ot de deux à trois cens que mors que prins et menez en Chastelet à Paris; et, depuis, en y ot d'exécutez et mis à mort.

En après, Hector de Saveuses, qui avoit fait guerre, fut prins par les gens du roy, en faisant le pélerinage de Nostre-Dame de Lieuce, et mené à Paris. Et de fait, se n'eust esté le pourchas de la dame de Haynnau, qui

---

1. M.P., L. et M. — Notre manuscrit dit, « *aux terres.* »

lors estoit à Senlis, comme sera dit ci-après, ledit Hector eust esté exécutez; et, aussi, que messire Phelippe de Saveuse, son frère, prist prisonniers messire Henry de Boissy, seigneur de Chaulle, et Eustace d'Aine, seigneur de Sarton; lesquelz deux avoient de leurs prochains amis au conseil du roy, qui firent grant diligence de la délivrance dudit Hector, affin que leurs amis fussent délivrez.

Pour lesquelles besoingnes et pluiseurs aultres, non obstant que la paix eust esté faicte devant Arras, si y avoit-il peu de sceurté et d'amour; car la partie d'Orléans se tenoit devers le roy et le duc de Guienne. Pourquoy ceulx de la partie de Bourgoingne n'avoient quelque ayde ne gouvernement devers le roy, mais estoient traictiés à rigeur de justice, très durement. Et en pareil cas, le duc de Bourgoingne traictoit rigoureusement ceulx de la partie d'Orléans, qui luy avoient esté contraires, la guerre durant. Néantmoins, tellement quellement, fut la paix partraictiée.

Durant icelluy temps, la dame de Haynnau, à grant compaignie et notable, estoit à Senlis, et avec elle les depputez des trois estas de Flandres moult notablement. En après, y alla le duc de Brabant et le conseil [du duc de Bourgoingne][1]. Quant ilz furent à Senlis, le roy les fist aller à Paris, excepté la dame de Haynnau, qui avoit commandement de son mary de point passer Senlis. Auquel lieu elle fu honnourablement receue par les ducz de Guienne et de Berry, qui allèrent de Paris allencontre d'elle; et après, fut visitée des aultres princes du sang royal. Comme devant est dit, l'assem-

---

1. M.P., L. et M.

blée se fist à Paris par l'ordonnance du roy; et là furent les princes, ambassades et conseil, tous, excepté la dame de Haynnau qui y envoya son ambassade, pour cause de ce qu'elle avoit deffence de y point aller, comme devant est dit.

Or, est vray que, après ce que pluiseurs grans et notables consaulx des gens du roy et du duc de Guienne, avec le duc de Brabant et les aultres ambassadeurs, se furent tenus pour conclure la paix traictée devant la ville d'Arras, s'accordèrent les princes et seigneurs et conseil, par si bonne façon que icelle paix fut criée et publiée, à Paris, à son de trompe, le xxiiij° jour de febvrier. Et fut icelluy traictié mis par escript; mais, pour ce que devant en [est] fait mencion, je m'en passe à tant. Ces choses faictes et jurées, ainsi que vous avez oy, le duc de Brabant et les ambassadeurs retournèrent au pays; et, bien brief après, furent ordonnez commissaires, lesquelz allèrent à Tournay, de par le roy, où ilz trouvèrent le conte de Carollois, aussi le duc de Brabant et la contesse de Haynnau, et aultres pluiseurs nobles, prélatz et gens de bonnes villes de Flandres et des marches d'envyron.

Et là fu, de rechief, la paix jurée par ceulx qui là estoient; et, avec ce, furent les depputez du roy, en pluiseurs des bonnes villes du duc[1] de Bourgoingne, là où ilz firent faire le serment de la paix. Puis, après, furent en la duchie de Bourgoingne, où pareillement firent jurer aux bonnes villes la paix qui quatre fois avoit esté faicte; c'est assavoir, à Chartres, Vicestre,

---

1. M.P. et L. n'ont pas « *du duc.* »

Ponthoise et devant Arras. Et, par les derraines lettres, estoient toutes icelles paix bien au long reprinses, avec aultres nouvelles choses que le roy y avoit fait mectre, comme le tout se peult bien à plain veoir par les cronicques, qui bien au long en font mencion.

CHAPITRE LX.

Comment messire Guichart le Daulphin fut envoyé en ambassade, de par le roy, vers le duc de Bourgoingne, qu'il trouva en la forest du chasteau d'Argilly, près de Beaulne, se déduisant à la chasse, où il jura d'entretenir la paix, comme avoient fait les ducz d'Orléans, de Bourbon et aultres.

Le duc de Guienne, qui lors estoit à Paris devers le roy son père et gouvernoit le royaulme de France, si fut conseillié que on envoieroit, de par le roy, devers le duc de Bourgoingne notables ambassadeurs, pour luy requérir que il voulsist jurer et affermer[1] les traictiez qui nouvellement avoient esté faiz, ordonnez et acomplis pour la vraye union et réconcilliacion des différens qui avoient esté paravant entre les ducz d'Orléans, ses frères, et aultres princes et seigneurs, leurs adhérens, allencontre du duc de Bourgoingne ; en quoy le duc de Guienne avoit esté beaucop travaillié, depuis qu'il estoit venus au gouvernement dudit royaulme de France : car il désiroit et vouloit sur toutes choses que les princes du royaulme fussent tous en bonne union,

---

1. M.P. et L., « *confermer.* »

pour servir et secourir le roy quant besoingne seroit. Si furent envoyez, de par le roy, en ce voyage ung moult notable et vaillant chevallier, nommé messire Guichart Daulphin, seigneur de Saligny et grand maistre d'hostel de France, et, avec luy, ung conseiller du roy et ung secrétaire. Sy se partirent ces trois de Paris et se trayerent en Bourgoingne, où estoit pour lors le duc de Bourgoingne; et, sur chemin, eulrent nouvelles que il se tenoit en ung sien chastel, assez près de la ville de Beaulne, nommé Argilly, pour ce que ledit chastel est assis près de grandes forestz, et en lieu de chasse et de déduit.

Or est vray que le duc de Bourgoingne, qui longtemps n'avoit demouré ne séjourné en son pays de Bourgoingne, et qui vouloit bien avoir ses plaisir et soulas, se advise que pour mieulx avoir son déduit, tant de la chasse des cherfz et les oyr bruire par nuyt, il se logeroit dedens la forest d'Argilly, qui est grande et lée. Sy fist tendre et ordonner ses tentes et pavillons ou millieu de ladicte forestz en grans plains qui là sont; et dedens icelles tentes s'alla logier, et aussi la ducesse, dame Marguerite de Bavière, sa femme, et deux de ses filles avec leurs dames et damoiselles. Et y avoit, dedens lesdictes tentes, la salle, la chappelle, chambres à parer et à couchier, et tout l'estat du duc, de la ducesse, autant que fussent logiez en l'une de leurs bonnes villes. Et demourèrent, là dedens icelle forestz ainsi logiez, plus de ung mois, en esbattemens et en déduis.

Et, en ce mesme temps, vindrent en la ville de Beaulne les ambassadeurs du roy, dont dessus est parlé. Si firent savoir leur venue au duc de Bourgoingne, pour sçavoir le lieu où seroit son plaisir qu'ilz le trouvassent. Le duc, incontinent qu'il fut acertené de leur venue, envoya de ses chevaliers devers eulx, pour les convoyer et acompaignier, et leur encharga de les amener l'endemain sur l'eure de la messe. Lesdis chevaliers firent ce qui leur estoit commandé, et si chevauchèrent, avec les ambassadeurs, tant que vindrent ès forestz; et, de là, vindrent ès tentes. Et là descendirent et trouvèrent grant foison de barrons de Bourgoingne, telz que le prince d'Orenges, les seigneurs de Saint-George, de Vergy, mareschal de Bourgoingne, de Neufcastel, de Pégny, d'Autry, et grant foison d'aultres, qui tous estoient venus voir le duc et son nouvel logis; et vindrent recevoir lesdis ambassadeurs, et les menèrent devers le duc, qui estoit en son oratoire; et, sur l'entrée de la messe, ilz luy firent la révérence et présentèrent leurs lettres, de par le roy, qui estoient de créance. Le duc les receut en grant révérence et les leut tout du long.

Après qu'il eult leu icelles lettres, leur demanda de l'estat du roy, de la royne et de monseur de Guienne, et de la ducesse, qui estoit sa fille. Ledit messire Guichart le Daulphin en respondit bien et à point. Après, leur dist le duc que il les oroit voullentiers de tout ce qu'ilz vouldroient dire, et ordonna que on les menast en une belle tente que, au matin, il avoit ordonné estre tendue pour les logier. Et quant la messe fut chantée, le duc se retrait en une tente où estoit sa chambre préparée; et là fut sa chayere et son conseil drèchié et paré bien et convenablement; là furent son chancellier et gens de son conseil, et pluiseurs des barrons dessus nommez. Et furent illec amené lesdis ambassadeurs qui proposèrent au long leur charge, qui estoit en effect que, par l'ordonnance du roy, monseur de Guienne, son filz aisné, avoit prins la charge et gouvernement dudit royaulme; en quoy il se vouloit aquicter et employer loyaulment au bien du roy, son père, et de la chose publicque. Et, pour ce que il avoit veu et congneu estre dès piéchà grant discension entre son cousin d'Orléans et pluiseurs princes, d'une part, et luy, à qui il parloit, dont par avant s'en estoient enssuyvis infinis maulx et dommage ou royaulme, et pour faire cesser et appaiser, et pour remectre iceulx princes et seigneurs en bonne amour et vraye union, avoit esté advisé et ordonné par le roy certains articles et traictiés d'accord, lesquelz il avoit veu, gréé et accordé de les jurer et promectre tenir et acomplir quant il luy apparoit que le duc d'Orléans et ses adhérens les auroient approvez, promis et jurez de tenir. Et, pour ce que, de leur part, estoit tout fait et acomply, comme ilz lui faisoient apparoir souffisamment, le roy et le duc de Guienne lui requéroient que, de sa part, il le vaulsist faire, ainsi que accordé l'avoit. A quoy, après beaucoup de remonstrances et doléances que icellui duc de Bourguingne leur fist exposer et remonstrer par son chancellier, leur fut dit que il verroit voulentiers les articles et séremens faiz par lesdis princes et sur ce auroit advis, et l'endemain leur feroit responce après sa messe.

Et, l'endemain, après la messe chantée, le duc se party du pavillon qui faisoit son oratoire, et vint devant l'autel; et là, par son chancellier, fist exposer et dire la parfaicte amour que il avoit tousjours eu au roy, son souverain seigneur, et à monseur de Guienne, et à toute la maison du roy, et la grant obéissance que il avoit tousjours juré, et les grans debvoirs qu'il avoit faiz pour tenir la paix; et ancoires de présent, en obéissant au roy et à monseigneur de Guienne, il estoit content de jurer et promectre lesdis traictiez et articles, tout ainsi que les aultres princes les avoient jurez. Et de fait, en la présence de tous, les promist tenir et jura sur la vraye Croix, qui là estoit présente; et de ce il bailla ses lettres autenticques, en fourme deue.

Et, ce fait et acompli, s'en alla le duc en sa grant tempte où estoit prest son disner, et disna messire Guichart le Daulphin avec luy et à sa table, et les aultres deux à la table des chambellains. Et, après disner, pour les resjoyr et festoyer, leur fist venir par ses veneurs un grant cerf dedens ung estang près desdictes tentes, qui là fut prins à la très belle déduit; et y fut la ducesse et toutes les[1] damoiselles; et puis souppèrent tous ensemble en la forrest, en belles ramées de verdures. Et, l'endemain, prinrent congié lesdis ambassadeurs et retournèrent à Paris, et firent leur rapport au roy de ce que ilz avoient besoingnié avec le duc de Bourgoingne.

CHAPITRE LXI.

De pluiseurs armes qui se fièrent, en divers lieux, entre Franchois et Portingallois; et de l'ambassade d'Engleterre, qui demanda madame Catherine de France, à femme, pour le roy d'Engleterre.

Au mois d'avril, mil IIIIe et xv, se firent unes armes,

---

1. M.P. et L., « ses. »

à Bar le Duc, devant le duc de Bar, de deux chevaliers, l'un du royaulme de Portingal, nommé Alvaro Continge[1]; et le Franchois fut messire Clugnet de Brabant. Au jour de leurs armes, furent très bien acompaigniés de chevaliers, escuiers et pluiseurs aultres. Or, devoient combattre les deux chevaliers de get de lances, de hache, espée et daghe. Et quant ce vint à l'eure de l'assembler, bastons visitez et mesurez, cris, deffensives et aultres sérimonies acomplies, messire Clugnet yssit de son pavillon, tenant sa lance en sa main, garni de ses aultres bastons; et véant celui à qui il devoit faire ses armes, lequel avoit la visière levée, pour plus aysément[2] faire le get de la lance, messire Clugnet marcha grant pas contre son homme, et tant qu'il l'ala quérir assez près de son pavillon; et de si près hasta le Portingalois qu'il n'eust pas espasse de gecter sa lanche. Et aussi messire Clugnet laissa cheoir la sienne; et assemblèrent à combattre de haches. Et assist, premiers, messire Clugnet sur son compaignon lequel fist une démarche pour clore sa visière, puis combattirent seulement deux ou trois coupz et non plus, pour ce que le duc de Bar, leur juge, jecta le baston; et ainsi furent prins à l'onneur de l'un et de l'autre.

Après icelles armes faictes à Bar le Duc, les dessusdis messire Alvaro Continge et aultres Portingallois allèrent à Paris, où pluiseurs armes commencèrent à faire des Portingallois contre Franchois. Entre les-

---

1. Le Laboureur fait remarquer, entre parenthèses, qu' « il faut « lire *Contigno*. »
2. M.P. et L., « *sûrement*. »

quelles en y eult unes faites, en la court de ung de ceulx de l'hostel du roy nommé Saint-Pol[1], d'un vaillant et puissant escuier de Portingal, nommé Rumaindres, allencontre de ung chevalier Bourbonnois, nommé messire Guillame du Bars; lesquelles armes furent faictes à piet et de nombre de cops; c'est assavoir, xij cops de hache, xij coups d'espée et xij coups de daghe. Icelles armes furent faictes devant le roy; mais messire Jehan de Torsay, séneschal de Poithou, estoit quasi comme le juge pour le roy. Après ce que le chevalier et escuier furent comme[2] dedens leurs pavillons, et que toutes ordonnances acoustumées à faire en tel cas furent faictes, le chevalier et l'escuier yssirent hors des pavillons, hache en main, laquelle estoit sans daghe, à gros marteau et petit taillant. Sy approchèrent ensemble, en frappant des haches l'un sur l'autre, de hault en bas et sans pousser, de si grant force[3] et puissance que, à la vérité, il sembloit qu'ilz deuissent fendre les bachinés. Et finablement se donnèrent si grans coups que ilz ne peurent parfaire le nombre des coups qu'ilz ne se mellassent ensemble et se prindrent à bras; pour laquelle cause le séneschal de Poithou les fist prendre par les gardes, et plus n'en firent quant aux haches, et se ratrayrent en leurs pavillons; car, les armes acomplies de chascun baston, se devoient retraire.

---

1. La construction de ce membre de phrase serait rendue régulière, à peu de frais, dans notre leçon, si on remplaçait « *de l'hostel,* » par « *des hostelz.* » — M.P., « en la court de ung de ceulx « — du roy nommé Saint Pol. » — L., « en la court, dans ung « des hosteulz du roy nommé S. Pol. »

2. L., « *conduits.* »

3. L. et B., « *et donnèrent* de si grant forche. »

Après les armes des haches, yssirent tenans les espées ès mains, lesquelles estoient enfeutrées à tout fortes et grosses rondelles sur la main ; desquelles assemblèrent de combattre, en frappant l'un sur l'autre d'estocq et de taille, de si grant force que non obstant le nombre des cops acomply et le baston gecté pour les prendre, si ne sceurent faire si grant diligence les gardes que, pour xij cops, ilz n'en feissent xviij, si très radement que on ne les savoit prendre.

Après icelles armes d'espées faictes et la retraicte en leurs pavillons, yssirent les daghes en la main, desquelles ilz abordèrent à combattre, et firent le nombre et plus ; mais ce sembla peu de choses, au regard des haches et espées. Sy furent ainsi les armes que vous advez ouy acomplies à l'onneur des deux parties. Aultres armes furent faictes, à cheval, d'un Portingallois contre ung Franchois, devant Saint-Anthoine, auprès de la porte Baudet, lesquelles armes estoient nombrés de courses de lances qui se firent et parfirent.

Or, advint que pluiseurs chevaliers et escuiers du royaulme de France se assemblèrent ensemble, et regardèrent qu'ilz estoient pluiseurs Portingalois venus du royaulme de Portingal en intencion de faire armes. Sy se conclurent ensemble qu'ilz se trouveroient trois nobles hommes, lesquels envoyeroient, devers les Portingallois, leur signifier et dire que ilz sçavoient bien qu'ilz estoient venus du royaulme de Portingal, à l'intencion, par armes, d'avoir l'acointance d'aulcuns nobles hommes du royaulme de France. Pour laquelle cause, s'estoient trouvez ensemble trois nobles hommes, qui leur faisoient savoir qu'ilz estoient prestz de leur acomplir leur désir et vouloir ; c'est assavoir, de faire armes contre trois hommes nobles de leur compaignie, par ainsi que ce seroit à combattre de hache, d'espée et de daghe, tant que les ungs ou les aultres se seroient rendus à leurs compaignons, ou à estre portez par terre. Laquelle chose oye des Portingallois, prindrent jour à respondre; lequel jour fut très brief, et accordèrent les armes dessusdictes, desquelles armes le duc de Guienne fut juge. Et se firent, au dehors de Paris, en l'un des hostelz du roy séant entre Saint-Denis et Montmartre, nommé Saintthouin.

Quant le jour fut venu pour faire icelles armes, le duc de Guienne, en son hourt, acompaignié de son oncle duc de Berry, les trois François, c'est assavoir, messire Franchois de Grignaulx, Maurigon de Songnacq et la Rocque, entrèrent dedens les liches, esquelles avoit trois pavillons tendus pour eulx trois; mais, avant qu'ilz entrassent dedens leurs pavillons, ils allèrent faire la révérence au duc de Guienne, leur juge. Après, vindrent les trois Portingalois; c'est assavoir, messire Alvaro Continge, Pierre Gondsalve de Mallefaye, et Rumaindres, lesquelz, aussi, firent la révérence au juge, puis entrèrent en leurs trois pavillons. Après, comme il est acoustumé de faire, furent cris, deffenses; et, aultres sérimonnies faictes et acomplies, yssirent [les]¹ vj hommes nobles de leurs pavillons, cottes d'armes vestues, et portoient les Portingalois la croix rouge sur leurs cottes d'armes, tenans leurs haches en leurs mains, et garnis, chascun, de leurs aultres bastons. Si assemblèrent ensemble à combattre; assavoir, messire Franchois de Grignaulx contre messire Alvaro

---

1. L. et B.

Continge, Maurigon de Songnacq contre Pierre Gondsalve, et la Rocque contre Rumaindres; et les faisoit beau veoir. A la vérité et au marchier, péroient bien hommes d'armes.

Or advint la fortune à Rumaindres, que on tenoit le plus puissant de tous les six, que, en combattant de sa hache, du bout de sa daghe, en poussant contre la Roche de toute sa puissance et tant qu'il faisoit démarchier la Rocque, quant la Rocque sentit que ledit Rumaindres mettoit toute sa puissance[1] pour le faire reculer, il desmarcha ung pas; par laquelle desmarche Rumaindres chut d'un genoul à terre. Lors, la Rocque féry dessus et de tout le corps le mist à terre. Ne sçay se le Portingalois se rendy ou non, ne quelles parolles eulrent ensemble; mais, est vray que la Rocque le laissa et alla aidier son compaignon, Maurigon, et se trouvèrent eulx deulx sur Pierre Gondsalve, lequel se rendit tout droit. En après, Maurigon et la Rocque allèrent aidier à messire François de Grignaulx, qui combatoit le chevalier Portingalois. Si se trouvèrent les trois François sur le chevalier de Portingal, lequel combatty les trois. Mais, en combatant, d'un tour de bras que Maurigon luy bailla, il le feist cheoir à terre. Si furent les armes acomplies si comme vous advez oy. Touteffoiz, il fut demandé au chevalier Portingalois auquel des Franchois s'estoit rendu, et il respondy que il s'estoit rendu à eulx trois; et véritablement il acquist, non obstant sa fortune, grant honneur, ce jour, en tant que pluiseurs le tenoient le plus vaillant des vj.

Au paravant de la bataille des vj, l'an mil IIII^c et XIII,

---

1. M.P. et L., « toute sa *force* et puissance. »

en la mesme place de Saintthouyn, ou mois de février, avoit fait armes un Portingalois, nommé Diagot d'Ollumen, allencontre d'un Breton, nommé Guillame de la Haye; lesquelles armes furent aussi faictes devant le duc de Guienne : lesquelz Portingalois et Breton furent en combattant prins sus, sans oultrance de l'un ne de l'autre.

Or est vray que, durant le temps que le duc de Brabant estoit à Paris, une ambassade du roy d'Angleterre y vint; c'est assavoir, le duc d'Iork, oncle du roy d'Angleterre, et pluiseurs aultres, jusques au nombre de vj^c chevaulx ou environ, demander madame Catherine, fille du roy de France, pour le roy Henri d'Angleterre; lesquelz furent très grandement festoyez. Et y furent faictes de moult belles joustes; et jousta le roy, ce jour. Le duc d'Alençon, qui tout nouvellement avoit esté fait duc, jousta; et aussi firent les ducz d'Orléans, de Brabant et aultres; et dura icelle feste trois jours entiers. A laquelle feste eult de riches habillemens, tant couvertes de chevaulx, lances couvertes de martres sébelins, aux dances heucques d'orphaverie, que merveille et belle chose estoit à veoir. Et de fait, le duc de Guienne fut, lui xij^e, vestu, aux dances, de heucques d'orphaverie, et avoit sur chascune heucque xv mars d'argent; dont le duc de Brabant fut l'un des xij. Puis, après les dances, furent icelles heucques données aux officiers d'armes, trompettes et ménestreux; et aussi furent tous les habillemens pour[1] les trois jours.

---

1. M.P., « *tous* » au lieu de « *pour.* » — L., « et aussi furent tous « les habillemens. *Tous* les trois jours à icelles dances, etc. » Cette ponctuation a dénaturé tout le sens du texte.

A icelles dances et joustes furent la royne, la ducesse de Guienne et pluiseurs aultres dames et damoiselles. Après que les ambassadeurs d'Angleterre eulrent esté grandement festoyez en la ville de Paris, ilz prindrent congié du roy sans riens besoingnier; car ilz ne peulrent riens faire, pour les grandes demandes qu'ilz faisoient avec ladicte dame, Catherine de France.

CHAPITRE LXII.

Du trespas de Wallerand, conte de Saint-Pol et de Ligny, et de ses héritiers; et comment le duc de Guienne emporta les finances de la reynne, sa mère, et emprist le gouvernement du roy et royaulme.

Le xixe jour d'avril, mil iiii^c et xv, morut en la ville d'Ivix, en la duchie de Luxembourg, le conte Walleran, conte de Ligny et de Saint-Pol, soy-disant encores connestable de France, et fut enterré en l'église Nostre-Dame en ladicte ville d'Ivix, devant le grant autel, non obstant que, par son testament, il eult ordonné estre mis et enterré en l'abbaye de Cercamp, dont ses prédécesseurs les contes de Saint-Pol furent fondateurs. Dame Bonne de Bar, seur au duc de Bar, fut sa seconde femme. Après la mort d'icellui conte, furent ses héritiers les deux filz du duc Anthoine de Brabant dont devant est parlé, qui eut espouse la fille du conte Walleran, dont Jehan de Brabant et Phelippes de Brabant yssirent. En ce mesme mois, la roynne et le duc de Guienne estoient en la ville de Melun, avec eulx pluiseurs des princes du royaulme de France. Mais secrètement, à peu de gens, de là se party le duc de Guienne et s'en alla à Paris, et fist savoir aux princes, qui avec la roynne estoient, qu'ilz s'en r'allassent à leurs hostelz, tant que le roy ou lui les manderoient.

Le duc de Guienne sachant que la roynne, sa mère, avoit grans finances ès hostelz de Michault de Laillier, Guillame Sauguin et Picque de la Haye, fist prendre toutes icelles finances et porter en son hostel. Puis après, manda et assembla ceulx de l'université de Paris, les prévosts de Paris et des marchans et plusieurs bourgois de la dicte ville, ausquelz il fist remonstrer, par l'évesque de Chartres, comment le royaulme et le roy, son père, estoient gouvernez; comment le duc d'Anjou avoit osté le trésor du roy Charles le Quint, son grant père, porté et despendu en Italye; en après les ducz de Berry et de Bourgoingne, Phelippe; en après, le feu duc d'Orléans, et duc Jehan de Bourgoingne lors vivant; par lesquelz toute la finance de son grant père et du royaulme ont esté prinses et exillées, en disant qu'il estoit aisné filz de France, et que plus ne vouloit souffrir telle destruction de biens du royaulme; en faisant déclarer que, pour le bien publicque du royaulme, il avoit prins et prenoit le gouvernement de icellui, en le notiffiant à eulx et à tous aultres à qui il appertenoit ou povoit appertenir.

Après lesquelles remonstrances, se départirent ceulx qui là avoient esté assemblez, très contens du gouvernement que le duc de Guienne avoit prins, véant l'occupation de la maladie que le roy avoit. Or est vray que, après ce que la chose fut sceue du gouvernement de mon dit seigneur de Guienne, le duc de Berry s'en alla en sa conté d'Estampes, le duc d'Orléans à Bloys, et le duc de Bourbon en Bourbonnois ; et le duc de Bourgoingne estoit en Bourgoingne. Ainsi demoura le duc de Guienne fort asseulé du sang royal, et ne demora avec luy que le conte de Richemont. Et, quant au roy, il estoit mallade en son hostel de Saint-Pol, à Paris. Le duc de Guienne manda la ducesse, sa femme, laquelle estoit avec la royne, et le fist aller à Saint-Germain en Laye.

CHAPITRE LXIII.

Comment le roy d'Angleterre feist esquipper une grosse armée de mer, pour passer en France. De l'ambassade envoyé par le roy au roy d'Angleterre; des offres qu'il luy feirent, et la responce du roy d'Angleterre.

Les ambassadeurs du roy d'Angleterre, qui moult honnourablement avoient esté festiez en France, retournèrent devers leur souverain seigneur qu'ilz trouvèrent auprès de Londres, auquel ilz firent leur relacion de ce qu'ilz avoient trouvé devers le roy ; de laquelle responce le roy d'Angleterre ne fut pas content. Pour laquelle cause fist assembler son grant conseil, pour avoir adviz à trouver navire, et aussi pour préparer tout ce qu'il luy falloit pour passer en France, pour recouvrer son royaulme, se faire se povoit. Et, pour avoir navire, envoya ses depputez en Hollande et Zélande, ouquel païs trouva navire, par ainsi que ceulx à qui c'estoit fussent bien asseurez de payement. Le roy d'Angleterre trouva manière de lever grant argent en son royaulme, et veult-on dire que sa finance en compte montoit bien[1] v[c] mil nobles, ou le monnoie à la valleur. Sa finance faicte, se conclud et délibéra de passer en France, à tout le plus grant puissance que bonnement se pourroit finer; lesquelles nouvelles furent en brief temps sceues à Paris. Pour laquelle cause le duc de Guienne, qui avoit prins le gouvernement du royaulme, feist assembler le conseil; et pour ce que, lors, il estoit assez esseulé des princes du sang royal, il remanda le duc de Berry, son oncle, et pluiseurs aultres, avec lesquelz il tint pluiseurs consaulx, pour savoir qu'il avoit affaire pour la deffence du royaulme allencontre des Anglois.

Sy fut, de prime face, advisé que on metteroit gens en garnisons sur les pors de mer et en pluiseurs aultres lieux, et que, pour les paier, on mecteroit une taille sus par tout le royaulme. Et, avec ce, fut appoinctié que on envoyeroit une ambassade en Angleterre pour essayer à rompre l'arivée[2] du roy d'Angleterre, se faire se povoit, tant par traictiez, offres, comme aultrement, en faisant responces aux demandes que avoient fait les ambassadeurs du roy d'Angleterre, qui nagayres avoient esté en France. Et furent les ambassadeurs ordonnez; c'est assavoir, le conte de Vendosme, l'archevesque de Bourges, l'évesque de Lizeux et pluiseurs aultres. Iceulx prinrent leur chemin de Paris à Calais, et là montèrent en mer pour aller en Angleterre. Sy estoient environ quatre cens chevaulx; si furent par les gens du roy d'Angleterre conduis et menez devers

---

1. M.P. et L., « montoit bien en compte; » mais L. dit *six cens mille*.
2. M.P. et L., « *l'armée*. »

lui à Vincestre, où ilz le trouvèrent, avec luy ses trois frères, de Clarence, de Bethfort et de Clocestre, et pluiseurs aultres grans seigneurs. Et par la bouche de l'archevesque de Bourges fut exposée la charge que ilz avoient; premièrement en latin, et puis en françois, très sagement et prudentement; dont il fut loez d'Anglez.

Or est vray que, par la charge qu'ilz avoient, ilz offrirent au roy d'Angleterre madame Catherine de France, pour sa femme et espeuse, que pluiseurs foiz il avoit fait demander, avec grant somme d'argent, moyennant bonne paix ou longhes trèves se feroient entre les royaulmes de France et d'Angleterre, et que le roy et ceulx de son sang désiroient avoir paix et union avec le roy d'Angleterre. Le roy d'Angleterre respondy qu'il y auroit advis, et que en brief temps il leur feroit responce.

Sy ne demoura guaires que le roy d'Angleterre leur fist respondre par l'archevesque de Cantorbie, qui reprint de mot à mot, ou en soubstance, la proposicion des François; et dist que le roy d'Angleterre estoit bien content d'avoir traictié avec le roy de France et de prendre sa fille à mariage, moyennant que il auroit, avec la fille du roy, les duchiez de Guienne et de Normandie, d'Anjou et de Touraine, les contés de Poitou, du Mans et de Ponthieu, qui anchiennement ont esté à ses prédécesseurs roys d'Angleterre et encoires doivent estre. Et, se ainsi ne luy vouloit faire, il avoit intencion de descendre en France, et, à l'ayde de Dieu, de recouvrer tout le royaulme, qui de droit luy doit appertenir.

Après ces choses dictes, le roy d'Angleterre advoua

l'archevesque de Cantorbie, disant que au plaisir de Dieu, se on ne le vouloit ainsi faire, que brief il seroit en France.

Aucuns dient que l'archevesque de Bourges, oyant les grandes demandes que faisoit faire le roy d'Angleterre, demanda congié de respondre, en disant ainsi au roy d'Angleterre : « Révérence gardée, que penses-tu
« voellans débouter injustement le très crestien roy
« des François, le plus noble et le plus excellent de
« tous les roys crestiens, de la chayere et trosne de si
« grant et si puissant royaulme? Et cuides-tu que,
« révérence gardée tousjours, qu'il t'ait offert ou
« fait offrir à toy donner sa terre et finance, avec sa
« propre fille, pour la crémeur de toy et de tes biens
« vueillans? Nannil. Mais, à la vérité, il l'a fait par
« pitié, comme ameur de paix, affin que le sang inno-
« cent n'en soit point espandu, et que le peuple cres-
« tien, par les tribulacions de batailles, ne fust point
« destruit. Appellant l'ayde de Dieu tout-puissant, de
« la benoitte Vierge Marie, de droit et de raison, par
« les armes de luy et de ses loyaulx vassaulx, subgectz
« et alliez et bien vueillans, tousjours révérence
« gardée, tu seras enchassié et rebouté de son royaulme
« et de toute dominacion, ou tu y seras prins ou mort.
« Sy te requérons que, pour la révérence de nostre
« souverain seigneur, duquel nous sommes ambassa-
« deurs, tu nous faces renmener seurement hors de
« ton royaulme et de tes seignouries, et, avec ce, qu'il
« te plaise rescripre à nostre souverain seigneur, par
« lettres scellées du seau armoyé de tes armes, la
« responce telle que tu luy veulx faire. »

Le roy d'Angleterre fist faire grant chière aux ambassadeurs, et si leur fist baillier par escript la responce, les fist aussi conduire hors de ses terres et seignouries. Lesdis ambassadeurs, quant furent retournez à Paris en plain conseil devant le duc de Guienne, et que ilz eurent baillié les lettres du roy d'Engleterre, racontèrent et dirent de mot à mot ce que ilz avoient fait. Vous advez ouy comment l'ambassade de France fut en Angleterre. Or est vray que, tantost après que lesdis ambassadeurs de France furent partis d'Angleterre, le roy Henry d'Angleterre fist toutes ses préparacions et ordonnances pour tirer droit au port de Hantonne, pour là monter en mer et descendre en France. Et avoit en sa compaignie, quant tout fut assemblé, pluiseurs princes et grans seigneurs; entre lesquelz avoit deux de ses frères; c'est assavoir, les ducz de Clarence et de Clocestre, et son oncle le duc d'Iorcq, les contes de Rotelem et de la Marche, le duc d'Excestre, les contes de Hotitum, d'Arondel, d'Osenfort et de Kim, les seigneurs de Ros et de Carnouaille, et pluiseurs aultres grans seigneurs, et, comme l'en disoit, de xvj à xx^m combatans.

CHAPITRE LXIV.

La lettres que le roy d'Angleterre envoya, devant son partement de Hantonne, au roy de France. De la justice que le roy d'Angleterre feit de ceulx qui avoient machiné sa ruyne.

Et quant le roy d'Angleterre fut arivé en la ville de Hantonne, il rescrypvi unes lettres au roy, dont la teneur s'ensuit :

« A très noble prince, Charles, nostre cousin et
« adversaire, Henry, par la grace de Dieu, roy d'An-
« gleterre et de France. A baillier à ung chascun ce
« qui est sien, est euvre de inspiracion et de sage
« conseil.

« Très noble prince, cousin et nostre adversaire,
« jadis les nobles royaulmes d'Angleterre et de France
« estoient en union, maintenant ils sont divisés ;
« et adont ilz avoient de coustume d'eulx exauchier en
« tout le monde par leurs glorieuses victoires, et
« estoit à iceulx une suelle vertu de embellir et déco-
« rer la maison de Dieu à laquelle appertient sainteté,
« et mectre paix et union en l'Eglise, en mectant par
« leurs batailles concordables eureusement les ennemis
« publicques à leur subjection. Mais, ellas ! celle foy de
« lignage a perverty occision fraternelle, et [Loth]¹
« persécute Abraham par impulsion humaine. La
« glore d'amour fraternelle est morte, et la discence
« de humaine condicion, anchienne mère de yre,
« est resuscitée de mort à vie. Mais, nous contestons
« le Souverain Juge en conscience, qui n'est ployez
« ne encheuz² par pryère ou par dons, que, à nostre
« povoir, par pure amour, avons procuré les moyens
« de paix. Se ce non, [nous laisserions] par l'esperit,
« par conseil³, le juste tiltre de nostre heritage à

---

1. M. — C'est également du texte de ces lettres, dans le Monstrelet ms., que nous tirons les autres additions, entre crochets,
pour remplir les lacunes de Saint-Remy.

2. M., « enclin. »

3. M. ms. omet les mots « *par l'esperit, par conseil :* » L'édition
Chaudière porte « par *l'espée* et conseil. » Par *l'espée* est au moins
un contre-sens. Il y aurait bien d'autres remarques à faire, en

« prendre de nostre anchiennableté. [Nous ne sommes
« pas tenus par si grant adnullement] de petit courage
« que nous ne nous voulons combattre jusque à la
« mort par justice. Mais l'auctorité escripte au livre
« Deutéronomie[1] enseigne que, à quelque cité que li
« homs viendra pour icelle impugner à[2] combattre,
« premièrement il luy offre paix. Et jà soit ce que
« violence, ravisseresse de justice, a soustrait et de
« long temps, les nobles de nostre royaulme à cou-
« ronne[3] et nos droix héritiers, touteffoiz, charité de
« par nous, en tant qu'elle a peu, a fait pour le recou-
« vrer d'iceulx à l'estat premerain. Et ainsi doncques,
« par deffaulte de justice, nous povons avoir retour
« aux armes. Touteffoiz, affin que nostre gloire soit
« tesmoing à nostre conscience, maintenant par per-
« sonnelle requeste, en ce trespas de nostre chemin
« auquel nous traict icelle défaulte de justice, nous en-
« nortons les entrailles de Jhésu Christ ce que ennorte
« la perfection de la doctrine evangélique : « Ains[4], rens
« ce que tu dois; » et il nous soit fait par la voulenté
« de Dieu souverain. Et affin que le sang humain ne

---

comparant ici et les textes des Monstrelet entre eux, et ces textes
avec ceux de Saint-Remy; mais notre objet est moins, dans
ces notes, de viser à une restitution de ce qui serait le plus pur
texte des lettres du roi Henri, que de les rendre lisibles dans la
forme sous laquelle les deux chroniqueurs les ont recueillies.

1. M. — *Astrolomie* est une faute dans nos deux manuscrits. La
citation est, en effet, un verset du Deutéronome, le 10e du chapitre
XX : « Si quando accesseris ad expugnandam civitatem, offeres ei
« primum pacem. »

2. M., « *et.* »

3. M., « *la noblesse de nostre* couronne. »

4. M., « *Amis.* »

« soit point espandu, qui est créé selon Dieu, l'éritage
« est deue restitution de corps¹ cruellement soubs-
« trais, ou au moins des choses que nous injustement ²
« et tant de foiz par nos ambassades et messages
« [demandons,]³ et desquelles nous seulement fist estre
« content la souveraine révérence d'icelluy souverain
« Dieu, et le bien de paix. Et nous, pour nostre part,
« en cause de mariage, estiesmes enclinés de défal-
« quier et laissier cincquante mille escus d'or derre-
« nièrement à nous promis, nous, désirans plus la
« paix que l'avarice, et avions preslut iceulx nostre
« droit de patrimosne, que si grans nous ont laissiez
« nos vénérables ancesseurs, avec nostre très chière
« cousine Catherine, vostre gracieuse fille, que⁴,
« avec la pécune de iniquité, multiplyer mauvais tré-
« sors et deshériter par [honte et mauvais conseil] ⁵
« la couronne de nostre royaulme ; que Dieu ne vueille !

« Donné, soubz nostre séel privé, en nostre chastel
« de Hantonne, ou rivage de la mer, le jour etc. ⁶ »

Lesquelles lettres dessusdictes, après que par un hérault eulrent esté présentées au roy, lui fut dit, par aucuns à ce commis, que le roy et son conseil avoient veu les lettres sur lesquelles on auroit advis, et pourveroit le roy sur le contenu en icelles, en temps et en

---

1. M., « *des drois.* »
2. M., « *instamment.* »
3. M.C. seul.
4. C'est encore le Monstrelet de l'édition Chaudière qui nous fournit ce corrélatif, évident et nécessaire, du verbe *preslust*, au lieu duquel on trouve *qui* dans le ms. 2684, et la conjonction *et* dans ceux de Saint-Remy. Le Laboureur a aussi « *que.* »
5. M.C. Tous les autres textes ont « *hommes.* »
6. Ces lettres sont du 5 août.

lieu, comme bon luy sembleroit; et que il s'en allast, quant il luy plairoit, devers son seigneur le roy d'Angleterre.

Après ce que le roy d'Angleterre eult esté une espasse de temps en sa ville de Hantonne, en atendant ses gens et navire, ung peu devant son partement, lui advint une grande adventure, voire se elle eust esté exécutée, comme vous orez. Or est vray que le conte de Cambery, nepveu du conte de Rotelin, filz du duc d'Iork, les seigneurs de Seroupt et de Cobein se tirèrent devers le conte de la Marche, que on tenoit pour vray héritier de la couronne d'Angleterre et de feu le roy Richart; et luy dirent et remonstrèrent comment il estoit vray héritier d'Angleterre et que il trouvast manière de soy excuser de passer la mer pour aller en France avec le roy Henry, fust par maladie ou aultrement; et, se il demouroit en Angleterre, pour tant que il les vausist croire, ilz le feroient roi. Ausquelles remonstrances le conte de la Marche respondit que c'estoit matière de grant poix, et que sur ce il auroit adviz, et que brief il leur en feroit responce. Lors se départirent, sans de celle chose plus parler. Le conte de la Marche pensa, celle nuit, fort sur ce que les seigneurs lui avoient dit.

Quant ce vint l'endemain, il trouva ses manières à part de parler au roy d'Angleterre en secret. Si luy descouvry le consiel et offres que les seigneurs dessusdis luy avoient fait et promis, et dist au roy : « Sire, « je vous tiengs pour mon souverain seigneur; le « sérement que je vous ay fait, vous vouldroye je « tenir jusques à la mort, ne pour riens qui me puist « advenir je ne vouldroye aller au contraire. » Le roy d'Angleterre, qui estoit fort sage et ymaginatif, pensa moult fort à ceste besoingne, et dist au conte de la Marche : « Beau cousin, de vostre léaulté et bien que « me voullez, je vous merchie. Souffrez-vous d'en « parler à personne tant que je vous en demanderay. » Lors, le roy d'Angleterre assembla son grant conseil, avec luy tous les princes de son armée, et à icellui conseil mist les choses en terme par manière de fiction ; disant que il avoit entendu que aucuns de ses subgectz avoient practicqué et de fait pratiquoient, et vouloient persévérer que de tous poins le débouter et mectre hors de la possession de la couronne d'Angleterre ; laquelle chose il ne povoit croire. Et lui mesmes à tous ceulx qui estoient là en demanda les oppinions, en leur demandant, se les choses estoient véritables, que léallement le vaulsissent conseiller de ce qu'il en auroit affaire, et que il feroit de ceulx qui telle trayson machinoient contre luy.

Sy en demanda aux plus grans seigneurs qui là estoient ; puis vint adreschier sa parolle au conte de Combry, aux seigneurs de Scroup et de Gohem ; lesquelz respondirent au roy et dirent : « Sire, cellui ou « ceulx qui vouldroient machiner, ne faire telle tra- « hison allencontre de vous, sont dignes de souffrir « mort si cruelle que ce soit, exemple à tous aultres. » Et pariellement tous ceulx qui estoient au conseil en dirent autant, et que de trop malle mort on ne les povoit faire morir. Ce conseil tenu et les oppinions tous veuz, comme dit est, les fist parler l'un devant l'autre ; c'est assavoir, les contes de la Marche, de Combry, Seroup et Golhen ; et là, sans guaires grans langaiges et sans gehine, les seigneurs dessus dis confessèrent le cas qu'ilz avoient conseillié au conte de la Marche et par la manière que dessus est dit. Adont le roy d'Angleterre, moult courouchié de la chose advenue par les chevaliers dessusdis, lesquelz il avoit moult amés, en espécial le seigneur de Seroup, lequel par pluiseurs foiz il avoit couchié devant luy et en sa chambre, les fist à tous trois trenchier les testes, puis mectre en quatre quartiers, et les fist envoyer en quatre les plus principaulx villes du royaulme d'Angleterre.

CHAPITRE LXV.

Comment le roy d'Engleterre descendit et print port entre Honnefleu et Harfleu, et assiéga la ville de Harfleu, laquelle, par faulte de secours, luy fut rendue.

Ne demoura guaires, après la justice faicte, que le roy d'Angleterre se prépara de tous poins, pour monter sur mer et tirer vers France. Si advint, quant le roy fut monté en son navire, et toute sa compaingnie preste pour partir et passer en France, comme il fist, une grande adventure. Advint que le feu se frappa en aucunes de ses navires; et y ot trois gros navires ars et péritz, et tout ce qui estoit dedens, ou peu s'en failly; et tellement actaint le feu que, depuis que lesdis navires furent espris et presque tous consummez par feu, le marien d'icelles navires ardoit tout cler à flambe dedens l'eaue. Et fut bien grant adventure que il n'y ot plus grant meschief; mais chascun navire se tira arrière du feu, car nulz ne l'osoit approchier.

Icelles deux adventures advinrent au roy d'Angleterre avant son partement ; dont les pluiseurs de ses gens s'esmerveillèrent fort et doubtoient plus grand inconvénient. Pour lesquelles adventures en y ot aucuns qui conseillèrent au roy de non aller plus avant ; mais il ne les vault croire et passa la mer, luy et toute son armée ; et tant exploitèrent de nagier que, par une nuyt, veille de l'Assumption Nostre-Dame, ilz prindrent port à ung havre qui est entre Hontfleu et Harfleu, où l'eaue de Saine chiet en la mer ; et povoient bien estre viij^e vaisseaulx chargiés de gens et de habillemens de guerre ; et prindrent terre sans effusion de sang.

Et après que tous furent descendus, le roy d'Angleterre se loga à Guerarville, en une prioré, et les ducz de Clarence et de Clocestre, ses frères, assez près de luy, et les aultres où ils porrent le mieulx. Et, après ce, assiégèrent la ville de Harfleu, qui estoit la clef de la mer de toute Normendie et fermèrent le siége, ainsi qu'ilz ont acoustumez de faire. Sy feirent leurs aproces, dreschèrent leurs engins et bombardes, et commenchèrent à battre la ville de tous costez. Dedens Harfleux estoient entrez, avec ceulx de la ville, environ iij^c hommes d'armes François, pour garder la ville ; entre lesquelz estoit le seigneur d'Estouteville, capitaine de par le roy, les seigneurs de Blainville, de Hacqueville, de Harmaville, de Briant, de Gaucort, et pluiseurs aultres. Quant les Anglois eulrent mis le siége, ilz envoyèrent leurs fourriers courre par le païs, prendre prisonniers, vivres et aultres choses à eulx nécessaires, et les amenèrent en leurs ostz, en faisant tous les maulx que faire povoient. Le roy d'Angleterre alloit souvent autour de la ville, pour visiter les lieux les plus convenables pour asseoir ses gros engiens. Les murs de la ville, par les gros engins qu'ilz gectoient, furent fort adommagiez, et ceulx de la ville se deffendoient très bien. Mais ne leur prouffita guaires ; car les Anglois, par le traict de leurs archiers, les reboutoient à force dedens leur ville.

Or advint une moult malle adventure à ceulx de la ville; car, en ce temps, le roy leur envoyoit grant foison de poudres et traict. Le roy d'Angleterre en fut adverty. Si envoya hastivement de ses gens au devant, qui les prindrent et amenèrent en son ost. Durant icelluy siége, le roy envoya grans gens en la cité de Rouen et en la frontière contre les Anglois, lesquelz Franchois très diligamment gardèrent le pays, tant que les Anglois, estant devant Harfleu, ne prindrent ne ville, ne chasteaulx dedens le pays; jà soit ce que les Anglois y traveillèrent assez le plat pays pour quérir vivres; car ilz eulrent grans deffaulte de vivres, pour ce que ceulx que ilz avoient amenez d'Angleterre estoient jà tous faillys et gastez de l'air de la mer.

Et avec ce férit entre eulx maladie de cours de ventre, dont morurent bien deux mil ou plus. Entre lesquelz furent les principaulx, le conte de Stanfort, l'évesque de Nordvich, le seigneur de Beaumond, le seigneur de Trompanton et Morisse Brunel, avec pluiseurs aultres nobles. Néantmoins, le roy d'Angleterre, en grant diligence et labeur, persévéra tousjours en son siége et fist faire trois minnes par desoubz la muraille, qui estoit preste pour enfundrer; et, avec ce, fist par ses engins abattre grant partie des portes, tours et murs d'icelle ville. Par quoy, finablement, furent ceulx de la ville mis en telle nécessité qu'il leur couvint prendre traictié avec le roy d'Angleterre, qui fut tel qu'ilz se renderoient tous prisonniers, la vie saulve, moiennant qu'ilz auroient jour compétent de rendre la ville, ou cas que à ce jour ilz ne auroient secours.

Icellui traictié fut des parties accordé, et envoyèrent les Franchois devers le roy et le duc de Guienne, pour luy dénunchier le traictié tel que dessus est dit, et, aussi, se ilz seroient secourus. Les messagiers trouvèrent le duc de Guienne à Vernon sur Saine, lesquelz luy remonstrèrent l'estat et la nécessité de ceulx de Harfleu, qui pryoient au roy et à luy de avoir secours en dedens les jours qui accordez estoient. Mais, à brief dire, il leur fut respondu que la puissance du roy n'estoit pas encoires assemblée, ne preste, pour baillier secours si hastivement; et, sur ce, retournèrent les messagés; c'est assavoir, le seigneur de Jacqueville, qui fist son rapport; dont tous les nobles et ceulx de la ville furent moult troublez.

Vous advez bien ouy comment les ambassadeurs de Harfleu furent à Vernon parler au duc de Guienne et la responce qu'ilz eulrent. Pour la quelle cause il leur convint rendre la ville; laquelle reddicion se fist par la manière que dessus est dit, qui fut une piteuse chose à oyr à ceulx qui estoient dedens la ville. Après ce qu'il fut venu à la congnoissance du roy comment la ville de Harfleu estoit rendue ès mains de son adversaire le roy d'Angleterre, doubtant que il ne vaulsist faire aultres emprises sur son royaulme, affin de y résister, fist mander par tous ses pays le plus[1] grant

---

1. M.P. et L., « *fist mandement* par tous ses pays *pour avoir* le « plus. »

nombre de gens d'armes que il y pot finer ; et, avec ce, rescript par toutes ses bonnes villes le devoir en quoy il s'estoit mis par devers le roy d'Angleterre. Pourquoy, il commandoit à tous ses subgectz et vassaulx, tant en Picardie comme aultres part, que tous, à la plus grant puissance qu'ilz pourroient finer, le venissent servir, pour obvyer et résister allencontre de son adversaire le roy d'Angleterre, et mandoit que tous ses subgectz allassent devers le duc de Guienne, son filz.

Auquel mandement tous ceulx de France, de Picardie et d'aultre part obéyrent et y allèrent, à puissance de gens, jà soit ce que le duc de Bourgoingne, qui lors estoit en son pays de Bourgoingne, pour les guerres qu'il avoit en France allencontre des enffans du duc d'Orléans, manda, par ses lettres patentes, aux seigneurs de Picardie, que ilz ne se bougassent et ne servissent ne partissent de leurs hostelz, jusques à tant qu'il leur feist savoir. Non obstant ce, riens n'en fut fait ; mais obéyrent au commandement du roy.

CHAPITRE LXVI.

Comment le roy d'Angleterre entra dedens la ville de Harfleu. Du traictement qu'il feit aux gens de guerre, aux manans de la ville et aux gens d'église ; et de ungne embusche que les François feirent sur les Anglois, durant le siége de ladicte ville.

Or est vray que, après les traictié faiz entre le roy d'Angleterre et ceulx de la ville de Harfleu, et que les portes furent ouvertes et ses commis entrez dedens, à l'entrée qu'il fist à la porte, descendi de son cheval et se fist deschaussier, et en telle manière alla jusques à l'église Saint-Martin, paroschialle d'icelle ville, et fist son oraison, regraciant son Créateur de sa bonne fortune. Et après qu'il ot ce fait, il fist mectre prisonniers tous les nobles et gens de guerre, qui estoient là dedens; et, depuis brief ensuyant, fist mectre leurs noms par escript, et puis leur fist faire sèrement, sur leur foy, qu'ilz se renderoient prisonniers en la ville de Calais, en dedens la Saint-Martin ensuivant; et sur ce partirent. Et pareillement furent mis prisonniers grant partie de bourgois, et failly qu'ilz se rachetassent grant finances; et avec ce furent boutez dehors. Et aussi furent la plus grant partie des femmes avec leurs enfans; et leur bailloit on, au partir, chascune v° et une partie de leurs vestemens. Sy estoit piteuse chose de oyr les regrectz piteux et lamentacions que faisoient iceulx habitans, délaissans ainsi leur ville avec tous leurs biens. Avec ce furent licenciez tous les presbtres et gens d'église; et, tant que à parler des biens quy là furent trouvez, il en y avoit sans nombre; lesquelz demourèrent au roy d'Angleterre.

Touteffoiz, deux tours qui estoient sur la mer, moult fortes, se tindrent environ deux jours après la reddicion de la ville, et se rendirent comme les aultres. En après, le roy d'Angleterre envoya aucuns de ses prisonniers en Angleterre; c'est assavoir, le seigneur d'Estouteville et de Gaucourt, sur la navire sur quoy il estoit venu, et les biens que il avoit trouvé dedans la ville et aussi grant nombre de gens mallades, entre lesquelz estoient le duc de Clarence, le conte d'Arrondel et pluiseurs aultres nobles hommes. Et disoient les aucuns que, le siége estant devant Harfleu, le roy d'Angleterre avoit bien perdu v˚ chevaliers et escuiers, sans les aultres qui y morurent [tous d'icelle maladie][1] de fleux de ventre.

Durant le siége devant Harfleu, pluiseurs grans seigneurs de France se assemblèrent, de v à vj˚ chevaulx, lesquelz eulrent adviz de eulx trouver ensemble, le plus prés que ilz pourroient bonnement du siége du roy d'Angleterre, et que ilz mecteroient grosses embusches au plus près que faire se pourroit. Après, envoyèrent coureurs sur le siége affin de faire saillir les Anglois. Ainsi fut fait, et furent trois embusches ordonnées. Icelles ordonnances faictes, furent ordonnez coureurs pour courre sur le siége. Des coureurs estoient pluiseurs nobles hommes; entre lesquelz estoient le seigneur de Lille Adam et messire Jacques de Brimeu, qui depuis furent frères de la Thoison d'or, et lesquelz deux furent prins à icelles courses.

Or est vray que, ainsi comme il avoit esté ordonné, les coureurs se trouvèrent devant le siége des Anglois et les firent cryer « à l'arme »; et tantost Anglois à cheval, et chassèrent Franchois chaudement; et, sans ordonnance de eulx retraire où il leur estoit ordonné, se prinrent les coureurs. Et, pour le jour, les Anglois estoient en adventure de perdre une grand perte, se la chose eust esté bien conduicte. Mais le barron d'Ivry se monstra trop tost; pourquoy les Anglois laissèrent à chasser les François, et retournèrent en leur siége, à

---

[1]. M. P. et L. — Il en a déjà été parlé dans le chapitre précédent; ce qui explique l'emploi de l'adjectif *icelle*, qui se trouve assez éloigné.

peu de perte. Et à icelle course furent prins le seigneur de Lille Adam, et messire Jacques de Brimeu ; et les prinrent les gens du seigneur de Robersart, natif de Haynnau, lequel estoit Englé et au service du roy d'Angleterre, luy iij° frères. Après ce que le roy d'Angleterre ot prins la ville de Harfleu, il fist réparer les murs de la ville, et puis y mist en garnison le duc d'Excestre, à v° hommes d'armes et mil et v cens archiers ; et fist fournir la ville de vivres et de artillerie.

CHAPITRE LXVII.

Comment le roy d'Angleterre se partist de Harfleu, pour tirer à Calais et passer la rivière de Somme, à le Blanche Tacque. De deux beaulx copz de lances donnez devant la ville d'Eu ; et comment, par ung prisonnier, fut destourbé de passer par ledit lieu, mais passa ladicte rivière à l'entour d'Athiez.

Après ce que le roy d'Angleterre eult pourveu à la garde de sa ville de Harfleu, il print son chemin pour aller vers Calais et ordonna ses batailles, et passa par le pays de Caulx, en Normandie, en le gastant et destruisant ; et tant exploitta que il se trouva devant la ville d'Eu, laquelle est la derraine ville de Normandie. Sy envoya ses coureurs devant la ville d'Eu, en laquelle estoient aucuns François qui saillèrent allencontre d'eulx ; entre lesquelz estoit ung vaillant homme d'armes nommé Lancelot Pierres. Sy vint, alencontre de luy, ung Anglois ; eulx deulx couchèrent la lance et se férirent, de telle radeur que le François trespercha de sa lance le corps de l'Anglez. Et pareillement l'escuier Englez assist son cop sur le François, si ruddement qu'il le traversa tout oultre. Et ainsi finèrent les deulx gentilz hommes leurs vies; lesquelz furent fors plains de ceulx qui les congnoissoient.

En icellui jour, le roy d'Angleterre se loga auprès de la ville d'Eu et sur la rivière. Or est vray que, l'endemain, le roy d'Angleterre, en passant parmy le pays de Vimeu, avoit voulenté[1] de passer la rivière de Somme au lieu que on nomme La Blanche Tacque, pour tirer le droit chemin à Calais, par où jadis passa son ané, Edouart, roy d'Angleterre, quant il gaingna la bataille de Cressy contre le roy Phelippe de Vallois, roy de France. Mais, quant il vint à deux lieues près, ou environ, dudit passage, les gens de son avant-garde, ainsi comme [gens] s'espandent parmy le pays, prinrent ung gentil homme, natif du pays de Gascongne, serviteur de messire Charles de Labreth, lors connestable de France. Mais, de ce gentil homme ne sçay que doy dire, pour la malle et doloureuse adventure qui en advint; car, ce icelluy gentil homme ne eust esté prins à ceste heure, le roy d'Angleterre fust passé ladicte Blanche Tacque, sans empeschement ne contredit; et, par ainsi, lui et ses gens povoient aller franchement à Callais, et n'eust point esté ceste maleureuse et doloureuse journée[2] des François, qui fut à cause de la bataille d'Agincourt, comme cy après sera dit.

---

1. Nos deux manuscrits ont « *et qui* avoit voulenté; » deux mots très-embarrassants, dans la construction de la phrase, et à supprimer.

2. M.P. et L., « ceste malheureuse *adventure* et — journée. »

Donques, pour venir à parler dudit gentil homme, que pluiseurs François ont nommé déable et non homme[1], vray est que, quant il fut prins des Anglois, il fut mené devant le chief de l'avant-garde et fut interrogié dont il venoit, de quel pays il estoit et à quel maistre. Il respondi qu'il estoit natif de Gascongne, et que il estoit sailly hors de la ville d'Abbeville, où il avoit laissié son maistre, le connestable de France. Après pluiseurs interrogacions, lui fut demandé se ledit passage de la Blance Tache estoit par nulluy gardé. Il respondy et afferma que oyl, et que pluiseurs grans seigneurs y estoient, à tout vj^m bons combattans, et le certiffia pour vérité et sur sa teste[2] à copper. Pour icelles nouvelles, fut ledit Gascon menez devant le roy d'Angleterre, et de rechief interrogié, et fist-on arester touttes les battailles. Et après ce que le roy l'eult oy parler, il manda ses princes qui là estoient, et mist les choses en délibéracion de conseil; et dura icelluy conseil bien deux heures; et, en fin, fut conclud que le roy prendroit autre chemin, parce que il créoit que le Gascon deist vérité. Et [est] à présupposer que le Gascon affermoit les choses dessus dictes estre vrayes, pour le désir que il avoit de la bataille; car, à icelle heure, les François n'estoient pas assemblez, et ne le furent qu'il ne fust bien viij jours après.

Et, pour venir à parler comment le roy d'Angleterre délaissa le passage de la Blance Tache, vray est qu'il print son chemin pour monter amont la rivière de

---

1. M.B., en note : « Ce gentilhomme Gascon fut cause de la bataille d'Angincourt, à la perte des François. »
2. M.P. et L., « le certiffia — *pour sa teste*. »

Somme, cuidant sur icelle trouver passage. Tant chemina qu'il se trouva assez près d'Amiens, et après prinst son chemin à Boves, où il se loga.

En icellui village avoit à foison de vignes, dedens lesquelles avoit foison de vins en queves, dedens les pressoirs; et là alloient les Anglois quérir du vin; dont le roy estoit fort desplaisant et leur deffendoit. Sy lui fut demandé pourquoy il leur deffendoit, et qu'il convenoit les petis compaignons emplir leur bouteilles. Il leur respondi que il n'estoit point malcontent des boutailles; mais la pluspart faisoient leurs boutailles de leurs ventres, dont il estoit doulans; et la cause si estoit de paour qu'ilz ne se enyvrassent.

Icelluy village de Boves est assiz sur rivières; et sur ung petit rocq est assize une belle forteresse, laquelle est au conte de Waudemont. Le roy d'Angleterre et tout son ost estoient en grant disette de pain, et fut composé ledit village à viij corbellées de pain, chascune portée par deux hommes; lesquelles par le capitaine de ladicte forteresse furent présentées au roy d'Angleterre. Le roy d'Angleterre avoit deux gentil hommes de sa compaignie moult fort mallades, lesquelz il bailla audit capitaine; et devoit payer, pour leur renchons, pour chascun une haghenée. Si bien se gouverna ledit capitaine envers le roy d'Angleterre qu'il en valut depuis de mieulx.

Au deslogier de Boves, le roy d'Angleterre, avec luy son armée, prinst son chemin vers Néelle en Vermendois; et, quant le roy passa devant icelle ville de Néelle, ilz avoient leurs murs couvers de couvertoirs la pluspart vermaulx. Alors que le roy d'Angleterre alloit ainsi costiant la rivière de Somme, pour trouver passage, estoient, à Abeville, messire Charles de Labreth, connestable de France, avec pluiseurs aultres notables chevaliers et aultres gens de guerre; lesquels oyans de jour en jour nouvelle du chemin que tenoit le roy d'Angleterre, se partirent de la ville et allèrent à Corbie, et de là à Péronne, tousjours leurs gens sur le pays assez près d'eulx, contendans garder tous les passages. Et, pour parler du pas du roy d'Angleterre, vray est que luy et toute sa puissance descendirent des chevaulx et vindrent sur la rivière; et commencèrent à abattre maisons et prendre eschielles, huys et fenestres, à faire pons pour passer; car, depuis environ viij heures du matin jusques à peu près du jour failly, ne cessèrent lesdis Anglois de besoingnier audit passage faire; et ainsi passoient gens petit à petit.

Premièrement, archiers passoient sans chevaulx[1]. Quant ilz furent passez en nombre compétent, passa ung estandart; et quant l'avant-garde fut toute passée, et tous à piet, on fist passer les chevaulx. Après, passa la bataille et l'arrière-garde; et, comme il est dit cy dessus, il fut nuyt avant que tous fussent passez. Tout ainsi que il estoit nuyt, Anglois marchèrent en pays, et alla le roy d'Angleterre logier assez près d'Athies; et les François estoient logiés ou pays[2] d'environ. Et quant les François furent advertis que les Anglois avoient passé la rivière, ilz furent moult mal content sur ceulx de Saint-Quentin; car, de par le roy, leur estoit enjoingt de rompre le passage où ilz passèrent.

---

1. M.P. et L., « et ainssy — passoient sans chevaulx. »
2. M.P. et L., « estoient — au pays. »

CHAPITRE LXVIII.

Comment les ducz d'Orléans et de Bourbon et le connestable envoyèrent vers le roy d'Angleterre, pour avoir jour et place pour le combattre. De la responce dudit roy; et comment le roy de France manda au connestable, et aultres princes, que le roy d'Engleterre fût combattu.

Les ducz d'Orléans et de Bourbon et connestable de France envoyèrent devers le roy d'Angleterre trois officiers d'armes, et luy faisoient savoir que, pour acomplir son désir, ilz envoièrent devers luy pour ce que ilz sçavoient bien que, dès lors qu'il estoit parti de son royaulme, son désir estoit d'avoir bataille contre les Franchois. Et, pourtant, ilz estoient trois princes issus de la maison de France, lesquelz estoient prestz de luy livrer et furnir son désir et ce que il quéroit ; et, se il vouloit prendre jour et place pour eulx vouloir combattre, ilz estoient contens de ce faire ; laquelle, par les depputez de l'un et de l'autre seroit prinse et advisée, non avantageuse[1] non plus à l'un comme à l'autre, pourveu que ce fust le bon plaisir du roy, leur souverain seigneur. Ainsi contenoient les lettres, ou en soubstance[2], envoyées au roy d'Angleterre, qui les receut à grant joye et pariellement lesdis officiers d'armes grandement et honnourablement ; et leur donna gran-

---

1. M.P. et L., « prinse — non advantageuse. »
2. M.P. et L., « les lettres, ou en *effect et* substanche. »

dement de ses biens en don, et les renvoya sans faire responce. Mais il envoya devers lesdis seigneurs François deux de ses officiers d'armes, par lesquelz il leur renvoya responce qui fut telle qu'il leur feist savoir que, depuis qu'il estoit parti de la ville de Harfleu, il avoit contendu et contendoit, de jour en jour, en son royaulme d'Angleterre, et ne gisoit en ville fermée ne en forteresse. Pourquoy, se iceulx trois princes de France le voulloient combattre, il n'estoit jà nécessité de prendre jour ne place; car, tous les jours, le povoient trouver à plains champs, et sans fremeté nulle.

Ainsi leur fist faire responce. Lesquelz, de rechief, envoyèrent devers le roy, lui faire savoir que il avoit passé la rivière de Somme; car, auparavant, avoient fait savoir au roy le chemin que tenoient les Anglois, ainsi que cy après sera dit. Après ce que le roy d'Angleterre sceult et fut adverty que, de toutes pars du royaulme de France, se mectoient gens sus pour le combattre et empeschier son chemin pour aller à Calais, sachant aussi la voulenté des trois princes de France qui désiroient de luy faire bataille, print, au partir de son logis, et vestit cottes d'armes, et aussi les fist vestir à tous ceulx qui cottes d'armes avoient; et, avec ce, ordonna que tous archiers, de là en avant, fussent garnis d'un peuchon aguisé de[1] deux deboutz; et ainsi chevaucha, de jour en jour, jusques au jour de la battaille.

Quant les Franchois veirent que les Anglois orent prins aultre chemin que la Blanche Tache, et que ilz montoient amont la rivière de Somme, comme il est dit, ilz envoyèrent devers le roy et le duc de Guienne pour

---

1. M.P., « à. »

avoir congié de combattre le roy d'Angleterre. Sy fut la chose mise en conseil, et fut conclud que le roy d'Angleterre seroit combattu. Et, incontinent après, le roy manda à son connestable et aux autres princes estans avec luy, que tantost se meissent ensemble avec toute la puissance qu'ilz avoient et combatissent le roy d'Angleterre; laquelle conclusion fut, en brief temps, sceue en pluiseurs lieux tant en royaulme comme dehors.

Et, qu'il soit vray, à la bataille dont cy après sera parlé, furent pluiseurs nobles hommes des pays de Brabant, Haynnau, Hollande, Zellande et d'ailleurs. Et mesmes le duc de Guienne avoit grant désir de y aller, non obstant que par le roy, son père, luy eust esté deffendu; mais, par le moyen du roy Loys et du duc de Berry, fut atargié de non y aller; et adont tous les seigneurs et gens de guerre se partirent, et tirèrent devers le connestable qui desjà estoit tiré devers la conté d'Artois; lequel, oyant la voulenté du roy, envoya hastivement devers le conte de Charrolois, seul filz du duc de Bourgoingne, pour luy signiffier la conclusion prinse pour combatre les Anglois, en luy requérant, de par le roy, que il vaulsist estre à icelle journée.

A quoy fut respondu par les seigneurs de Chanteville, de Roubaix et de la Viesville qui estoit pour lors avec luy en la ville d'Arras, que sur sa requeste il feroit si bonne diligence qu'il appertiendroit. Et, sur ce, se party le messagier. Jà soit ce que le conte de Charrolois désirast de tout son cœur estre, en personne, en la bataille, et aussi que ses gouverneurs luy donnassent à entendre que il y seroit, néantmoins leur estoit deffendu de par le duc de Bourgoingne, son père, et sur tant qu'ilz povoient mesprendre devers luy, qu'ilz gardassent que il n'y allast pas ; et, pour ceste cause, affin d'eslongier, le menèrent de la ville d'Arras à Aire. Auquel lieu furent renvoyés de rechief aucuns seigneurs, de par le connestable et Montjoye, roy d'armes du roy, pour faire requeste pareille au conte de Charollois.

Mais, à brief dire, fut la besoingne à toutteffoiz atargie par les dessusdis seigneurs ; et mesmement trouvèrent manière de le tenir au chausteau d'Aire, le plus coyement et secrètement que faire le pourroient, affin que pas ne fust adverty des nouvelles ne de la journée de battaille. Et entretant, la plus grant partie des gens de son hostel, et aussi les nobles des pays de Flandres et Picardie qui estoient assemblez pour estre avec luy à la battaille, comme ilz furent, qui savoient la besoingne aprochier, se partirent secrètement, sans son sceu, et s'en allèrent avec les François pour estre à combattre les Anglois ; et demourèrent, avec le seigneur de Charrolois, le seigneur josne[1] d'Anthoing et ses gouverneurs dessusdis, lesquelz, en la fin, luy déclairèrent, pour l'appaisier, la deffence qu'ilz avoient du duc son père, dont il ne fut pas bien content ; et, comme je fus depuis informez, pour la desplaisance qu'il en eult, se retrait tout plourant en sa chambre. Mais la noblesse, que il avoit assemblé de Flandres et d'Artois, furent à la battaille tous mors ou prins. Et, ce non obstant, j'ay oy dire audit conte de Charrollois, depuis qu'il avoit actaint l'eage de lxvij ans, que il estoit

---

1. Le Laboureur a lu « *Josué.* »

desplaisant de ce que il n'avoit eu la fortune d'avoir esté à laditte bataille, fust pour la mort ou pour la vie.

CHAPITRE LXIX.

Du chemin que le roy d'Engleterre tint, quant il fut passé la rivière de Somme. Comment les François allèrent au devant de luy, et comment ilz se veirent l'ung l'autre, et se logèrent pour celle nuyt; et comment le roy d'Engleterre ordonna, l'endemain, sa bataille.

Or couvient retourner à parler du roy d'Angleterre, lequel, au partement qu'il fist, quant il ot passé la rivière de Somme, il se loga auprès d'Athies, comme devant est dit; puis passa à Doing, auprès de Péronne. Après, alla logier à Mirammont et ès parties d'entour, là où il sceult certaines nouvelles que il seroit combattu; puis, print son chemin en tirant vers Encre, et alla logier à ung village nommé Forcheville; et ses gens se logèrent ès villes voisines, et tousjours en telle ordonnance, comme vous advez ouy, les cottes d'armes vestues. Et l'endemain, qui estoit le merquedi, chevauça d'emprès Luceu, et alla logier à Bonnières le Scallon, et son avant-garde loga à Frévent sur la rivière de Canche. Or est vray que le roy d'Angleterre et ses gens, pour ceste nuyt, furent logiés bien en vij ou viij villages, sans avoir nulz empeschemens; car, les François estoient allez, pour estre au devant d'eulx, vers Saint-Pol et sur la rivière d'Aubin. Et, à la vérité dire, le roy d'Angleterre se cuida logier à ung aultre village, lequel avoit esté prins par ses fouriers ; mais, lui, comme celluy qui gardoit le plus les cérimonies d'honneur très loable, fist ce que vous orez.

Vray est qu'en ce voyage faisant, toutes et quantes foiz qu'il voulloit envoyer courreurs devant villes ou chasteaulx, ou en quelque ses affaires, il faisoit despouiller les cottes d'armes aux seigneurs ou aux gentilz-hommes qui y alloient, et, à leur retour, le reprendoient. Si advint que, le jour que le roy d'Angleterre desloga de Bonniéres, pour venir vers Blangy ou auprès, avoit ung village ouquel par ses fouriers lui estoit ordonné, mais non est[1] adverty ; ne sachant ledit village où il se devoit logier, passa oultre environ un traict d'arc et chevauchoit avant. Mais, il luy fut dis que il avoit passé son logis. Lors, il s'aresta et dist : « Puisque je suis passé, jà Dieu[2] ne plaise, entendu que j'ay la cottes d'armes vestues, que je doye retourner arrière. » Et passa oultre et se loga où l'avant-garde devoit logier, et fist passer plus avant l'avant-garde. L'endemain, le roy d'Angleterre se party en telle ordonnance qu'il avoit fait les jours paravant, et tousjours tirant son chemin vers Calais. Ce jour estoit le jeudi, xxiiij[e] jour d'octobre, nuyt Saint-Crespin. Quant le roy d'Angleterre fut deslogié, et que luy et ses battailles furent issus des villages, ses coureurs choisérent[3] de toutes pars les François venir, à grant compaingnie, pour aller logier à Rousseauville et à Azincourt, affin d'estre au devant de luy pour, l'endemain, les combattre.

---

1. M.P. et L., « estre. »
2. M.P. et L., « et dist — Jà Dieu. »
3. M., « commencèrent à voir les François de toutes pars
« venans. »

Mais, pour retourner au roy d'Angleterre, avant ce qu'il eust passé la rivière de Blangy en Ternois, et aussi pour ce que il y at ung passage et grant destroit, fist desployer vj cottes d'armes à vj nobles hommes de son avant-garde et les fist passer oultre, pour savoir se le passage estoit de nulz gardé; lesquelz trouvèrent qu'il n'y avoit point de deffence. Sy passèrent les Anglois à grant [puissance et[1]] diligence; puis, quant ilz furent passé le village de Blangy, lors sceult le roy d'Angleterre par ses coureurs, pour vérité, que les François estoient assemblez à grant puissance. Le roy d'Angleterre véant devant lui les François, fist descendre toutes ses gens à piet et mectre tous en bataille et belle ordonnance. Et là eussiez veu les Anglois, cuidans le jeudi avoir la bataille, estre en grant dévocion, eulx mectant à genoulx, les mains joinctes vers le ciel, faisant leurs oroisons à Dieu qu'il les veusist mectre en sa garde. Et, qu'il soit vraye, j'estoie avec eulx et veys ce que dessus est dit.

En icelle belle ordonnance demoura le roy d'Angleterre, en la mesme place jusques au soleil couchant. Et d'aultre part les Franchois, qui bien povoient choisir les Anglois, pareillement ce jeudy cuidèrent combattre les Anglois, et se arrestèrent et mirent en bonne ordonnance, vestirent cottes d'armes, desployèrent banières et y furent faiz moult de chevaliers. Là fut fait chevalier Phelippe, conte de Nevers, par le marischault Bouchicault, et pluiseurs aultres grans seigneurs et nobles hommes. Et, assez tost après, arriva le connestable auprès d'Azincourt; auquel lieu s'assemblè-

---

1. M.P. et L.

rent ensemble tous les François, ensemble en un seul ost ; et, d'autre part, le roy d'Angleterre, véant qu'il estoit sur le tart, lui et ses batailles se partirent pour aller logier à Maisoncelles, qui est auprès d'Azincourt.

Mais, avant qu'il allast à son logis, donna et fist donner congié à tous les prisonniers François, nobles et aultres, qui pour le jour estoient prisonniers en son ostz[1], en leur faisant promectre que, se la journée de la bataille estoit pour luy, et que Dieu luy en donnast la victoire, qu'ilz reverroient tous devers lui et leurs maistres, s'ilz vivoient. Et, se l'adventure lui venoit de perdre la bataille, pour lors et pour le temps advenir leur quictoit leur foy. Après ces prisonniers délivrez, le roy se loga dedens le village de Maisoncelles, comme dit est, et aux advenues de son logis, en espécial à l'advenue de ses ennemis, qui estoient environ ung quart de lieue[2] près de luy, et que on les ouoit tout à plain, et tellement que on les oyoit l'un l'autre nommer. Et, quant aux Anglois, oncques gens ne firent moins de noize ; car, à grant paine, les oyoit-on parler les ungs aux aultres, tant parloient bas. D'autre part, quant les François veirent, choisérent[3] que le roy d'Angleterre s'estoit logié à Maisoncelles, et que, pour le jour, ilz ne seroient combatus, il fut commandé, de par le roy et son connestable, que chascun, endroit soy, se logast où il estoit.

Lors, eussiés veu ployer bannières et penons autour des lances, et dévestir cottes d'armes, destrosser malles

---

1. M.P. et L., « à tous les prisonniers — en son ost. »
2. M.P. et L., « environ *ung grande* lieue. »
3. M.P., « *choisirent*. » Le Laboureur a supprimé le mot.

et bahus, et chascun seigneurs, par leurs gens et fouriers, envoier aux villages prochains quérir pailles et estrains pour mectre desoubz leurs piés, et aussi pour eulx reposer en la place où ilz estoient, laquelle estoit moult froide pour le pestelis des chevaulx; et avec ce, presque toute la nuyt, il ne fist que plouvoir. Et démenoient moult grant bruit pages et varlez, et toutes manières de gens; et tant, comme dit est, que les Anglois les povoient plainement oyr. Mais de leur costé n'estoient pas oys; car, en celle nuyt, se confessoient tous ceulx que de prebstre porent recouvrer. Les hommes d'armes remétoient à point leurs aguyllettes et tout ce que mestier leur estoit; et pareillement archiers renouvellèrent cordes et adoubèrent ainsi comme il appertenoit. Puis, quant ce vint le bien matin, le roy d'Angleterre commença à oyr sa messe dès le point du jour, et en ouy trois l'une après l'autre, armé de tout son harnas, hors sa teste, et sa coste d'armes vestue.

Après les messes dictes, fist apporter son harnois de teste qui estoit ung très bel bachinet à banière, sur lequel avoit une rice couronne d'or, serquellée comme impérialle couronne. Puis, après ce que il fut de tous poins habillié et armé, monta à cheval, gris petit cheval, sans esperons; et, sans faire sonner trompectes, fist tirer sa bataille hors des logis, et sur une belle plaine de josne bled et vers, ordonna ses batailles. Et ordonna ung gentilhomme, à tout x lances et xx archiers, pour garder les bagages de lui et de ses gens, avec ses pages qui nobles hommes estoient, et aucuns aultres mallades qui aidier ne se povoient. Il ne fist que une battaille, et estoient tous ses hommes d'armes ou milieu de sa bataille, et toutes les banières assez près les ungnes des aultres. Aux deux costez des hommes d'armes estoient les archiers, et povoient bien estre environ de ix^c à mil hommes d'armes et x^m archiers. Et pour parler des bannières, il y avoit, pour son corps, cincq banières ; c'est assavoir, la banière de la Trinité, la banière de Nostre-Dame, la banière de Saint-George[1], la banière Saint-Edouart et la banière de ses propres armes. Aultres pluiseurs y avoit ; assavoir, du duc de Clocestre, du duc d'Iork, du conte de la Marche, du conte de Hostidonne, du conte d'Oxenfort, du conte de Kint, des seigneurs de Ros et de Cornouaille, et de pluiseurs aultres.

Quant le roy d'Angleterre ot ordonné sa battaille et l'ordonnance de son bagaige, sur le petit cheval gris devant dis, alla au long de sa bataille et leur fist de très belles remonstrances, en les ennortant de bien faire, disant qu'il estoit venu en France pour son droit heritaige recouvrer, et qu'il avoit bonne et juste cause et querelle de ce faire ; en leur disant que sur ceste querelle povoient franchement et seurement combattre, et qu'ilz eussent souvenance qu'ilz estoient nez du royaulme d'Angleterre, là où leurs pères et mères, femmes et enffans estoient demourans. Par quoy ilz se debvoient efforchier pour y retourner en grant gloire et loenge, et que les roys d'Angleterre, ses prédécesseurs, avoient eu sur les François maintes belles besoingnes, battailles et desconfitures, et que, cellui

---

[1]. M.P. et L. ne nomment que quatre des cinq bannières, en omettant celle de *Nostre-Dame*.

jour, chascun aidast à garder son corps et l'onneur de la couronne d'Angleterre. En oultre, leur disoit et remonstroit que les François se vantoient que tous les archiers Anglez, qui y seroient prins, ilz leur feroient copper les trois dois de la main dextre, affin que leur traict jamais homme ne cheval ne tuast.

CHAPITRE LXX.

Comment les François ordonnèrent leurs battailles, pour combattre le roy d'Angleterre.

Or, fault parler des François, que le jeudy au soir, comme devant est dit, se logèrent ou champ qui estoit entre Agincourt et Tramecourt, où la bataille fut l'endemain. En laquelle place, comme est dit, se tindrent jusques au matin, espérans de jamais en partir que, premiers, n'eussent combatu le roy d'Angleterre. Si se mirent et ordonnèrent tous en point. Mais, pour en raconter à la vérité, le jeusdy au vespres, quant ilz eulrent ravisé la place là où ilz s'arestèrent, et là où la bataille fut l'endemain, les princes de France et les officiers royaulx qui là estoient, assavoir, le connestable, le maryssal Bouchicault, le seigneur [de] Dampierre et messire Clugnet de Brabant, tous deux eulx nommans amiraulx de France, le seigneur de Rambures, maistre des arbalestriers de France, et pluiseurs princes, barrons et chevaliers, fichèrent leurs banières en grant léesse, avec la banière royal du connestable de France, ou camp par eulx advisé et scitué en la conté de Saint-Pol, ou territoire d'Agincourt, par lequel, l'endemain, debvoient passer les Anglois pour aller à Calais ; et firent, celle nuyt, moult grant feux au plus près de la banière soubz la quelle ilz debvoient, l'endemain, combattre.

Et jà soit ce que les François fussent bien cincquante milles[1] hommes et grans nombres de chariotz et charettes, canons et serpertines et aultres habillemens de guerre, telz qu'en tel cas debvoit appertenir ; néantmoins, si y avoit-il peu de instrumens de musique pour eulx resjouyr ; et à paines, celle nuyt, de tout l'ost des François on n'eust oy ung cheval hennir. Le sçay, pour vérité, par messire Jehan, le bastar de Wavrin, seigneur de Forestel ; car, en cette assemblée, estoit du costé des François, et j'estoye de l'autre costé des Anglois. De laquelle chose chascun avoient grant merveilles, et n'y prendoient pas bon piet les François ; et aucuns en disoient, comme l'endemain en advint.

Puis, quant ce vint le lendemain au matin, qui fut vendredi, xxv° jour d'octobre, l'an mil iiij° et xv, les François, est assavoir, le connestable de France et tous les aultres officiers du royaulme, les ducz d'Orléans, de Bar, d'Alenchon, les contes de Nevers, d'Eu, de Richemont, de Vendosme, de Marle, de Waudemont, de Blamont, de Salines, de Grant Pret, de Roussy, de Dampmartin, et généralement tous les aultres nobles et gens de guerre, s'armèrent et yssirent hors de leurs logis. Et lors, par le conseil du connestable et aultres sages du conseil du roy, fut ordonné à faire iij batailles ; c'est assavoir, avant-garde, bataille et arrière-garde.

---

1. M., « *cl*ᵐ de chevaucheurs. »

En laquelle avant-garde furent mis environ viij^m bachinés, chevaliers et escuyers et peu de gens de traict; laquelle avant-garde conduisoit le connestable, avec lui les ducz d'Orléans et de Bourbon, les contes d'Eu et de Richemont, le marissal Bouchicault, le maistres des arbalestriers, le seigneur de Dampierre, admiral de France, messire Guichart le Dauphin, et aucuns aultres capitaines. Et le conte de Vendosme et aultres officiers du roy, à tout xvj^c hommes d'armes, fut ordonné à faire une elle pour férir sur les Anglois d'un costé; et, l'autre elle, conduisoit messire Clugnet de Brabant, admiral, et messire Loys Bourdon, à tout viij^c hommes d'armes à cheval, gens esleuz, comme l'en disoit, et que depuis je oy dire; car j'estoye avec les Anglois[1]. Avec lesquelz conduiseurs dessusdis estoient, pour rompre le traict des Anglois, messire Guillame de Saveusis, Hector, et Phelippe son frère, Ferry de Mailly, Aliaune de Gapamnes, Alain de Vensdosme, Lanion de Lannoy et pluiseurs aultres, jusques au nombre dessusdit. Et en la bataille furent ordonnez ung nombre de chevaliers et escuyers et gens de traict, desquelz estoient conduiseurs les ducz de Bar et d'Alenchon, les contes de Nevers et de Vendosme et de Waudemont, de Blasmont, de Salins, de Grant Pret et de Roussy; et, en l'arrière-garde, tout le surplus des gens de guerre, lesquelz conduisoient les contes de Marle, de Dampmartin et de Faucquemberghe, le seigneur de Longroy, capitaine d'Ardre, qui avoit amené ceulx de la frontière de Boulenois.

---

1. Ces mots : « car j'estoye avec les Anglois, » ne se trouvent ni dans M.P., ni dans L. Il va sans dire qu'ils ne sont pas plus dans Buchon.

Et après ce que toutes les batailles dessusdictes furent mises en ordonnances, comme dit est, estoit grant noblesse de les veoir ; et, comme on povoit estimer à la veue du monde, estoient bien iij[1] foiz en nombre autant que les Anglois. Et, lorsque ce fut fait, les Franchois séoient par compaignies divisées, chascun auprès de sa banière, en atendans la venue des Anglois et en eulx repaisans, et aussi des haynnes que les ungs avoient aux aultres se pardonnèrent. Les aucuns s'entrebaisoient et accolloient par paix faisant, que pitié estoit à les veoir. Toutes noyses et discords, qui avoient esté entre eulx et qu'ilz avoient eu du temps passé, furent là transmuées en grant amour ; et en y eult qui mangèrent et burent de ce qu'ilz avoient ; et furent, ainsi qu'il me fut dit, jusques entre ix et x heures du matin, tenans pour certain, veu la grant multitude qu'ilz estoient, que les Anglois ne povoient eschapper de leurs mains. Touteffoiz, y avoit pluiseurs des sages, qui doubtoient à les combattre en bataille publicque.

CHAPITRE LXXI.

De l'emprise que xviij gentilz hommes François feirent contre la personne du roy d'Angleterre, et du parlement qui fut tenu entre les deux batailles. De la bataille d'Agincourt où l'armée des François fut de tous poins deffaicte par le roy d'Angleterre.

En ces ordonnances faisans, du costé des François

---

1. M., « six. »

(ainsi que depuis l'oyctz recorder par chevaliers notables de la banière du seigneur de Croy), s'eslurent ensemble et jurèrent xviij gentilz hommes que, quant ce venroit à l'assemblée des deux parties, se efforcheroient lesdis xviij gentilz hommes, de toute leur puissance, joindre si près du roy d'Angleterre qu'ilz lui abatteroient la couronne jus de la teste, ou ilz moroient tous; comme ilz firent. Mais, avant ce, se trouvèrent si près du roy que l'un d'eux, d'une hache qu'il tenoit, le féry sur son bachinet ung si grant cop qu'il luy abaty l'un des flourons de sa couronne, comme l'en disoit. Mais guaires ne demoura que tous les gentilz hommes furent mors et détrenchiés, que oncques ung seul n'en eschappa. Dont ce fut grant dommaige; car, se chacun se fust ainsi employé, de la partie des Franchois, il est à croire que les Anglois eussent eu mauvais party. Et estoit chief et conducteur des dessus dis xviij escuiers, Lauvelet de Masinguehem et Gaviot de Bournoville.

Quant les gens du roy d'Angleterre le orent ainsi ouy parler, comme vous advez ouy par ci-devant, et faire ses remonstrances, ceur et hardement leur crut : car bien savoient qu'il estoit heure de eulx deffendre, qui ne vouloit morir. Aucuns, de la part des François veullent dire[1] que le roy d'Angleterre envoya secrètement devers les François, par derrière son ost, deux cens archiers, affin qu'ilz ne fussent perceux, vers Tramecourt, par dedens ung prés assez près et à l'en-

---

1. Monstrelet le dit expressément en ces termes : « Et, d'autre « part, envoya ledit roy Anglois environ deux cens archiers par « derrière son ost, affin qu'ils ne fussent apperceuz des ditz François. »

droit de l'avant-garde des François, affin que, au marchier que feroient les François, lesdis deux cens Englois les berseroient de ce costé. Mais, j'ay oy dire et certiffyer pour vérité, par homme d'onneur qui à ce jour estoit avec et en la compaignie du roy d'Angleterre, comme j'estoye, qu'il n'en fut riens. Or doncques, comme dessus est touchié, les Englez oyans le roy eulx ainsi admonnester, gectèrent ung grant cry, en disant : « Sire, nous pryons Dieu qui vous doint « bonne vie et la victoire sur noz ennemis. »

Alors, après ce que le roy d'Angleterre eult ainsi amonnesté ses gens, ainsi comme il estoit monté sur ung petit cheval, se mist devant sa banière, et, lors, marcha, à tout sa bataille, en très belle ordonnance, en approchant ses ennemis; puis, fist une reposée en icelle place où il s'aresta.

Il députa gens en qui il avoit grant fiance, et par luy furent ordonnez eulx assembler et communiquier avec pluiseurs notables Franchois, lesquelz Françoiz et Englez s'assemblèrent entre les deux batailles, ne sçay à quelle requeste. Mais, vray est qu'il y ot ouverture et offres faictes, d'un costé et d'autre, pour venir à paix entre les deux rois et royaulmes de France et d'Angleterre; et fut offert de la part des Franchois, comme j'ay oy dire, se il vouloit renunchier au tiltre que il prétendoit avoir à la couronne de France, et de tout le quicter et déleissier, et rendre la ville de Harfleu que de nouvel il avoit concquise, le roy seroit content de luy laissier ce qu'il tenoit en Guienne et ce qu'il tenoit d'anchienne concqueste en Picardie.

Le roy d'Angleterre ou ses gens respondirent que, se le roy de France lui vouloit délaissier la duchie de

Guienne et cincq citez que lors il nomma et qui appertenoient et debvoient estre de la duchie de Guyenne, la conté de Ponthieu, madame Catherine, fille du roy de France, pour l'avoir à mariage (comme il l'eult depuis), et pour joaulx et vestures de ladicte dame viij^c mil escus, il seroit content de renuncier au tiltre de la couronne de France et rendre la ville de Harfleu. Lesquelles offres et demandes, tant d'un costé comme d'aultres, ne furent point acceptées ; et retournèrent chascun en sa battaille. Ne demoura guaires depuis que, sans plus espérance de paix, chascune des deux parties se prépara à combattre. Comme devant est dit, chascun archier Englez avoit ung peuchon aguisé à deux deboutz qu'ilz mectoient devant eulx et dont ilz se fortiffioient.

Vérité est que les François avoient ordonné les battailles entre deux petis bois, l'un sérant à Agincourt et l'autre à Tramecourt. La place estoit estroicte et très avantageuse pour les Anglois, et au contraire pour les François; car les François avoient esté toute la nuyt à cheval, et si plouvoit. Pages et varletz et pluiseurs, en pourmenant leurs chevaulx, avoient tout desrompu la place qui estoit molle et effondrée des chevaulx, en telle manière que, à grant peine, se povoient ravoir hors de la terre, tant estoit molle. Or, d'aultre part, les François estoient si chargiés de harnois qu'ilz ne povoient avant. Premièrement, estoient armés de cotte d'achiers longhes, passant les genoulx et moult pesantes. Et, par desoubz, harnois de jambes ; et, par dessus, blans harnois ; et, le plus, bachinés de carvail. Et tant pesantement estoient armés, avec la terre qui estoit molle, comme dit est, que, à grant paine, povoient-ilz lever leurs bastons. A merveilles y avoit-il de banières et tant qu'il fut ordonné que pluiseurs seroient ostées et ployées. Et ainsi fut ordonné, entre les François, que chascun racourçast sa lance, affin qu'elles fussent plus roydes quant ce viendroit à combattre. Assez avoient archiers et arbalestriers; mais point ne les vouldrent leissier tirer; et la cause si estoit pour la place, qui estoit si estroicte qu'il n'y avoit place fors pour les hommes d'armes.

Après ce que le parlement se fut tenu entre les deux battailles et que les depputez furent retournez chascun avec leurs gens, le roy d'Angleterre, qui avoit ordonné ung chevalier anchien, nommé messire Thomas Herpinchem, pour ordonner ses archiers et les mectre au froncq devant, en deux elles, icellui messire Thomas enorta à tous générallement, de par le roy d'Angleterre, qu'ilz combatissent vigoureusement contre les Franchois; et ainsi chevauchant, lui iij^e, pardevant la bataille des archiers, après ce que il eult fait les ordonnances, jecta ung baston contremont qu'il tenoit en sa main, et en après descendi à piet et se mist en la bataille du roy d'Angleterre, qui estoit aussi pariellement descendu à piet entre ses gens et sa banière devant luy. Lors, les Anglois commencèrent soudainement à marchier, en gectant ung cry moult grant, dont grandement s'esmerveillèrent les Franchois. Et quant les Anglois veirent que les François point ne les approchoient, ilz marchèrent vers eulx, tout bellement en belle ordonnance, et, de rechief, firent ung très grant cry, en eulx arrestant et reprendant leur alaine. Lors, les archiers d'Angleterre, qui estoit (comme j'ay en-

tendu[1]) bien x[m][2] combattans, commencèrent à tirer à
la vollée contre iceulx Franchois, de aussi loing que ilz
povoient tirer de leur puissance. Lesquelz archiers
estoient, la plus grant partie, sans armeures en leurs
pourpoins, leurs chausses avallées, ayans haches et
congnies pendans à leurs chaintures, ou longes espées ;
les aucuns tous nudz piez, et les aucuns portoient
hunettes[3] ou cappelines de cuyr bouilly, et les aucuns
d'ozières sur lesquelz avoit une croisure de fer.

Alors les François, voyans venir les Anglois vers
eulx, se mirent en ordonnance, chascun desoubz sa
banière, ayans le bachinet en la teste. Le connestable,
le mareschal, et les princes amonnestoient moult fort
leurs gens à bien combattre et hardiment les Anglois.
Quant ce vint à l'approchier, leurs trompectes et clarons
démenèrent grant bruit. Les Franchois commencèrent
à encliner le chief, en espécial ceulx qui n'avoient point
de pavaix, pour le traict des Anglois ; lesquelz tiroient
si hardiment qu'il n'estoit nulz qui les osast approchier,
et ne s'ozoient les Franchois descouvrir, et ainsi allèrent
ung petit allencontre d'eulx et les firent ung petit
reculer. Mais, avant qu'ilz puissent aborder ensemble,
il y eult moult de François bléchiez et navrez par le
traict des Anglois.

Et quant ilz furent venus, comme dit est, jusques à
eulx, ilz estoient si près serrez l'un de l'autre qu'ilz ne
povoient lever leur bras pour férir sur leurs ennemis,

---

1. M.P. et L., « comme j'ay *dict*. »
2. M., « *treize*. »
3. M.P. « hamettes. »

sy non aucuns qui estoient au front devant, lesquelz les bouttoient de leurs lances qu'ilz avoient coppées par le moilon pour estre plus fortes et plus roiddes, et affin qu'ilz puissent approchier de plus près leurs ennemis. Et avoient fait les Franchois, le connestable et le mareschal, une ordonnance de mil à xij^c hommes d'armes, dont la moictié d'eulx devoient aller par le costé d'Agincourt et l'autre par devers Tramecourt, affin de rompre les eilles des archiers Anglois. Mais, quant ce vint à l'aprochier, ilz n'y trouvèrent que viij^{xx} hommes d'armes.

Là estoit messire Clugnet de Brabant, qui en espécial avoit la charge de ce faire. Lors, messire Guillamme de Saveuses, ung très vaillant chevalier, lui iij^e, s'avança devant les aultres, et estoit du lez d'Agincourt et bien iij^c lances, lesquelz se férirent dedens les archiers anglois qui avoient leurs peuchons [aguisiez,][1] mis et entichiés devant eulx. Mais la terre estoit si mole que lesdis peuchons cheoient; et retournèrent tous, excepté trois hommes d'armes, dont messire Guillamme de Saveuses en estoit l'un. Sy leurs mésadvint que leurs chevaulx cheyrent entre les peuchons; si tumbèrent par terre entre les archiers, lesquelz furent tantost occis.

Les aultres, ou la plus grant partie, à tout leurs chevaulx, pour la force et doubte du traict, retournèrent parmy l'avant-garde des François, ausquelz ilz firent de grans empeschemens, et les desrompirent et ouvrirent en pluiseurs lieulx, et les firent reculer en terre nouvelle semée; car leurs chevaulx estoient tellement

---

1. M.P. et L.

navrez du traict qu'ilz ne les povoient tenir ne gouverner. Et ainsi par iceulx fut l'avant-garde désordonnée et commencèrent à cheoir hommes d'armes sans nombre; et, lors, leurs chevaulx se mirent à fuyr arrière de leurs ennemis, à l'exemple desquelz se partirent et mirent en fuicte grant partie des François.

Et tantost après, les archiers anglois véans ceste rompture et division en l'avant-garde, tous ensembles yssirent hors de leurs peuchons, jectèrent jus ars et flesches, en prenant leurs espées, haches et aultres armures et bastons. Sy se boutèrent par les lieulx où ilz veoient les romptures; là abattoient et occisoient François, et tant que finablement ruèrent jus l'avant-garde qui peu ou néant s'estoient combatus. Et tant alloient Anglois frappant à dextre et à sénestre, qu'ilz vindrent à la seconde bataille qui estoit derrière l'avant-garde. Lors se férirent dedens, et le roy d'Angleterre en personne avec ses gens d'armes. Alors survint le duc Anthoinne de Brabant, qui avoit esté mandé de par le roy de France, lequel y arriva moult hastivement et à peu de compaignie; car ses gens ne le peurent sievir, pour le désir que il avoit de soy y trouver. Sy ne les vault attendre, de haste qu'il avoit, et print une des banières de ses trompettes et y fist ung pertuis par le milieu, dont il fist cotte d'armes. Jà si tost n'y fut descendus que tantost et incontinent par les Anglois fut mis à mort.

Lors, commença la bataille et occision moult grande sur les Franchois, qui petitement se deffendirent; car, à la cause des gens de cheval, la bataille des Franchois fut rompue. Lors Englois envayerent de plus en plus les Franchois en desrompant les deux premiers battailles, et en pluiseurs lieux abbatant et occisant cruellement sans mercy. Et entretant les aucuns se relevèrent par l'ayde de leurs varletz qui les menèrent hors de la bataille; car les Anglois estoient moult ententis et occupez à combattre, occhire et prendre prisonniers. Pour quoy ilz ne chassoient ne poursuivoient nullui. Et lors toute l'arrière-garde estant encoires à cheval, veant les deux battailles premiers avoir le pyeur, se mirent à fuyr, excepté aucuns des chiefz et conduiseurs d'icelles. Sy est assavoir que, entretant que la bataille duroit, les Anglois, qui estoient jà au dessus, avoient prins pluiseurs prisonniers Franchois.

Et lors, vindrent nouvelles au roy d'Angleterre que les François les assailloient par derrière et qu'ilz avoient desjà prins ses sommiers[1] et aultres bagues; laquelle chose estoit véritable, car ung nommé Robinet de Bornoville, Rifflart de Plamasse, Ysembart d'Agincourt, et aucuns hommes d'armes à compaignies d'aucuns païsans, environ vj^c, allèrent au bagage du roy d'Angleterre, et prindrent les bagues et aultres choses avec grant nombre de chevaulx Anglois, en tant que les gardes d'iceulx estoient occuppez en la battaille. Pour laquelle destrousse le roy d'Angleterre fut moult troublés.

Lors de rechief en poursuyant sa victoire et veans ses ennemis desconfis, et que plus ne povoient résister allencontre de lui, encommencèrent prendre prisonniers à tous costez, dont ilz cuidèrent estre tous rices. Et à la vérité aussi estoient-ilz, car tous estoient grans seigneurs qui estoient à ladicte battaille. Et quant

---

1. M. Nos textes ont tous « *prisonniers*. »

iceulx François furent prins, ceulx qui les avoient prisonniers les désarmoient de la teste.

Lors leur sourvint une moult grant fortune; car une grande assemblée de l'arrière-garde, en laquelle avoit pluiseurs François, Bretons, Gascons et Poitevins et aultres qui s'estoient mis en fuicte, avoient avec eulx grant foison d'estandars et ensaignes, eulx monstrans signes de vouloir combattre; et de fait marchèrent en ordonnance. Quant les Anglois perchurent iceulx ensemble en telle manière, il fut ordonné, de par le roy d'Angleterre, que chascun tuast son prisonnier. Mais ceulx qui les avoient prins ne les vouloient tuer, pour ce qu'il n'y avoit celluy qui ne s'atendist d'en avoir grant finance. Lors, quant le roy d'Angleterre fut adverty que nul ne vouloit tuer son prisonniers, ordonna ung gentilhomme avec deux cens archiers, et lui commanda que tous prisonniers fussent tuez.

Sy accomply ledit escuier le commandement du roy; qui fut moult pitoyable chose. Car, de froit sang, toute celle noblesse Françoise furent là tuez, et décoppez testes et visages; qui estoit une merveilleuse chose à veoir. Ceste maudicte compaignie de François, qui ainsi firent murdrir ceste noble chevalerie, quant ilz veirent que les Anglois estoient prestz de les recevoir et combattre, tout se mirent subit à fuyr et eulx saulver, qui saulver se peult. Et se saulvèrent la plus part de ceulx estans à cheval; mais de ceulx de piet en y ot pluiseurs mors. Quant le roy d'Angleterre vey et appercheu clèrement [qu'il] avoit obtenu la victoire contre ses adversaires, il remercia Nostre-Seigneur de bon cuer, et bien y avoit cause; car de ses gens ne furent mors, sur la place, que environ xvj^c hommes de tous estatz; entre lesquelz y morut le duc d'Iork, son grant oncle [et] le conte d'Oxenfort. Et pour vérité, la journée devant qu'ilz s'assamblassent en battaille, y eult faiz de la partie des François v^c chevaliers ou plus.

CHAPITRE LXXII.

Comment le roy d'Engleterre, après la bataille d'Agincourt, tint son chemin vers Guisnes et de là à Calais et à Londres, avecques ses prisonniers, entre lesquelz estoit le duc d'Orléans, qui fut trouvé entre les mors: et comment il fut receu en son royaulme d'Angleterre.

En après, le roy d'Angleterre soy voyant demoré victorieux sus le camp, comme dit est, et tous les François départis, sinon ceulx qui estoient demourez prisonniers ou mors en la place, il appella avec lui aucuns princes ou camp où la battaille avoit esté. Quant il ot regardé la place, il demanda comment avoit nom le castel qu'il veoit assez près de lui : on lui respondi qu'il avoit nom Agincourt. Lors, le roy d'Angleterre dist : « Pour tant que toutes batailles doivent « porter le nom de la prochaine forteresse où elles « sont faictes, ceste ci, maintenant et perdurablement, « aura nom : *La bataille d'Agincourt.* »

Puis, quant le roy et ses princes eulrent là esté une espasse, et que nulz François ne se monstroient pour lui porter dommage, et qu'il vey que sur le champ il avoit esté bien iiij heures ; et aussi veant qu'il plouvoit et que le vespre approchoit, se tira en son logis de Maisoncelles ; et là archiers ne firent, depuis la desconfiture, que deschausser gens mors et désarmer. Soubz lesquelz trouvèrent pluiseurs prisonniers en vie, entre lesquelz le duc d'Orléans en fut ung, et pluiseurs aultres. Iceulx archiers portèrent les harnois des mors en leurs logis par chevalées, et aussi emportèrent les Anglois mors en la bataille. Entre lesquelz y fut porté le duc d'Iork et le conte d'Oxenfort, qui mors avoient esté en la bataille. Et, à la vérité, les Anglois n'y firent pas grant perte, sinon de ces deux là.

Quant ce vint au soir, le roy d'Angleterre fut adverty et sceult que tant de harnois on avoit apporté à son logis; fist cryer, en son ost, que ne nul ne se chargast néant plus qu'il en falloit pour son corps, et que encoires n'estoit pas hors des dangiers du roy de France. On fist boullir le corps du duc d'Iork et du conte d'Oxenfort, affin d'emporter leurs os ou royaulme d'Angleterre. Lors, le roy d'Angleterre commanda que tout le harnois qui seroit oultre et par dessus ce que ses gens emporteroient avec les corps d'aucuns Anglois qui mors estoient en la bataille, fussent bouttez en une maison ou grange. Là on feist tout ardoir, et ainsi en fut fait. L'endemain, qui fut samedi, les Anglois se deslogèrent très matin de Maisoncelles, et, à tout leurs prisonniers, de rechief allèrent sur les champs et sur le camp où avoit esté la bataille, et ce qu'ilz trouvèrent de François encoires en vye les firent prisonniers ou occirent. Le roy d'Angleterre s'aresta sur le champ, en regardant les mors, et là estoit pitoyable chose à veoir la grant noblesse qui là avoit esté occise pour leur souverain seigneur, le roy de France; lesquelz estoient desjà tout nudz, comme ceulx qui naissent de mère.

Après ces choses faictes, le roy d'Angleterre passa

oultre et print son chemin vers Calais. Sy advint que, à une reposée qu'il fist en son chemin, il s'aresta tout à cheval et fist apporter du pain et du vin et l'envoya au duc d'Orléans. Mais il ne volu ne boire ne mengier ; ce qu'il fut rapporté au roy d'Angleterre. Et lors le roy, cuidant que, par desplaisance, le duc d'Orléans ne vausist ne boire ne mengier, tira devers luy, en disant : « Beau cousin, comment vous va? » Et le duc d'Orléans respondy : « Bien, Monseur. » Lors, le roy lui demanda : « Dont vient ce que ne voulez ne boire ne « mengier? » Il respondy que, à la vérité, il junoit. Sy lui dist adont le roy : « Beau cousin, faictes bonne « chière. Je congnois que Dieu m'a donné la grâce « d'avoir eu la victoire sur les François ; non pas que « je le vaille, mais je crois certainement que Dieu « les a voulut pugnir ; et, s'il est vray ce que j'en ay « ouy dire, ce n'est de merveilles ; car on dist que « oncques plus grant desroy ne désordonnance de « volupté, de péchiés et de mauvais vices, ne fut veu « que règnent en France au jour d'uy. Et est pitié de « l'oyr recorder, et orreur aux escoutans. Et se Dieu « en est courouchiés, ce n'est pas de merveilles, et « nulz ne s'en doibt esbahir. »

Pluiseurs devises et entrevalles eulrent le roy d'Angleterre et le duc d'Orléans, et tousjours exploittoient de chevauchier en très belle ordonnance, ainsi que tousjours avoient faiz, [excepté que, après la bataille, ne portèrent plus cottes d'armes en chevauchant, comme paravant avoient fait][1]. Tant exploitèrent qu'ilz arrivèrent à Guisnes, où le roy fut du capitaine de la

---

1. M.P. et L.

place receu en grant honneur et révérence. Sy sachiés que tousjours il faisoit chevauchier et mectre ses prisonniers François entre l'avant-garde et batailles. Le roy d'Angleterre se loga dedens le chastel de Guisnes ; mais la grosse flotte des gens d'armes tirèrent vers Calais, moult las et travailliés, chargiés de prisonniers et de proyes ; excepté les ducs, contes et hault barons de France, que le roy d'Angleterre détint avec lui. Mais, quant iceulx gens d'armes arrivèrent à Calais, où ilz cuidèrent bien entrer pour eulx refaire et aisier, comme bien mestier en avoient (car la plus part d'eulx tous avoient esté par l'espasse de viij ou x jours, sans mengier pain, mais, d'aultres vivres, charres, burres, œufz, frommages, tousjours quelque peu en avoient finé), si eussent alors voulu donner pour en avoir plus que on ne vous sçauroit dire ; car si grant disette avoient de pain qu'il ne leur challoit qu'il coustast, mais qu'il en eussent.

Sy est assez à penser que les povres prisonniers François, dont le plus estoient navrés et bleschiés, estoient en grant destresse : car bien cuidèrent entrer tous dedens Calais. Mais, ceulx de la ville ne les vauldrent laissier entrer, excepté aucuns seigneurs d'Angleterre ; et le faisoient affin que vivres ne leur faulsissent, et que la ville, qui estoit en frontière, demorast tousjours bien garnie. Et par ainsi, gens d'armes et archiers qui estoient chargiés de bagues et de prisonniers, la plus part d'eulx, pour avoir argent, vendoient à ceulx de la ville de leurs bagues et assez de leurs prisonniers, et ne leur challoit mais qu'ilz eussent argent et fussent en Angleterre. Et d'aultre part en y ot assez qui mirent leurs prisonniers à courtoise rançon, et les recevoient sur leurs foy, et donnoient, à ce jour, ce qui valloit x nobles, pour quattre, et ne leur challoit mais qu'ilz eussent du pain pour mengier, ou qu'ilz peussent estre passez en Angleterre.

Le roy d'Angleterre, qui estoit à Guisnes, sceult et fut adverty en quelle disette ses gens estoient, et il y pourvey tantost; car, à grant diligence, il conmanda que pourveance de batteaulx fut faicte, sur lesquelz gens d'armes, archiers et leur prisonniers passèrent en Angleterre, les ungs à Douvres, les aultres à Sanduis, où moult joeulx furent, quant là se trouvèrent, aussi pour la belle victoire qu'ilz avoient eu contre les François. Si se partirent et allèrent chascun en son lieu. Après, le roy, quant il eult séjourné aucuns jours à Guisnes, s'en alla à Calais; et en allant se print à deviser avec les prisonniers et princes François, en les reconfortant amiablement, comme cellui qui bien le savoit faire; et tant chevauchèrent qu'ilz vindrent à Calais, où le roy d'Angleterre fut receu du capitaine et de ceulx de la ville, lesquelz luy vindrent au devant jusques au plus près de Guisnes, et d'aultre part les prebstres et clercz tous revestuz avec les croix et fanons de toutes les églises de la ville, en cantant : *Te Deum laudamus.* Hommes et femmes, et petis enfans s'esjoyssoient à sa venue, disant : « Bien soit venu le roy, nostre souve-« rain seigneur! » Et ainsi, en grant gloire et triumphe, entra dedens la ville de Calais; et là séjourna le roy aucuns jours. Si y tint la feste de Tous les Sains; et tantost après fist aprester ses navires pour passer en Angleterre.

Quant furent prestz, si départy, le xj^e de novembre : mais, avant son partement, vindrent par devers luy les prisonniers de Harfleu, comme ilz avoient promis. Le roy d'Angleterre fist faire voilles, tantost qu'ilz furent eslongiés de terre et entrés en mer; et, eulx entrés en mer, ung moult grant vent s'esleva et fut la mer très fort troublée, et tant que deulx des vaisseaulx du seigneur de Cornuaille périrent en mer et tous ceulx qui dedens estoient, que oncques ung seul n'en eschappa que tous ne fussent périlz et noyez. Et mesmement, aucuns povres prisonniers et aultres allèrent arriver en Zellande, au port de Ziericze. Touteffoiz, le roy d'Angleterre ariva sain et sauf en Engleterre et prist terre à Douvres.

Le roy d'Angleterre, pour la belle victoire de la bataille d'Agincourt et aussi pour la conqueste d'un si noble port comme de Harfleu, fut très grandement loés et gracié du clergié et peuple de son royaulme, comme bien y avoit raison.

De Douvres alla à Cantorbie. Sy lui vint au devant l'archevesque, l'abbé et tous les religieulx des églises, comme raison estoit. Puis, pour abrégier, quant eult là séjourné une espasse, il se mist à chemin pour tirer à Londres où il fut honnourablement receuz, et vindrent au devant de lui, à croix et confanons, avec toutes les relicques des corps sains. Quant il vint vers Saint-Pol, il descendi de son cheval; si baisa les relicques et fist son offrande; puis se départy et entra en ung batel sur la Thamise, et vint descendre en son palais de Vestimouster, lequel estoit moult ricement paré et tendu, comme bien appertenoit à sa personne, et aussi pour l'onneur des princes de France, ses prisonniers.

CHAPITRE LXXIII.

Les noms des princes, grant maistres, seigneurs et chevaliers Franchois, qui morurent à la bataille d'Agincourt.

Ainsy que vous avez oy, le roy d'Angleterre vint en son royaulme en grant triumphe. Ung petit vous lairon à parler du roy d'Angleterre, et parlerons de ceulx qui morurent à la piteuse battaille d'Agincourt, et aussi des prisonniers.

Premiers, morut, en la battaille, messire Charles de Labreth, connestable de France; le marissal Bouchicault fut mené prisonniers en Angleterre, où il morut; messire Jacques de Chastillon, seigneur de Dampierre, admiral de France; le seigneur de Rambures, maistre des arbalestriers; messire Guichart le Daulphin, grant maistre d'ostel de France. Des princes, messire Anthoine, duc de Brabant, frère au duc Jehan de Bourgoingne; le duc Edouart de Bar; le duc d'Alenchon; le conte Phelippe de Nevers, frère au duc de Bourgoingne; messire Robert de Bar, conte de Marle; le conte de Waudemont; Jehan, frère au duc de Bar; le conte de Waucourt; le conte de Grantpré; le conte de Roussy; le conte de Fauckemberghe; messire Loys Bourdon, filz du seigneur de Préaulx, et aultres grans seigneurs, tant du pays de Picardie, comme d'aultres pays; le vidasme d'Amiens; le seigneur de Croy et son filz; messire Jehan, seigneur de Waurin et son filz; le seigneur d'Auxy; le seigneur de Brimeu; le seigneur de Poix ; l'Estandart, seigneur de Créqui ; le seigneur de Louroy ; messire Witasse de Bours ; messire Phelippe d'Auxi et son filz ; le seigneur de Raineval et son frère ; le seigneur de Longheval et messire Alain, son frère ; le seigneur de Maylly et son filz aisné ; le seigneur d'Inchi ; messire Guillame de Saveuses ; le seigneur de Neufville ; le chastelain de Lens ; messire Jehan de Mareul en Brie ; messire Simon de Craon ; le seigneur de Clary ; le seigneur de la Roche ; le seigneur de Alicigre en Auvergne ; le seigneur de Bauffremont en Compaigne ; messire Jacques de Hem ; le seigneur de Sambri ; messire Regnault de Créquy, seigneur de Contes et son filz ; messire Oudart de Renty, et deux de ses frères ; le seigneur de Happlaincourt ; messire Loys de Gistelles ; messire Jacques de Lichtervelde ; le seigneur de Harnes ; messire Jehan de Bailleul ; messire Raoul de Flandres ; messire Collart de Fosseux ; le seigneur de Rosimbos et son frère ; le seigneur de Tiennes ; le seigneur d'Agincourt et son filz ; le seigneur de Warignies ; le seigneur d'Auffemont ; messire Drou d'Ongnies, le seigneur de Bétencourt ; le sénéscal d'Eu ; le seigneur de Coursy ; le seigneur de Vieport ; le seigneur de Moncavrel ; le seigneur de Fontaines ; messire Anthoinne de Beaumergier ; le seigneur de [la] Tour ; le seigneur de Lille Gommort ; le seigneur de Saintron ; messire Ferry de Sardonne ; messire Pierre d'Argies ; messire Bertran de Montaben ; Bertran de Saint-Gille ; messire Jehan de Werchin, séneschal de Haynnau ; le seigneur de la Hamaidde ; le seigneur du Quesnoy ; le seigneur de Montigny en Haynnaut ; le seigneur de Quiévrain ; le seigneur de Jeumont ; le seigneur de Chin ; messire Simon de Havrech ; le seigneur de Pottes ;

messire Jehan de Grés; messire Michiel du Chasteler et son frère; le seigneur de Solre et messire Briffault, son frère; le seigneur de Moy en Beauvoisis et son filz; messire Collart de Fresnes; messire Collart de Sempy; le seigneur du Bos d'Ennequin; messire Rasse de Moncavril; messire Lancelot de Cléry; messire Gérart de Herbaumez; Phelippe de Poittiers; messire Regnault de Corbie; messire Regnault d'Agincourt; le seigneur de Chastelneuf; le seigneur de Marquettes; messire Lancelot de Reubempré; messire Hector de Chartres et ses deux frères; le seigneur de Regnauixville; le seigneur de Fiennes; le seigneur de Teucques; le seigneur de Herlin; messire Maillet de Gournay; messire Pierre de Noyelle; le seigneur de Honcourt; le seigneur de Rasse; le seigneur d'Espagny; messire Loys de Vertain; Ector d'Oingnies et son frère; messire Henry de Boissy; messire Artus de Moy; messire Floridas de Moroeul; messire Tristan de Moy; le seigneur de Vernoeul; le visconte de Dommart.

Se dire et raconter vous vouloie, par noms et surnoms, les barrons, chevaliers, escuiers et nobles, qui à ceste journée morurent, trop pourroye eslongier la matière; mais, pour venir au fait, ne vous ay nommé que ducz, contes, chevaliers et escuiers; car tant de nobles escuiers y morurent et aultres vaillans hommes que moy mesmes vey, à mes yeulx[1], que c'estoit une pittié à veoir et à oyr raconter aux officiers d'armes qui furent à ladicte journée, tant de la partie des

---

1. M.P. et L. n'ont pas les mots « que moy mesmes vey, à mes « yeulx. » C'est un second exemple d'omissions touchant aux circonstances où Saint-Remy s'atteste.

François que des Anglois : car, durant la bataille, tous officiers d'armes, tant d'un parti que d'autre, se tinrent ensemble ; et, après la bataille, ceulx de France s'en allèrent où bon leur sembla, et ceulx d'Angleterre demourèrent avec leurs maistres, qui avoient gaingnié la battaille.

Mais, quant à moy, je demouray avec les Anglois ; et, depuis, j'ay ouy parler pluiseurs notables chevaliers de la partie de France, et par espécial à messire Hue et à messire Guillebert de Lannoy, frères, qui furent à ladicte bataille, qui en racontoient bien au loing. Mais, comme dit est, tant y morurent de nobles hommes que on les estimoit à x^m hommes, dont ilz estoient de vij à viij^m nobles hommes, et le surplus archiers et aultres gens. Et fut trouvez, à compter les princes, qu'il y avoit mors, de cent à vj^{xx} banières. Et, se la journée eust esté le samedi après, il y eust eu plus grant nombre qu'il n'y eult : car, à tous costez, gens aplouvoient, comme se ce fust à aller à une festes de joustes ou de tournoy.

CHAPITRE LXXIV.

Les noms des prisonniers François, qui furent prins à ladicte journée d'Agincourt.

Or doncques, puis que je vous ay nommé partie de ceulx qui morurent à ladicte journée, je vous raconteray les noms de ceulx qui furent prisonniers à icelle journée. Premièrement, furent prisonniers, à laditte journée, xvj^c hommes ou environ, tous chevaliers ou escuiers; dont le premier si fut Charles, duc d'Orléans; le duc de Bourbon; les contes d'Eu, de Vendosme et de Richemont; messire Jacques de Harcourt, messire Jehan de Craon, seigneur de Dommarcq; le seigneur de Fosseux; le seigneur de Humières; le seigneur de Roye; le seigneur de Chauny; messire Behort Quiéret; le seigneur de Ligne en Heynnau; le seigneur de Noyelle, nommé le Blanc Chevalier, et messire Baudot, son filz; le seigneur d'Inchy; messire Jehan de Waucourt; messire Athys de Brimeu; messire Jennet de Poix; messire Guilbert de Lannoy; le seigneur d'Auquoys en Ternois, et pluiseurs aultres grans seigneurs chevaliers et escuiers, que je ne sçay nommer jusques au nombre dessusdit. Ainsi comme vous avez ouy, advint la piteuse journée d'Agincourt.

CHAPITRE LXXV.

Comment le roy de France fut adverty de la battaille que les princes de son sang avoient perdue : comme aussi fut mandé le duc de Bourgoingne, qui, à grant puissance d'armes, tira vers Paris, où il ne peult entrer; et du trespas du duc de Guienne; et comment le conte d'Erminacq fut fait connestable de France.

Assez tost après que le roy d'Angleterre ot obtenu la victoire sur les François, au lieu d'Agincourt, les nouvelles furent portées à Rouen, devers le roy, de la doloreuse adventure et perte de ses gens. Sy ne fault pas doubter que le roy et ses gens, princes et aultres, orent au ceur grant tristesse. Néantmoins, dedens certains jours après, le roy retourna à Paris, et, en la présence du roy Loys, du duc de Guienne, de Berry, de Bretaigne et de pluiseurs aultres de son sang et conseil, constitua et establit le conte d'Erminacq connestable de France, et manda cellui hastivement ou pays de Languedoch, où il estoit, à venir devers luy. Aussi furent portées les nouvelles au duc de Bourgoingne qui, lors, estoit en son pays de Bourgoingne. Pourquoy, pariellement comme les aultres princes, il fut très dolent et très fort desplaisant, par espécial de ses deux frères, le duc de Brabant et le conte de Nevers. Mais, ce non obstant, se prépara, sans délay, à toute diligence et à grant puissance, pour aller à Paris ; en sa compaignie le duc de Loraine et bien dix mille chevaulx. Pourquoy, les Parisiens, doubtans le duc de Bourgoingne, envoyèrent à Melun devers la royne de France qui là estoit mallade, laquelle, de là, se fist porter par pluiseurs hommes de piet à Paris, et se loga à l'ostel d'Orléans avec la ducesse de Guyenne, fille au duc de Bourgoingne.

Et est vray que aucuns Parisiens et aucuns officiers du roy, qui avoient esté favorables à la partie d'Orléans, le doutoient très fort, pour ce qu'il avoit en sa compaignie pluiseurs de ceulx qui avoient esté banis et enchassiés de Paris ; c'est assavoir, messire Elyon de Jacqueville, messire Robinet de Mailly, maistre Eustasse de Lattre, maistre Jehan de Troyes, Caboche et Denisot de Chaumont, Garnet de Saint-Yon et pluiseurs aultres. Et pourtant traictèrent si bien devers le roy que messire Clugnet de Brabant, le seigneur de Barbasan et le seigneur de Bocqueaulx furent mandé à venir à Paris, à tout grant nombre de gens d'armes, pour la sceurté d'icelle et aussi pour accompaignier le duc de Guienne. Et, avec ce, fut mandé, de rechiéf, le conte d'Erminacq qu'il venist à tout la plus grant puissance qu'il pouroit finer.

Le duc de Bourgoingne passa par Troyes et s'en vint à Provins et à Meaux en Brie ; auquel lieu on luy refusa entrée par le commandement du duc de Guyenne, qui leur avoit rescript que pas ne laissassent dedens le duc de Bourgoingne. Et pourtant s'en alla à Laigny sur Marne et se loga dedens la ville. D'aultre part, se misrent sus pluiseurs capitaines, à grant puissance, ou pays de Picardie ; c'est assavoir, Martelet du Maignil, Féry de Mailly, Ector et Phelippe de Saveuses, messire Maury de Saint-Légier, messire Payen de Beaufort, Loys de Warignies et pluiseurs aultres ; lesquelz, fort dégastant le pays, allèrent par le pont au Vaire jusques au lieu de Laigny, devers le duc de Bourgoingne qui mandé les avoit. Et tant multiplia sa compaignie qu'ilz furent bien vint mille chevaulx, ou plus.

Durant lequel temps, le roy Loys, sachant que point n'estoit amés du duc de Bourgoingne pour la cause du renvoy de sa fille, se party de Paris tout malade et s'en alla à Angieres. Mais, avant son partement, se vault submectre de leur discord sur le roy et sur son grant conseil, moyennant qu'il fust ouy en ses deffences. A quoy le duc de Bourgoingne ne vault entendre ; mais fist responce à ceulx qui pour ceste cause estoient venus devers luy, que, du tort et blasme que le roy Loys avoit fait à lui et à sa fille, il l'amenderoit en temps et en lieu, quant il pourroit. Le duc de Bourgoingne, de Laygni sur Marne, où il estoit, envoya devers le roy, à Paris, messire Jehan de Luxembourg, le seigneur de

Saint-George et pluiseurs aultres qui exposèrent plainement au conseil du roy la cause de sa venue, en faisant leur requeste qu'il peusist en Paris entrer, à toute sa puissance, pour la sceurté de son corps. Mais sur ce ilz n'orent aucune responce, sy non que le roy envoyeroyt brief responce devers le duc de Bourgoingne; lequel y envoya maistre Jehan de Wailly, président en parlement, et pluiseurs aultres ambassadeurs du consiel du roy. Mais, en la fin, il ne peult finer d'entrer en Paris, à puissance; ains luy fut dit que s'il y vouloit aller, à son simple estat, le roy et son conseil en estoient bien contens, et non aultrement. Ce que le duc de Bourgoingne n'eust jamais fait, car bien savoit que ceulx qui gouvernoient le roy estoient ses mortelz ennemis, et ne s'i fust pour riens fié.

Or, est ainsi que les Parisiens et principallement ceulx de l'Université, veans que de jour en jour pluiseurs maulx et desrisions se multiplioient entre les seigneurs du sang royal et ceulx de leur conseil, l'un contre l'autre, à la grant destruction du royaulme et du povre peuple, allèrent ung certain jour en grant multitude devers le duc de Guyenne, où estoit son frère, nommé le duc de Touraine, le duc de Berry et pluiseurs aultres grans seigneurs et gens d'église, demandans audience de parler. La quelle obtenue, le premier président en Parlement, commença à parler et dist, pour son theusme, ce qui s'ensieult : *Domine, salva nos, perimus;* c'est à dire : « Saulve nous, car nous périssons; » et est escript au cappitre de saint Mahieu. Lequel président clèrement l'exposa en touchant sagement et élocquentement pluiseurs conclusions, en déclarant les principaulx malfaicteurs du royaulme troublans et opprimans le povre peuple.

Après la fin de laquelle proposicion, le duc de Guyenne promptement respondy, et prist parolle de filz de roy : que doresnavant les malfaiteurs du royaulme, de quelque estat qu'ilz fuissent, seroient pugnis selon leurs démérites, et que justice seroit faicte, réparée et gardée, et que le clergié et le peuple seroient tenus en pais. Mais, tantost après, le bon duc de Guyenne, qui par cours de nature devoit estre, après la mort du roy son père, roy ; qui avoit grant désir, comme raison estoit, de faire bonne justice et de tenir le peuple en paix, acoucha mallade des fièvres, dont il alla de vie à trespas, le xviij^e jour de décembre, en l'ostel de Bourbon ; pour la mort duquel furent faiz grans pleurs et lamentacions de pluiseurs seigneurs et aultres, ses serviteurs. Sy fut gardé son corps, oudit hostel, en ung sarcus de plong, par l'espasse de iij jours ; et là vindrent tous les colliéges de Paris pryer pour luy. Et, depuis, fut porté à Saint-Denis, où les roys ont leurs sépultures.

En après, viij jours ensuivant, le conte d'Erminacq entra à Paris à recevoir l'office de connestable et l'espée, de la main du roy, en faisant sérement solempnel, comme il est de coustume de faire ; et là remercya humblement le roy de l'onneur que il luy portoit et faisoit. Quant le conte d'Erminacq ot fait le sérement de connestable, il assembla gens d'armes, tant qu'il se trouva de v à vj^m combatans pour résister allencontre du duc de Bourgoingne, et fist mectre en pluiseurs lieux garnisons ; et doubtans les Bourguignons, fist rompre pluiseurs pons et passages. En ce temps fut messire

Jehan de Crossay, de par le roy, ordonnez maistre des arbalestriers de France, messire Thomas de Largies, bailly de Vermendois, le seigneur de Humbercourt, bailly d'Amiens, et messire Brunet de Baines, bailly de Tournay. Et pariellement furent fais, par le roy, pluiseurs officiers en France.

En icelle saison, le duc de Bretaingne ala à Paris, pour traictier, devers le roy, que le duc de Bourgoingne peust aller devers luy à toute sa puissance; laquelle chose il ne peult impétrer; et pourtant retourna assez tost en Bretaingne. Mais, avant son partement, se courroucha moult fort à messire Taneguy du Castel, prévost de Paris, et lui dist pluiseurs injures, pour ce qu'il avoit fait mectre en prison, ou Chastelet, le menistre des Maturins, docteur en théologie, lequel avoit fait devant le peuple de Paris une proposicion de par le duc de Bourgoingne. Et, brief ensuivant, le prévost le délivra francq et quicte.

CHAPITRE LXXVI.

Du retour du duc de Bourgoingne en son pays de Flandres, et comment il alla visiter ses deux nepveux, Jehan et Phelippe, filz de son frère Anthoine, duc de Brabant, qui morut à la battaille d'Agincourt; et des gens de guerre qui gastoient le pays de Santers, qui furent rués jus par le commandement du roy de France.

Après que le duc de Bourgoingne ot esté, bien x sepmaines, à Laigny sur Marne, veant que par nulz moyens il ne povoit impétrer devers le roy pour entrer dedens Paris, à simple estat, se party de là et print son chemin à Dampmartin, à Rains, en Lannoys, en Terraisse et Cambresis, à Douay et à Lille ; et tousjours avoit grant nombre de gens d'armes avec luy, dont le povre peuple estoit fort oppressé. Touteffoiz, à son partement de Laigny, fut poursuys par aucuns des souldroirs du roy, lesquelz vers le pont à Vaire prinrent et occirent des gens, dont il fut mal content. Et pour sa longue demeure dedens la ville de Laigny, les Parisiens et aultres le nommoient, en commun langaige, *Jehan de Laigny*. Et après, quant il fut retourné en sa ville de Lille, il s'en alla en Brabant visiter ses deux nepveuz ; c'est assavoir, Jehan et Phelippe, filz au duc de Brabant ; et lors prinst avec luy Phelippe, le maisné filz, auquel avoit esté ordonné, pour partage, la conté de Saint-Pol et de Ligny, et toutes les terres qui furent au conte Walleran de Saint-Pol, père de madame leur mère ; et, de Brabant, le duc de Bourgoingne retourna en son pays de Flandres, où il ordonna le seigneur de Fosseux, capitaine de Picardie, à faire retraire tous ses capitaines et leurs gens d'armes hors de son pays d'Artois et des mectes environ.

Et pour ce que les aucuns travailloient moult fort les pays du roy, le xxiiij^e jour de janvier, par nuyt, Remonnet de La Guerre, le prévost de Compeingne et le seigneur de Bosteaulx, gouverneur de Vallois, par le commandement du roy et de son conseil, assemblèrent secrètement grant nombre de gens d'armes, et furent au logis de messire Martelet du Maisnil et Féry de Mailly, qui estoient logiés ou pays de Santers, en aucuns villages, à tout bien vj^c hommes, faisant grant desrisions sur le pays ; lesquelz furent tous mors, prins et destroussés, sinon ceulx qui eschappèrent par fuicte. Et furent messire Martelet et Ferry de Mailly prins prisonniers et menés à Compeingne. Touteffoiz, le jour de la Purification Nostre-Dame, messire Martelet et iiij aultres gentilz hommes, après ce qu'ilz orent esté questionnez des officiers du roy, furent pendus au gibet de Compeingne ; et Ferry de Mailly, par le moyen d'aucuns de ses bons amis, fut mis à plaine délivrance.

CHAPITRE LXXVII.

Comment la sentence et condempnation, par ci devant faicte par l'évesque de Paris à l'enconstre de feu maistre Jehan Petit, fut déclarée de nulle valeur au concille de Constance.

Vous advez bien ouy comment, par ci devant, maistre Jehan Petit avoit esté condempné par l'évesque de Paris, par pluiseurs de l'Université, et aussi par l'inquisiteur de la foy. Touteffoiz, au conseil de Constance, Martin Porée, docteur en théologie et évesque d'Arras, avec aultres ambassadeurs du duc de Bourgoingne, mirent le cas en terme ; et par les clers notables, c'est assavoir, cardinaulx et aultres, fut dit ce qui s'ensuit : « Par le conseil, clercz de droit. Par icelle nostre sen« tence ordinaire, laquelle nous affermons en ces « escript, nous prononchons et déclairons les sen« tences, procès et condempnacions, arsins, deffences « exécutions[1] faictes par l'évesque de Paris contre

---

1. M.P. et L., « *excusations.* »

« maistre Jehan Petit, et toutes choses qui de ce se sont
« ensievis, estre de nulle valeur, et les annulons et
« cassons. Le condempnacion des despens faiz légite-
« ment devant [nous, en ceste cause,]¹ nous les laissons
« à tauxer pour cause. Ainsi, moy, Jourdain de Alba-
« nen, ainsi, moy, Antoine [cardinal d'Aquillé, pro-
« nonchons; ainsi moy]², cardinal de Florence, le
« prononchons. » Lequel procès fut condempné au
concille de Constance, le xv° jour de janvier.

CHAPITRE LXXVIII.

Comment l'empereur Sigismont arriva à Paris, où honnourablement fut receu du roy, et, de là, passa en Angleterre, où aussi fut honnourablement receu et festoyé du roy d'Engleterre. De son retour en France, sans avoir riens besoingnié touchant la paix des deux roys; et du trespas du duc Jehan de Berry, oncle du roy de France.

En icelluy temps mil iiii° et xv, vindrent à Paris deux chevaliers des gens de l'empereur Sigemont et roy d'Allemaingne, pour avoir et préparer son logis; ausquelz deux chevaliers fut baillyé et délivré le chastel du Louvre. Et, le jour du cras dimenche ensuivant, arriva l'empereur, à compaignie de viij° chevaulx ou environ, allencontre duquel allèrent le duc de Berry, le cardinal et le duc de Bar, le conte d'Erminacq et pluiseurs aultres, en moult noble estat; et fut logis au

---

1 et 2. M.P. et L.

Louvre. Et, en aucuns jours après, fist exposer au roy et à son conseil la cause de sa venue ; c'est assavoir, pour l'union de Nostre Mère Sainte Église. Et après, il se offrit moult au roy à faire ce qu'il pourroit pour luy et pour son royaulme. Et, depuis, y ot ung docteur en théologie, nommé maistre Ghérart Machet, qui proposa devant luy moult prudentement, de par le roy, dont il fut très contens ; et estoit le roy en assez bonne santé. Et, après que pluiseurs parlemens orent par luy esté faiz sur l'estat de l'universelle Église et aultres besongnes, il se party de Paris pour aller en Angleterre, où il s'acquicta d'appaisier à son povoir les deux roys de France et d'Angleterre, comme cy après sera dit.

Et fut son partement, le merquedy devant les Pasques; et de là fut convoyé jusques à Saint-Denis par le roy Loys, le duc de Berry et le cardinal de Bar. Et estoit, en la compaignie de l'empereur, le duc de Milan, oncle du duc d'Orléans. Et estoit l'empereur armé, portant à l'archon de sa selle ung chappeau de Montauban. Sur son harnois portoit une heucque noire, en laquelle estoit une droicte croix devant et darrière, de couleur de cendre, sur laquelle avoit escript en latin : « Dieu tout puissant et misericords. » Et ainsi estoient habilliez la plus grand partie de ses gens, montez sur bons chevaulx, et s'en alla à Bouloingne[1]. Mais ceulx de la ville ne le leissèrent pas entrer dedens, dont il ot grant despit ; et, pour ce, ne vault recevoir les présens à luy envoyez de la ville, et s'en alla à Callais.

---

1. M.C., « et de là par Estaples s'en alla à Boulongne. » C'était son chemin. — M.D.D., « et de là s'en ala à Estaples *par* Boulongne. » C'est le contraire.

Puis, après ce que il eult séjourné deux jours, navires furent aprestées, sur lesquelles lui et ses gens montèrent, et il eult vent à plaisir qui tost les mist à Douvre ; après, prindrent leur chemin à Londres. Sy leur alla, au devant, le roy d'Angleterre et ses frères acompagniés de son sang pluiseurs nobles princes ; et, en brief jours après, y vint le duc Guillame, conte de Haynnau, pour parler de la paix des deux roys et de leurs royaulmes ; mais, ne l'empereur, ne le roy d'Angleterre, ne ceulx du conseil des deux parties, ne se sceult accorder, ne trouver manière de venir à bien de paix. Non obstant ce, le roy d'Angleterre festoya moult hounourablement l'empereur et le duc Guillame, son cousin, et les aultres ambassadeurs qui venus estoient, en leur compaignie, de par le roy.

Dont, pour festoyer l'empereur, fist faire ung moult bel et somptueux soupper, où estoit assis l'empereur au milieu de la table, et à son dextre le duc d'Orléans ; et, au dessus du duc d'Orléans, le duc de Bourbon, le conte d'Eu, le seigneur d'Estouteville et le seigneur de Gaucourt, tous prisonniers au roy d'Angleterre : et, au sénestre costé, estoit assis le duc Guillame, conte de Haynnau, de Hollande et de Zellande, le duc de Brie, Allemant, et trois aultres contes d'Alemaingne que je ne sçay nommer. Le roy d'Angleterre, qui bien savoit les honneurs mondains autant que princes de son temps, vint devant la table de l'empereur pour le festoyer et semondre à faire bonne chière, vestu d'une moult noble robbe de drap d'or[1] ; et, autour de son col, ung

---

1. M.P. et L., « de drap *noir*. »

moult riche collier, garny et aourné de moult riches
pierres, les vint par deux foiz visiter.

L'empereur séjourna en la ville de Londres, avec le
roy d'Angleterre, par l'espasse d'un mois ou cincq sepmaines; mais, quant ilz veirent que ilz ne povoient
trouver paix, ne moyen de traictié entre les deux roys
de France et d'Angleterre, moult desplaisant, l'empereur s'en départist et print congié du roy d'Angleterre.
Et quant le roy d'Angleterre sceult son partement, il
le fist deffrayer et tous ses gens, hommes et chevaulx.
L'empereur venus à Douvres, après ce que les ducz,
contes et barons d'Angleterre eulrent prins congié de
luy, il trouva son navire prest et monta dessus, luy et
ses gens, et vinrent au soir au giste, à Calais. Puis, l'empereur, sans guaires séjourner, retourna en France, là
où il raconta au roy ce que lui et le duc Guillame
avoient peu faire touchant les matières pour venir au
bien de la paix; dont le roy et les princes furent moult
courouchiés, car bien sçavoient et espéroient que le
roy d'Angleterre ne seroit asouffy à tant, et que en brief
temps, il rappasseroit en France.

Et, quant est à parler du duc Guillame, il se party
de Londres environ xij jours après l'empereur, et s'en
retourna au pays de Hollande. En ceste année morut
le duc Jehan de Berry, oncle du roy, et, depuis, se
remaria la ducesse au seigneur de la Trimoulle; dont
le duc de Bourgoingne fut malcontent, car, pour ce jour
il n'amoit guaires le seigneur de la Trimoulle; et par
droit, ladicte dame estoit contesse de Boulongne. Et,
pour ce que le duc de Bourgoingne fut adverty du
mariage, hastivement envoya le seigneur de Fosseux,

lors gouverneur d'Artois, en la ville de Boulongne, pour icelle saisir et mectre en sa main. Mais, desjà, de par le roy, estoit commis le seigneur de Moreul, pour faire frontière allencontre des Anglois.

CHAPITRE LXXIX.

De l'armée de mer que le roy de France meit sus, la quelle fut deffaicte par l'armée des Anglois, dont le duc de Clarence estoit chief.

En icelle mesme année fut, par le roy et son conseil, ordonné et advisé de mectre sur la mer, entre France et Angleterre, une grosse armée et si puissante que pour combatre l'armée du roy d'Angleterre ; et mesmement pour garder la mer, que la ville de Harfleu ne fust avitaillie d'Angleterre ne d'ailleurs. Et, pour fournir icelle grosse armée, le roy envoya à Gennes, où il recouvra de viij grosses carrecques, lesquelles le roy fist armer, avec pluiseurs et grans nombres de navires de guerres. Et furent d'icelle armée, chiefz et capitaines, le bastard de Bourbon et messire Robinet de Bracquemont, admiral de France.

Or est vray que, après que la ditte armée fut preste, ilz se mirent en mer, et tant nagèrent qu'ilz se trouvèrent sur la coste d'Angleterre si puissans que nulz ne les ozoit actendre. Quant le roy d'Angleterre sceult que icelle armée estoit sur la mer pour luy deffendre le passage, il assembla les princes et grans seigneurs de son conseil, et leur fist remonstrer l'armée que les François avoient mis sur mer, par laquelle, se provision n'y estoit mise, il y recepvroit honte et dommage, en leur requerrant conseil. Sy fut conclud, en ce conseil, de assembler une grosse armée, pour combattre les François sur la mer. Quant il ot son armée preste, il manda son frère, le duc de Clarence, et luy dist : « Je vous ordonne chief de mon armée, et que tous « de madicte armée vous obéyssent, comme à moy. « Et, au surplus, je vous commande que vous allez « combattre l'armée des François, qui de présent sont « sur la mer, et vous gardez, sur vostre vie, de jamais « retourner en Angleterre, s'ilz vous actendent, que « vous ne les ayez combatus, et, par la grâce de Dieu, « victorieux, ou que vous soyez mors ou prins. »

L'ordonnance du roy d'Angleterre faicte, et son armée preste, où povoit avoir de iij à iiij^c navires, le duc de Clarence se party, après ce qu'il ot remerchié le roy, son frère, de l'onneur que il luy faisoit; et de luy le congié prist et tant fist qu'il trouva l'armée des François, ausquelz il aborda et assembla à combattre ; et, là, y eult dure battaille. Mais, enfin, furent François desconfis, et, là, y eult mains nobles hommes mors et noyez; entre lesquelz fut mort le gentil chevalier messire Jehan de Bracquemont, filz de l'admiral. Le bastart de Bourbon fut prins et mené en Angleterre ; et quant aux iiij quarracques, elles s'enfuyerent sans combattre, et les aultres furent prinses avec pluiseurs aultres navires de guerre. Et, après icelle battaille, le duc de Clarence fist ravitaillier et rafreschir de vivres la ville de Harfleu ; puis, s'en retournèrent les Anglois en Angleterre, fors joyeulx de leur bonne fortune. De ces nouvelles fut moult joeulx le roy d'Angleterre, et bienviengna son frère moult grandement.

CHAPITRE LXXX.

Comment l'empereur Sigismont se trouva de rechief à Calais vers le roy d'Angleterre, comme aussi feit le duc de Bourgoingne ; et de la rencontre que les Anglois de Harfleu eulrent aux François.

Environ la Saint-Remy, mil cccc et xvj, l'empereur retourna à Calais. Si vint vers luy le roy d'Angleterre moult grandement à compagnie. Eulx estant audit lieu de Calais, alla par devers eulx le duc de Bourgoingne, où il fut honnourablement receu. Si vint tenir ostage pour luy le duc de Clocestre, frère du roy d'Angleterre, en la ville de Saint-Omer, et, par le conte de Charrolois, fut le duc de Clocestre grandement et honnourablement receu. Sy le visitoit et compaignoit, le plus qu'il povoit, le conte de Charrolois qui alors estoit josne, et qui, de son eage, sçavoit plus que prince de son temps. Le duc de Clocestre, de l'onneur et courtoisie que le conte de Charrolois lui faisoit, le merchioit très-honnourablement.

Le duc de Bourgoingne estant à Calais, fut, à icelle foiz, moult requis et pressé du roy d'Angleterre qu'il se vaulsist déporter d'estre en l'ayde du roy allencontre de luy et des siens, par condicion qu'il partiroit à aucunes des concquestes qu'il feroit en France : et, avec ce, le roy d'Angleterre lui promectoit, pour lors, de riens entreprendre sur nulles de ses terres et seignouries, ne de ses alyez et bien[veillants][1]. La-

---

1. L. et B.

quelle requeste ne vault pas accorder le duc de Bourgoingne ; mais, les trèves, qui par avant avoient esté accordées touchant le fait de marchandises entre Angleterre et France, furent ralongiés jusques à la Saint-Michiel, mil CCCC et XIX. Et, comme je fus informez, le duc de Bourgoingne désiroit grandement parler à l'empereur ; car aultrement ne povoit parler à lui, s'il ne fust pas venu à Calais, et aussi l'empereur ne fust pas venu vers lui, à cause des débas et noyses et guerres que avoit le duc de Bourgoingne à ceulx tenans la partie du duc d'Orléans et de ses frères.

Et après ce qu'il eut séjourné en la ville de Calais, par l'espasse de viij jours, et besoingnié de ce pourquoy il y estoit allez, print congié et retourna à Saint-Omer ; et pareillement s'en retourna le duc de Clocestre à Calais. Pour lequelle voyage ainsi par le duc de Bourgoingne fait, fut le roy et ceulx qui le gouvernoient moult merveilliez ; et tenoient véritablement qu'il se fust du tout alyez avec le roy d'Angleterre, au préjudice du roi et de sa seignourie ; de laquelle chose oncques ne fut parlé, excepté ce que le roy d'Angleterre luy avoit dit ; mais, tant amoit le roy que, jusques à morir, ne l'eust voulu faire. Mais, en icelluy temps, tous les princes de France avoient conchut une si grant envye sur luy, à cause de la mort du duc d'Orléans, que nul bien n'en povoient dire. Par quoy, grans guerres et occisions[1] se faisoient pour lors en France, dont le roy d'Angleterre n'estoit pas courouchié ; et ne s'en doit-on pas esmerveillier ; car, pour lors, se France eust esté en paix et union, le roy d'Angleterre

---

1. M.P. et L., « *effusions.* »

y eust eu moult à faire, avant qu'il fust venu si avant comme il vint.

En ce mesme temps, le duc d'Excestre, qui se tenoit à Harfleu, se mist sus ung certain jour aux camps à tout iij^m combattans Anglois, et alla courre devant la ville de Rouen, et, de là, alla attaindre le pays de Caux, où il fut par iij jours, et y fist de très griefs maulx par feux et espées. Mais à ce temps se assemblèrent les garnisons, tant qu'ilz se trouvèrent bien iij mille, comme estoient iceulx Englez. Sy les rencontrèrent et leur coururent sus vaillamment ; et en brief les mirent tous en desrois. Si en demoura sur la place bien viij^c, que mors que prins ; et les aultres, avec le duc d'Excestre, se retrayèrent en ung jardin qui estoit avironnez de fortes hayes d'espines, et là se tindrent le surplus du jour. Les François ne les povoient avoir, jà soit ce qu'ilz s'en meissent en paine.

Et quant ce vint au soir, François se retrayèrent, pour eulx rafreschir, en ung village qui estoit plus près[1]; mais le duc d'Excestre et ses gens doubtans la journée de l'endemain, se party avec ses gens environ le point du jour et tira vers Harfleu. Laquelle départie sceurent, assez tost après, les François qui de rechief les poursievirent et les rataindirent sur les marés, assez près de Harfleu, environ deux lieues. Sy les assaillèrent comme devant ; mais les Anglois, veant que, sans mort ou prison, ne povoient eschapper, ruèrent piet à terre ; si se deffendirent en telle manière qu'ilz dérompirent les François et mirent en fuicte. Sy morurent en la place jusques au nombre de

---

1. M.P. et L. « un village *là au* plus près. »

xij^e François ; entre lesquelz fut le principal le seigneur de Villequier, qui estoit conducteur. Le demourant se sauva. Ainsi advient-il de guerre : une foiz perdre et l'autre gaignier.

CHAPITRE LXXXI.

Du monopolle que les Parisiens feirent, qui fut descouvert d'une femme ; et comment ceulx qui furent trouvez coulpables furent exécutez. Comment le daulphin de Viennois espouza la fille au conte de Haynault ; et des trespas dudit daulphin et conte de Haynault.

Après le partement de l'empereur de la ville de Paris, ceulx qui gouvernoient le roy, c'est assavoir, le roy Loys, le duc de Berry et aucuns aultres, tindrent conseil, auquel fut ordonné que on mecteroit une taille sus, pour les affaires du roy et du royaulme. Dont le peuple, en espécial ceux de Paris tenans secrètement le party du duc de Bourgoingne, furent moult troublez ; et, à la coulleur d'icelle taille, firent une assemblée secrette. A laquelle assemblée feirent ung terrible monopolle et conspiracion et la plus cruelle et détestable dont on pourroit parler. Ne sçay s'il fut vray, mais la chose n'advint point, comme vous orrez.

Iceulx Parisiens, pour acomplir leur intencion, envoyèrent devers le duc de Bourgoingne, affin qu'il envoyast secrètement de ses gens à Paris, faingnant que ce fust pour ses affaires ; ausquelz iceulz Parisiens eussent conseil et confort. Sy leur accorda le duc de

Bourgoingne, et leur envoya messire Jennet de Poix, Jacques de Fosseux, le seigneur de Saint-Légier et Binet d'Auffleu; lesquelz portèrent pluiseurs lettres de créance, signées de la main du duc de Bourgoingne, adressans, à Paris, à ceulx à qui ilz avoient fiance. En conclusion ou contens de la dicte taille, iceulx Parisiens jurèrent et firent sèrement, ensemble, que, le jour du grant vendredy, après disner, ilz se mectroient sus, en armes, pour prendre tous ceulx qui leurs estoient contraires; et, premier, le prévost de Paris, lequel ilz occiroient; et, en après, mecteroient à mort la royne de Zécille, et si prendroient le roy de Sézille et le duc de Berry et les feroient vestir de honteux habis, leur feroient rère les testes, comme folz, et les feroient mener sur deux beneaulx avant la ville de Paris, après les feroient morir; qui eust esté une grant cruaulté, s'il estoit vray.

Touteffoiz, la voix courut que pluiseurs, qui à la cause furent exécutez, le confessèrent. Icelluy jour, ilz ne mirent point à exécution leur mauvaise entreprise, et le cuidèrent exécuter, le jour de Pasques. Mais, leur mauvaistie fut sceue par une femme, qui leur conseil révéla à Michault Laillier, qui le fist sçavoir à Bureau de Dampmartin, et Bureau le fist savoir au chancellier, qui promptement s'en alla en Louvre, et de là envoya secrètement à la royne, aux princes et au prévost de Paris, déclairer la faulce et mauvaise intention d'iceulx Parisiens. Et promptement que le prévost de Paris le sceult, secrètement fist armer gens et assembla l. à lx hommes, et tira devers le quartier des Halles, où aucuns des capitaines de ces mauvais demouroient, qui ne se doubtoient en riens que leur entreprise fust descouverte. Sy en furent pluiseurs prins et menez en Chastelet ; lesquelz furent prins, messire Almérite d'Orgimont, l'archediacre d'Amiens, doyen de Tours et chanoine de Paris ; l'un des présidens de la Chambre des comptes, Robert de Belloy, très riche drapier ; le sire[1] de l'ostel de l'Ours, à la porte Baudet, et pluiseurs aultres. Laquelle chose, en toute diligence, fut rescript au connestable et au mareschal de France, qui lors estoient en la frontière de Harfleu allencontre des Anglois ; lesquelz y envoyèrent Remonnet de La Guerre, à tout viij^c hommes de guerre.

Et le ve jour de may, furent menez pluiseurs des mauvaises gens, dessus nommez, ès Halles, où là furent, comme traittres, exécutez et décolés. Et, au regard de Almerie d'Orgimont, il fut rendu à l'évesque par lequel il fut condempné au pain et à l'eaue en chartre perpétuelle. Et, tantost après, le connestable vint à Paris, à compaignie de gens de guerre ; et, après sa venue, fist par le prévost de Paris oster toutes les chainnes de fer par les rues de ladicte ville et, avec ce, les armures de ceulx de la ville. Ne demoura guaires, après, que messire Loys Bourdon, messire Clugnet de Brabant et le seigneur de Bosqueaulx, à tous grans nombre de gens de guerre, arrivèrent à Paris et ès villages d'environ. Si furent tous les favourables du duc de Bourgoingne en grant perplexité ; et ceux que on trouva coulpables de la conspiracion, furent sans miséricorde pugnis, les ungs decapitez, les aultres pendus et les aultres noyez ; et peu en eschappa. Touteffoiz, les nobles hommes que le duc de

---

1. Notre ms. a « sure. »

Bourgoingne y avoit envoyé, retournèrent sans quelque empeschement,

En ce temps estoient gens d'armes, en grant puissance, en l'Isle de France et ès marches environ, par l'ordonnance des gouverneurs qui gouvernoient le roy. Et pareillement se mirent sus les gens du duc de Bourgoingne en grant nombre; parquoy le povre peuple du royaulme estoit tout destruit.

Vous avez ouy, cy devant, comment le duc de Guyenne alla de vie à trespas. Après lequel trespas Jehan, duc de Touraine, son second frère, fut daulphin de Viennois et héritier de la couronne de France; lequel avoit espousé la fille et héritière du conte de Haynnau de Hollande et de Zellande; auquel le conte de Haynnau bailla et ordonna un grant estat pour le mener en France. Mais, avant leur partement, s'assemblèrent ensemble le daulphin et le duc de Bourgoingne et le conte de Haynnau, lesquelz jurèrent et promirent de tenir de point en point la paix tant de foiz faicte en France. Lesquelz séremens furent faiz en la présence de pluiseurs grans seigneurs, en la ville de Vallenciennes. Et puis, ces choses faictes, le daulphin prist son chemin pour aller à Paris; en sa compaignie, madame la daulphine, sa femme, et son beau père le conte de Haynnau. Mais, le daulphin ne passa point Compiengne, et là, d'une griefve malladie son ame rendit à Dieu. Duquel trespas se fist grant murmuracion par tout le royaulme; et disoient les aucuns qu'il avoit esté empoisonné pour cause que il estoit trop Bourguignon et trop fort alliez avec le duc de Bourgoingne. Après son trespas, madame la daulphine retourna au pays de Haynnau, en la compaignie de son père ; mais ce fut à grant dueil et en très amère desplaisance. Ne demoura guaires après, que le conte de Haynnau alla de vie à trespas ; et trespassa au chasteau de Bouchain, au mois d'aoust, mil iiij{e} et xvij. Sy fut madame la daulphine, sa fille, héritière des contés de Haynnau, Hollande et Zellande, et seignourie de Frize.

CHAPITRE LXXXII.

Comment Jehan de Bavière, esleu de Liége, bailla empeschemens à dame Jacques de Bavière, en la conté de Hollande ; et comment il se maria à la ducesse de Luxembourg, laquelle estoit vesve de Anthoine, duc de Brabant.

Touteffoiz, Jehan de Bavière, évesque de Liége, son oncle de par son père, lui bailla pluiseurs empeschemens, et par espécial, ès contez de Hollande et Zellande[1] en disant que à icelles seygnouries ne devoit nulle femme succéder. Et, de fait se bouta, par le consentement d'aucuns Hollandois, dedens la ville de Dordrecht, et en aucunes aultres places qui le tenoient pour seigneur. Puis, commença à faire guerre à ceulx du pays de Hollande et Zellande, qui obéyr ne vou-

---

1. Ces premières lignes de notre chapitre 82 sont les dernières du précédent chapitre, dans le manuscrit de Paris et Le Laboureur ; et le manuscrit, comme l'imprimé, les reprennent pour commencer le chapitre suivant, de cette façon : « Après le trespas du daul« phin de Viennois et du conte de Haynault, son beau-père, Jehan « de Bavière, évesque de Liége, oncle de la daulphine, luy bailla « moult d'empeschemens, comme vous avez ouy, en disant, etc. »

loient, et délaissa en tout l'Eglise, et se maria à la ducesse de Luxembourg, laquelle auparavant avoit esté espeuse du duc Anthoine de Brabant, frère au duc de Bourgoingne.

CHAPITRE LXXXIII.

Comment le duc de Bourgoingne escripvit lettres à pluiseurs villes du royaulme [de France] pour remectre le roy en sa liberté, et pour le bien publicque du royaulme; et comment la royne fut envoyée par le roy à Tours en Touraine, avecques trois gouverneurs qui le tenoient bien cours.

Le duc de Bourgoingne, qui désiroit avoir le gouvernement du roy et du royaulme, envoya ses lettres en pluiseurs bonnes villes du royaulme, par lesquelles il remonstroit comment, pluiseurs et diverses foiz, paix avoit esté faictes en France, laquelle il avoit tousjours de son povoir tenu et vouloit tenir ; mais, de l'autre partie avoit esté enfrainte en pluiseurs et diverses manières; comme par avoir mis gens prisonniers, décapitez, pendus, noyés ; les deux enfans de France empoisonnés, c'est assavoir, le duc de Guyenne et le duc de Touraine, daulphin de Viennois ; et de jour en jour destruisoient le roy, tant par mengeries de gens d'armes que par pluiseurs grans tailles et exactions. Et après toutes ces grans remonstrances, requéroit à ceulx des bonnes villes, nobles et aultres, qu'ilz le vaulsissent aidier à délivrer et à mectre en franchise le roy, qui estoit détenus par iceulx robeurs et destruisans du royaulme, estrangiers et non du sang royal ; et pluiseurs aultres remonstrances que le duc de Bourgoingne leur faisoit, en disant qu'il avoit ferme espérance en Dieu, qui congnoit le secret des ceurs des hommes, de venir à la conclusion de garder et observer la noble maison de France, par le moyen des bons et loyaulx subgectz du roy; lesquels il avoit intencion de secourir et aidier en toutes manières de noblesse, francises et libertés, et tant faire que plus le peuple ne payeroit tailles, aydes, imposicions, gabelles, et aultres exactions, comme luy requiert le noble royaulme de France ; et contre ceux qui vouldroient aller au contraire, y procéderoit par voye ennemie contre eulx, par feu et sang, soient universitez, communaultés, cappitres, colliéges nobles et tous aultres de quelque estat ou condicion que ilz soient.

En ce mesme temps, la royne estant au bois de Viencennes, où elle tenoit son noble estat, le roy estant vers elle, ainsi qu'il retournoit à Paris, envers le vespre, il encontra messire Loys Bourdon allant de Paris au bois, lequel, en passant assez près du roy, lui fist la révérence, et passa oultre assez légèrement. Touteffoiz, le roy le congneut ; si ordonna au prévost de Paris qu'il allast après lui, le prinst et en feist bonne garde, tant que autrement y auroit ordonné. Laquelle chose fut ainsy faicte. Et après, par le commandement du roy, fut questioné, puis fut mis en ung sacq de cuir et gecté en Saine ; sur lequel sacq avoit escript : « Laissiez passer la justice du roy ».

En brief jour après, fut ordonné, de par le roy, que la royne s'en iroit à Tours en Touraine, en sa compaignie sa belle seur, ducesse de Bavière, et à tout son simple et petit estat. Et luy furent bailllé, pour le conduire, maistre Guillame Thorel, maistre Jehan Picart et maistre Laurens du Puch, sans le conseil desquelz elle ne povoit riens besoingnier, escripre, ne faire quelque chose. De laquelle ordonnance elle fut forte desplaisante; et, avec ce, ceulx qui le gouvernoient, lui avoient osté tout son argent, joyaulx et richesses.

CHAPITRE LXXXIV.

Comment aulcuns rebelles de Rouen occirent leur bailly et son lietenant et aultres. Comment le daulphin y alla, à main armée, et feit pugnir les rebelles. De la mort du roy Loys de Sécile, et quelz enfans il délaissa; et des pilleries et maulvais gouvernement qui estoit au royaulme de France.

En ce temps, par l'exortacion d'aucuns qui estoient favorables et amoient la partie du duc de Bourgoingne, se mirent sus, par manière de rébellion, pluiseurs meschans gens du petit estat, en la ville de Rouen. Et, de fait, allèrent en la maison du bailly royal de Rouen, nommé messire Raoul de Gaucourt, tous armez et embastonnez, hurtèrent à son huys bien fort, disans à ceulx de dedens : « Nous voulons cy « entrer et parler à monseigneur le bailly, pour luy « présenter ung traistre que nous avons maintenant « prins en la ville. » Et povoit estre environ x heures en la nuyt. Ausquelz fut respondu, par iceulx serviteurs, qu'ilz meissent leur prisonnier sceurement jusques à l'endemain. Néantmoins, par leur importunité, tant de force comme aultrement, ouverture leur fut faicte ; et tantost le bailly se leva, et affulé d'un grant mantel vint parler à eulx. Et lors aucuns de la compaignie, qui avoient les faces mucées, le occirent cruellement.

Après ce fait, de là allèrent à l'ostel de son lietenant, nommé Jehan Légier, et le mirent à mort ; et de là en aultres lieulx, et en tuèrent jusques au nombre de dix. Mais, aucuns des aultres officiers, comme le visconte et le receveur, de ce adverty, s'en fuyrent au chastel, où ilz furent receuz par messire Pierre de Bourbon, qui en estoit capitaines ; et, l'endemain au matin, se assembla le commun, en grant nombre, et allèrent en armes devant le chastel en intencion d'entrer dedens. Mais, le capitaine qui avoit avec luy cent souldoyers, de par le roy, leur refusa l'entrée. Après pluiseurs parolles, fut traictié, entre eulx, que il entreroit jusques au nombre de xvj hommes des plus notables de la ville, pour parler au capitaine sur leurs affaires, qui moult leur touchoit, comme ilz disoient. Lesquelz, après ce qu'ilz y furent entrés, s'excusèrent de la mort du bailly et des aultres, et aussy toute la communaulté, disans que moult seroient joeulx se les facteurs estoient congnus et prins, et aussi pugnis ; car, pour l'omicide, ilz crémoient le roy ; et pour ce luy requéroient qu'il leur baillast le chastel à garder ; laquelle requeste leur fut refusée. Secondement, requirent que la porte du chastel, vers les camps, fut condempnée ; et ce pareillement leur fut refusé. Et après ce, lui pryèrent qu'il les escuser vaulsist, eulx et le commun, devers le roy et le daulphin son filz ; ausquels le capitaine respondit qu'il le feroit en temps et en lieu. Après pluiseurs parolles, le capitaine leur conseilla qu'ilz feissent ouverture au roy et à son filz, s'ilz venoient en leur ville, comme bons subgectz debvoient faire [1].

Or est vray que, en brief temps, ce qu'ilz doubtoient advint ; car le filz du roy, partans de Paris, à tout ij mille combattans, alla au Pont de l'Arche, duquel lieu il envoya l'archevesque de Rouen faire savoir à ceux de la ville sa venue, affin qu'ilz luy feissent ouverture et obéissance. Et quant l'archevesque fut venu à la porte, il trouva aucuns chanonnes de l'église cathédrale, armés avec les bourgois de la ville, ausquelz il exposa le mandement du daulphin ; et ilz lui respondirent que ilz n'entreroient dedens la ville, à tout sa puissance ; mais, s'il y vouloit entrer à petite compaignie, ilz en estoient contens, et non aultrement. Adont, l'archevesque veant qu'il ne povoit riens besoingner, retourna vers le daulphin et lui dist ce qu'il avoit trouvé et oy. Et, lors, le daulphin manda Pierre de Bourbon et parla à luy en luy demandant l'estat de la ville. Après pluiseurs parolles, le daulphin s'en alla logier à Sainte-Catherine du Mont de Rouen. Après ce, dist à Pierres de Bourbon, capitaine du chastel de la ville de Rouen : « Allez en vostre chastel, et par la « porte des champs recevez ij^c hommes d'armes et « autant d'archiers que je vous envoyeray. » Laquelle chose fut ainsi faicte ; par quoy ceulx de la ville furent en grant doubtance. Touteffoiz, en dedens trois jours ensuyvans, le daulphin, par traictié, entra dedens la ville, à tout sa puissance, et fut logié au chastel de

---

1. M.P. et L., « *sont tenuz et doibvent* faire. »

Rouen ; puis traicta avec ceulx de la ville, en leur pardonnant tous leurs meffaiz, excepté les occiseurs du bailly.

Tantost après, le daulphin retourna à Paris ; et, avant son partement, ordonna bailly de Rouen le seigneur de Gamaches, auquel il commanda prendre pugnicion des hommicides trouvez coulpables, par bonne informacion, de la mort du bailly ; et ainsi en fut fait des aucuns. Mais, Allain Blanchart se absenta, certaine espasse de temps, et depuis retourna en la ville de Rouen, où il ot grant auctorité et gouvernement, comme cy après sera déclairé [1].

En icelle année, le roy Loys morut, et laissa iij filz ; c'est assavoir, Loys, l'aisné, qui fut roy après luy ; le second ot nom René et fut duc de Bar ; et le tiers ot nom Charles, conte du Maine et de Guise. Il laissa aussi deux filles, dont la première eult le daulphin, et la seconde, nommée Yolens, n'avoit que deux ans.

Alors estoit, en France, ung moult méchant gouvernement ; car justice n'y estoit en riens obéye, et les estrangiers, qui tenoient les champs, du party de Bourgoingne, roboient et pilloient tout ce qu'ilz trouvoient, sans nul espargnier, ne d'un party ne d'aultre ; car, les pays du duc de Bourgoingne estoient pilliés et robés comme les aultres. Et de fait, une compaignie d'iceulx se bouttèrent en Picardie, vers la marche de Boulenois ; mais Buctor, bastart de Croy, mist sus les gens du pays et s'en alla, par nuyt, effondrer sur leur logis, et les rua jus ; et y fut tué Laurens Rose, lors

---

1. Le manuscrit de Paris et Le Laboureur commencent ici un chapitre sous ce titre : *Le trespas du roy Loys de Sicile.*

lietenant de Jehan de Claux, et aucuns aultres. Mais, pour luy vengier de ce bastart, ledit Jehan du Clau prist ung gentilhomme de Boullenois, nommé Gadifer de Collehault et le fist pendre à une arbre.

Touteffoiz, ilz issirent du pays de Boullenois et s'en allèrent ou pays de Santers, où ilz prindrent la ville et forteresse d'Avenencourt, le pillèrent et puis y bouttèrent le feu. Et de là s'en allèrent mectre le siége devant le Neuf Chastel sur Enne ; et, pour lever le siége, Remonnet de La Guerre et le bailly de Vermendois se mirent sus, de par le roy, et allèrent pour cuider lever le siége. Mais, iceulx estrangiers se levèrent de leur siége et les allèrent combattre, et là furent desconfis les gens du roy, et furent mors en la place plus de viij^{xx}, et les aultres se fuyrent et se sauvèrent au mieulx qu'ilz peurent ; et par ce moyen se rendirent à eulx ceulx du chastel, et ilz entrèrent dedens et le pillèrent de tous poins, et y bouttèrent le feu, et puis se retrayerent en Cambresis, là où ilz fyrent tous les maulx du monde. D'aultre part, Jehan de Fosseux, Daviot de Poix, Ferry de Mailly et aucuns aultres Piccars, jusqués à xij^c combattans, passèrent ung jour la rivière de Somme, à la Blanche Tacque, et s'en allèrent jusques au Marle, prindrent la ville et assaillèrent le chastel durement. Dont, quant ilz veirent qu'ilz ne le porent avoir, ilz pillèrent la ville qui plaine estoit de tous biens, et puis y bouttèrent le feu ; et de là s'en allèrent à Hornoy, et ou beau pays de Vimeu, tenir les camps, pilier et rober tout ce qu'ilz y trouvèrent ; et puis, tous chargiés de proyes et de prisonniers, ilz rappasèrent l'eaue de Somme pour retourner au pays. Et Dieu scet comment le povre peuple estoit alors foulé et destruit de toutes pars!

En ce mesme temps estoit alors à Perronne, de par le connestable, messire Robert de Loire, à cent hommes d'armes, cent arbalestriers jennevois et cent aultres combattans, lesquelz couroient souvent ou pays d'Arthoys; et, d'aultre part, convint ceulx d'Amiens boutter hors leur bailly et le procureur du roy, à l'instance du duc de Bourgoingne, pour ce qu'ilz estoient trop rigoreulx à ses gens; ou, aultrement, il le menaschoit de leur faire guerre. Et s'en allèrent, le bailly et le procureur, faire leur complaincte au roy; pourquoy, en persévérant de mal en pis, ne fut pas content du duc de Bourgoingne.

CHAPITRE LXXXV.

Comment le duc de Bourgoingne envoya ses ambassadeurs aux villes de Amiens, Dourlens, Abbeville, Saint-Ricquier et Monstreul; et de la promesse que lesdictes villes luy feirent.

Le duc de Bourgoingne envoya ses ambassadeurs ès villes du roy; assavoir, à Amiens, Dourlens, Abeville, Saint-Richier et Monstruelle, et leur fist remonstrer que son intencion estoit du tout à mectre provision au gouvernement du royaulme, pour le bien du peuple, pryant qu'ilz se vaulsissent joindre avec luy. Et si bien leur fut remonstré qu'ilz luy promirent ayde et confort, dont ilz baillèrent lettres contenant en effet : « qu'ilz aideroient le duc de Bourgoingne à mectre le roy en sa franchise et le royaulme en justice, affin que marchandise y peult avoir cours et que le roy et le royaulme soient bien gouvernez ; et mecteront le duc de Bourgoingne en leurs villes, le plus fort, et ses gens aussi, pour aller[1] et venir parmy eulx, par payant leurs despens, et sans faire injure à personne, sur paine d'en estre pugnis selon le cas ; et que les habitans d'icelles villes poroient aller dehors, ès pays du duc de Bourgoingne sauvement.

« Item, que le duc de Bourgoingne les aidera et supportera contre tous ceulx qui nuyre les vouldroient.

« Item, que ilz ne mecteront en leurs villes garnisons de gens d'armes, ne de l'un costé, ne de l'autre.

« Item, se aucunes des dictes villes vouloient faire contre le dit accord, et ilz fussent convaincus, ilz en seroient pugnis selon toutes rigeurs de justice. » Et fut en substance la fourme des lettres qui furent faictes à Dourlens, le vij^e jour d'aoust, l'an mil iiij^c et xvij.

CHAPITRE LXXXVI.

Comment le duc de Bourgoingne, avecque une grant armée, s'en alla à Corbie et à Amiens, où le seigneur de Chauny vint vers luy, de par le roy et ses instructions ; et la responce du duc de Bourgoingne ; et comment ledit seigneur de Chauny fut constitué prisonnier en la Bastille, à son retour.

Et avoit alors[2] le duc de Bourgoingne mis sus une

---
1. M.P. et L. « *parler.* »
2. M.P. et L., « *En ce temps* avoit lors. »

grande armée, à toute laquelle il s'en tira devers Corbie; et advint, la nuyt que il arriva à Corbie, que l'abbé de Corbie morut. Puis s'en alla à Amiens, où ilz cryèrent « Noël » à sa bien venue ; et fist illec nouveaulx officiers devant son partement ; car il fist le seigneur de Belloy capitaine de la ville, et le seigneur de Humbercourt fist-il bailly. En icelle ville d'Amiens, vint à luy le seigneur de Cauny, que luy apporta lettres signées de la main du roy[1], et luy dist qu'il avoit charge du roy de luy enjoindre et deffendre qu'il n'allast plus avant, et que il meist son armée jus et retournast en son pays, et qu'il rescripvist au roy pour quoy il avoit fait ceste armée et assemblée. Auquel le duc de Bourgoingne respondy que, obstant qu'il estoit son parent du costé de Flandres, il ne devoit point prendre tel charge, ains s'en devoit excuser. Lors se gecta à genoulx le seigneur de Cauny et se excusa le mieulx qu'il peult ; et ceulx aussi, qui estoient entour le duc de Bourgoingne, le aidèrent à excuser. Si se appaisa le duc de Bourgoingne, et jà soit ce que, de cuer courouchié, il eust dit au seigneur de Cauny que, par luy, il ne rescriproit point au roy, néantmoins avant qu'il se partist, le duc de Bourgoingne fut conseillié de luy baillier responce par escript à toutes les articles qui lui avoient esté apportées par le seigneur de Cauny ; et se luy fist jurer et promectre qu'il les bailleroit à la personne du roy, et non à aultre.

Le premier article de l'instruction dudit seigneur de Cauny contenoit : « que le roy et le daulphin es-

---

1. M.P. et L., « *lettres du roy, signées de sa main.* »

toient moult esbahis des manières que tenoit le duc de Bourgoingne devers le roy et sa seignouries.

« Item, pourquoy ses gens faisoient guerre ouverte au roy et à ses subgectz, et font pis que ne feroient [1] les Anglois qui sont ennemis mortelz du royaulme, entendu qu'il est cousin germain du roy, et que tousjours dist et confesse qu'il veult le bien du roy ; et pourquoy il prent les séremens des bonnes villes du roy et les constraint à sa seignourie.

« Item, qu'il a fait à croire qu'il soit aliez aux Anglois et qu'il content à depposer le roy de sa couronne : pour lesquelles causes le roy luy fait ces choses remonstrer, affin qu'ilz vaulsisent faire son armée retourner ; car il soit vraysemblable qu'il ne les tint, sinon pour donner faveur, confort et ayde aux Anglois, au préjudice du roy et du royaulme.

« Item, que, s'il ne laisse sa manière de faire, il tournera reproche à lui et à sa généracion, et ne ressemblera son bon père qui lui ennorta, à son derrain, et moult luy pria de tousjours obéyr au roy et à ses commandemens.

« Item, seront ces choses remonstrées, par le dit seigneur de Cauny, aux barons, chevaliers et escuiers estans avec le duc de Bourgoingne ; et seront requis instamment, de par le roy, que ensuivant les traches de leurs bons et loyaulx prédécesseurs, ilz se veullent tenir bons et loyaulx devers le roy, et que, par mauvais conseil, ilz ne facent chose qui leur tourne à deshonneur ou reproche.

---

1. M.P. et L., « *firent.* »

« Item, se le duc de Bourgoingne dist que ceulx qui gouvernoient le roy, lui font souvent et ont fait aucunes duretez et chose qu'il ne peult ne doit souffrir, le seigneur de Cauny lui respondera que, pourtant, ne doit-il point porter faveur aux Anglois, ne faire chose qui soit contre son honneur. Et en ceste manière pourroit-il bien procéder par manière plus honneste. Et, aussi, que le roy n'a pas la main close qu'il ne soit bien enclin à luy faire grâces et courtoisies, et à ceulx qui sont en son service ; et que ilz facent devers le roy leur debvoir, ainsi comme ilz sont tenus. »

Ces choses ainsy, ou en substance, remonstrées au duc de Bourgoingne par messire Aubert de Cauny, il luy fut respondu par ceulx du conseil du duc de Bourgoingne, par escript, ainsy, ou en soubstance, que cy après s'ensuit :

« Premièrement, au premier point respond que voirement est-il parent du roy et vassal, et pourtant obligié au roy, à le servir contre tout homme ; et à ce il a labouré et laboure encoires, à celle fin que le roy et le royaulme soient bien gouvernez, et que les réparacions se facent de ses maisons et de ses places, et de la justice de son royaulme, et de ladicte administracion de ses finances ; de toutes lesquelles besoingnes ont esté, au pourchas du duc de Bourgoingne, faictes par le roy esdittes ordonnances. De la rompture désquelles ordonnances, qui guaires ne durèrent, furent cause ceulx qui cy après seront nommez, lesquelz sont adez en tour le roy ; ausquelz n'a pas souffi rompre et anéantir les dittes ordonnances, mais, sans cesser, persécutent le duc de Bourgoingne et ses subgetz, amis et bien vueillans, en les destruisans de corps et de biens, contre l'onneur de luy et de sa postérité[1], jà soit ce que, ou saint conseille de Constances, eust obtenu une sentence pour soy, par laquelle il appert clèrement de son bon droit et de la mauvaistie de ses haynneux.

« Item, quant au point touchant que les gens du duc de Bourgoingne font guerre ouverte aux gens du roy : respont que, quant il a veu ceulx qui sont entour le roy persévérer en leurs rigeurs, et qu'ilz n'ont voulu entendre à nul bon régime, ne à bien de paix, il fait ces choses savoir, en pluiseurs lieulx, et la voulenté qu'il avoit au bien du royaulme, et les manières qu'il entendoit pour y remédyer, et que, pour celle cause, fist-il son mandement de gens d'armes, et que, grâces à Dieu, il avoit avec luy vj^m chevaliers et escuiers pour servir le roy pour son grant bien, et xxx^m combattans, tous bien vueillans du roy et de son royaulme ; et avoit trouvé ceulx des bonnes villes, bons et courtois, congnoissans sa bonne intencion. Avoit aussi trouvé aucunes places plaines de pillars et de larrons dont il avoit le pays délivrez, et en icelles avoit commis preudommes, léaulx gens, ou nom du roy, lesquelz pour nulle quelconques choses ne vouloient faire faulte envers le roy ; sy que toutes ces choses ont esté faictes au gré des bonnes villes qui sont au roy, *et cetera*. Respond qu'il a ce fait, affin que les subgectz persévèrent en bonne voulenté envers le roy et le royaulme, à la confusion et reproche des empescheurs de paix et destruiseurs du royaulme qui se treuvent entour le roy ; et ne l'a pas fait pour tollir au roy sa seignourie et aydes, comme dient les haynneux, mais trop bien que

---

1. L. et B. — Notre ms. a « *prosperité.* »

ces droix ou finances ne soient bailliés aux faulx traittres et empescheurs de paix, ains soient conservées et gardées pour employer au bien du roy et de son royaulme, en temps et en lieu. Et, en ce, entend le duc avoir bien fait, car tout ce qui vient ès mains des trayttres a tousjours mauvaisement et desloyallement esté emblé au roy et départy entre eulx, à l'avantage des ennemis de France, comme chascun scet ; et que son intencion est, luy venu devers le roy, procurer que telz aydes n'aient plus cours.

« Item, que le duc soit alliez aux Anglois : respond que, saulve la révérence du roy, tous ceulx qui dient qu'il est sermentez aux Anglois mentent faulsement ; et, quant au point de rompre son armée, respond qu'il n'en fera riens, et que, en ce faisant, il feroit mal, actendu qu'il est heure de assembler gens pour résister contre ses ennemis qui sont dedens le royaulme.

« Item, quant à ce que luy a esté remonstré que il regarde à son honneur et aux parolles que luy dist son père : respond que voirement son feu père, voyans les iniquitez, manières et règne de la court de France, luy commanda servir le roy ; aussi est son intencion d'entendre à la réparacion et bonne réformacion de ce royaulme ; et n'a pas ce fait soudainement, mais tousjours par très grande et meure delibéracion de conseil ; et, partant, luy semble, s'il s'en déportoit, qu'il en seroit blamez et reprochiez, et ceulx qui de luy isseroient.

« Item, quant est du remonstrer toutes ces choses aux seigneurs de sa compaignie : respond que, par leur bon conseil et pour le bien du royaulme, il a fait et encores fait tout ce qu'il a fait ; et, partant, est bien content que tous le sachent, affin qu'ilz congnoissent mieulx les iniquitez de ceulx qui destourbent la paix et la bonne intencion du duc de Bourgoingne.

« Item, quant au point touchant que ses remonstrances et deffenses soient faictes au duc de Bourgoingne : respond que il scet bien que telles deffences ne viennent pas du roy, ne de sa voulenté, et que le roy l'ayme et désire à veoir ; mais les faulx trayttres font faire couvertement ces remonstrances et deffences. Aussi, actendu que les ennemis sont en Normendie, il n'est pas heure de rompre les armes, ains se doibvent tous bons et loyaulx subgetz mectre sus et eulx employer à la deffence du royaulme. Et, quant ores ilz n'y fussant pas descendus, se ne vouldroit pas le duc de Bourgoingne souffrir les faulx traictres qu'ilz demourassent en tel gouvernement.

« Item, quant à ce que le duc de Bourgoingne vaulsist dire que ceulx qui gouvernent le roy lui aient fait des duretés, *et cetera* : respond que voirement les gouverneurs du roy, c'est assavoir, messire Henry de Marle, l'évesque de Paris, messire Taneguy du Chastel, messire Burel de Dampmartin, maistre Estienne de Mauregart, maistre Phelippe de Corbie, et pluiseurs aultres, ont esté principaulx promoteurs et conduiseurs desdictes iniquitez, à la perturbacion de paix ; et ont fait pluiseurs grans exceps et criesmes cy après déclarez. Pour lesquelz enchasser et boutter hors du gouvernement, le duc de Bourgoingne s'est mis en armes ; et ne cessera, tant qu'il ait la vie ou corps, de poursuyr sa bonne intencion, et non pas pour favorisier les Anglois, ne pour destruire le royaulme.

« Item, quand aux grâces que le roy doit avoir fait

au duc de Bourgoingne : respond que l'apointement que fist le duc Guillame de Bavière avec la royne et le conseil, du vivant du daulphin, eult voirement esté fait assez à son gré; mais, si tost que le daulphin fut mort, les traittres ostèrent dudit appoinctement ce qu'il n'estoit pas à leur gré. Dont ce ne fut pas de merveilles se le duc n'en tint compte, quant mesmement le duc Guillame estant au lit de la mort, quant il vit celle mutacion ainsi faicte en leur appoinctement, à la charge et honneur du duc de Bourgoingne, en fut si mal content que il dist, tout hault, que les trayttres qui estoient autour du roy estoient pire que nul ne pourroit dire ne penser. Et promist, adont, et jura au duc de Bourgoingne, se Dieu le vouloit aidier de celle malladie, qu'il le ayderoit, de son corps et de ses subgetz, à prendre pugnicion des trayttres, lesquelz il réputoit si mauvais et si obtinez en leur dampnable affection contre le duc de Bourgoingne; en disant qu'il leur avoit ouy dire que, se les Anglois venoient d'ung costé à Paris, et le duc de Bourgoingne y allast d'un aultre costé, que ainçois mecteroient-ilz les Anglois dedens Paris qu'ilz ne feroient le duc de Bourgoingne. Ces parolles icy dist le duc Guillame, ou lit de la mort, présent pluiseurs notables seigneurs.

« Item, estoit vray que, puis ung petit de temps, iceulx gouverneurs du roy avoient fait ardoir publicquement, au Palais, à Paris, les lettres patentes du duc de Bourgoingne, par lesquelles il offroit paix à tous ceulx qui le vouloient avoir avec luy. Finablement, lesdictes responces estoient escriptes que le duc de Bourgoingne vouloit que chascun sceult que son intencion estoit de persévérer en son bon propos, et qu'il ne le délaisseroit jusques à ce qu'il averoit eu conseil grant avec le roy, et fait remonstrer au roy les iniquitez, tirannies, cruaultez et inhumanitez cy dessus déclarées, la désolacion du royaulme et les manières qu'il couvenoit tenir pour la réparacion d'icelluy ; tellement et tant que le roy et tous les bons et léaulx subgetz de son royaulme en deveroient estre contens. Et, combien que le duc de Bourgoingne ait, par lettres patentes, offert paix à tous, comme dit est[1], et que ceulx d'entour le roy ne l'eussent pas à ce receu, ains aient contre luy persévéré en leur rigeur, néantmoins il vouloit en ceste partie leissier rigeur et toute vengeance pour le bien du royaulme, qui tant a besoing de paix et de concorde, de confort et d'ayde ; et[2] se offre de tousjours estre prest et appareillié de vouloir paix à tous, selon la teneur de ses lettres. »

Ces responces du duc de Bourgoingne furent rapportées au roy et au conseil par le seigneur de Cauny, et par escript sur chascun point des remonstrances. Quant le seigneur de Cauny fut retourné à Paris, il fut accusé en plain conseil, avant qu'il feist son rapport, d'avoir baillié en pluiseurs lieux, à Amiens et à Paris, la coppie de ses instructions et des responces faictes par le duc de Bourgoingne, et lui en fut une coppie leue et monstrée contre l'original, et fut trouvé que c'estoit tout ung ; dont le seigneur de Cauny fut forment argués et reprochiés, actendu qu'il estoit du conseil du roy : mais, il s'en excusa sur son clercq. Néantmoins, il fut prins et mené en la bastille Saint-Anthoine, où il

---

1. M.P. et L., « offert paix *ainsi* comme dict est. »
2. Notre ms. a « *il*. »

fut longhement; c'est assavoir, jusques à la prinse de
Paris; car les gouverneurs du roy estoient très desplaisans que les responces du duc de Bourgoingne
estoient sceues par tant de gens. Néantmoins, en persévérant en leurs obstinacions, eulx advertis, par lesdictes responces, que le duc de Bourgoingne ne se départiroit de son entreprinse, firent rescripre, par le roy,
aux villes et passages, entre Amiens et Paris, qu'il ne
fust receuz, luy ne ses gens. Et, d'aultre part, le connestable manda ses gens, qui se trouvoient en la frontière
de Normendie, qu'ilz venissent hastivement devers luy
entour Paris, et les envoya ès garnisons sur les frontières de Picardie, pour résister contre le duc de Bourgoingne qu'il ne venist à Paris. Ainsi donc, les frontières
de Normendie furent abandonnées aux Anglois, pour
contrester au duc de Bourgoingne; qui sembla à pluiseurs une bien estrange chose.

CHAPITRE LXXXVII.

*Comment le duc de Bourgoingne, en tirant à Paris,
entra en pluiseurs villes du royaulme qui se rendirent
à luy. Comment il alla logier sur le Mont Rouge, et
envoya son hérault avecques lettres pour présenter
au roy et au daulphin. De la responce du daulphin
ausdictes lettres. Comment Mont Lehéry, Chartres et
Estampes et pluiseurs aultres villes se meirent en son
obéissance.*

Le duc de Bourgoingne, à son partement d'Amiens
pour aller devers Paris, leissa son filz, le conte de

Charrolois, en Artois, acompaignié de notable conseil, et s'en alla à Corbie et à Mondidier. Et estoient avec luy le josne conte de Saint-Pol, messire Jehan de Luxembourg et pluiseurs [aultres] notables et grans seigneurs. Et de Mondidier envoya à Beauvais le seigneur de Fosseuz[1] à compaignie de ses trois frères et de pluiseurs notables seigneurs de Picardie, et par certains moyens lui fut la ville ouverte. Et lors il fist assembler les gouverneurs et les plus notables de la ville, et leur fist remonstrer la bonne affection qu'il avoit tousjours eu au bien du royaulme, et les tribulacions qu'il souffroit par le gouvernement mauvais d'aucunes gens de petit estat qui estoient autour du roy. De laquelle proposicion ceulx de Beauvais furent assez content, et tant qu'ilz conclurent de le recevoir en leur ville à tout sa puissance; et il y alla tantost après, et cryèrent: « Noël », en son entrée. Il y séjourna viij jours, pendant lequel temps ceulx de Gournay en Normendie s'en vindrent offrir à son service, et ilz lui jurèrent que ilz seroient bons et loyaulx au roy et à luy, et il leur quicta toutes gabelles et subscides, ainsi qu'il fist aux aultres villes royaulles qui vouloient tenir son party.

Ector et Phelippe de Saveuses, à grant compaignies de gens d'armes, allèrent à Beaumont sur Oize pour gaingner le passage; mais leur fu deffendu par les gens du connestable. Sy retournèrent à Chambelly Le Haubergier[2] et pillèrent le village et l'église qui estoit plaine

---

1. M.P. et L. Notre ms. a « *Bosseux.* »
2. L., « *se haubergier,* ». B., « *se herbergier.* » — L'inadvertance de Le Laboureur, en cet endroit, est au moins plaisante. Il transforme le complément qualificatif d'un nom de lieu, en un verbe pronominal. Buchon l'a suivi, comme de raison.

de tous biens. Quant le duc de Bourgoingne fut adverty que les gens du connestable gardoient le passage de la rivière d'Oise, il se party de Beauvais, à tout sa puissance, qui estoit grande ; car, il avoit, comme on disoit lx^m hommes ; et lors, par le moyen de Charles de Moy, le seigneur de Lille Adam se tourna de son party et lui bailla passage par sa ville de Lille Adam. Mais, entre ces choses, messire Jehan de Luxembourg, à grant routte de gens, trouva manière de passer la rivière à Pressy, en batteaulx, et s'en alla, l'endemain, courre devant Senlis dont messire Robert d'Esne estoit capitaine et bailly ; lequel sailly sur les Bourguignons. Dont le commun de la ville fut si mal content que, la nuyt ensuivant, ils le prindrent et le mirent en prison, après que ilz orent tuez viij ou x de ses souldoyers ; et, tantost après, le bouttèrent hors de la ville et tous ses gens ; et puis mandèrent ledit de Luxembourg et le mirent dedens leur ville, et jurèrent foiz et loyaultez au roy et au duc de Bourgoingne. Et fut Troullart de Maucurez constituez bailly de Senlis par messire Jehan de Luxembourg.

Quant le duc de Bourgoingne eult le passage de la rivière d'Oize, et qu'il fut à Lille Adam, il s'en alla mectre le siége à Beaumont, lesquelz enfin se rendirent à sa voulenté. Et fut sa voulenté telle qu'il en y eult ix qui eulrent les testes coppées, et les aultres passèrent par finance. Puis, après ce fait, laissa au chastel bonne garnison, et envoya son avant-garde logier à Malbuisson, auprès de Ponthoise, du costé devers Paris ; et s'en alla, à tout son ost, de l'autre costé devers Beauvais, et fist ses engiens dressier devant les portes de Ponthoise. Mais, ceulx de la garnison se rendirent à lui, saulfz corps et biens, et lui promirent qu'ilz ne s'armeroient contre lui devant le jour de Noël ; dont ilz ne tindrent riens, car, si tost qu'ilz furent à Paris, ils se mirent à la guerre. Le duc de Bourgoingne entra à Ponthoise et en fist capitaine le seigneur de Lille Adam. Tantost après, le duc de Bourgoingne prist son chemin à Melun ; et, quant il ot passé Saine au pont de Melun, il s'en alla logier oultre deux lieues en plain champs. Après, fist mectre le siége devant la tour de Saint-Clou, puis s'en alla logier sur une belle montaingne, qui s'appelle le Mont Rouge. Et, de là alloient ses gens tous les jours jusques devant Paris, et ceulx de Paris sailloient souvent sur eulx. Mais, les Bourguignons couroient le plat pays, à vij ou viij lieues arrière de leur ost, et ramenoient tant de vaches, brebis et bestes, que c'estoit pitié à regarder, avec aultres biens portatifz.

Le duc de Bourgoingne, estant logié sur le Mont Rouge devant Paris, envoya ung hérault, nommé Palis, qui depuis fut roy d'armes de Flandres, porter lettres missibles au roy et au daulphin ; lequel hérault fut mené par le conte d'Erminacq au daulphin, car au roy ne peult parler, et luy bailla les lettres du duc de Bourgoingne, en lui disant, en brief, la charge que il avoit de lui. Et le daulphin lui dist, instruit par ceulx de son conseil : « Hérault, dist-il, ton seigneur de
« Bourgoingne, contre la voulenté de monseigneur le
« roy et de nous, a piéça gasté le royaulme en plui-
« seurs lieux. En continuant, jusques à maintenant de
« mal en pis, il monstre mal qu'il soit nostre bien
« vueillant, comme il nous escript. Et, si veult que
« monseigneur le roy, et nous, le tenons pour nostre

« parent, léal vassal, et subget, il voist[1] débouter le
« roy d'Angleterre, anchien anemis de ce royaulme ;
« et, après, viengne devers monseur le roy, et il sera
« receuz. Et ne die plus que monseigneur le roy, et
« nous, soyons en servage de personne nulle ; car nous
« sommes en nos libertez et franchises. Et gardes que
« tu luy dies ce que te disons, publicquement, devant
« ses gens. » Après ces parolles, le hérault retourna,
et dist à son seigneur tout ce qu'il avoit oy, dont le duc
de Bourgoingne ne fist guaires de semblant, considérant que telles parolles venoient des gouverneurs du
roy et du daulphin. Quant le duc de Bourgoingne vit
qu'il n'entreroit point dedens Paris, et que ses favorables, qui l'avoient mandé, ne povoient faire ce qu'ilz
désiroient, il s'en alla asségier Mont Lehéry ; mais
ceulx de dedens se composèrent à luy de rendre la
place, s'ilz n'estoient secourus dedens viij jours ; et,
pour ce qu'ilz n'eurent point de secours, ilz rendirent
la place ; et, tantost après, se rendirent à luy les chasteaulx de Marcoussy, Dourdan, de Piscau, et aultres
places du pays d'environ.

Or, advint que aucuns seigneurs de Bourgoingne s'en
allèrent devant le chastel d'Oursay et afustèrent canons
et engiens pour rompre la place ; mais, le connestable
leur vint courre sus, à ung point du jour qu'ilz de riens
ne se doubtoient, et les rua jus si qu'il prist bien cincquante gentilz hommes ; et les aultres se retrayèrent à
leurs ost. Entre ces choses, le duc de Bourgoingne
envoya xvj^m[2] combatans jusques à Chartres ; laquelle

---

1. M. et L., « qu'il voise. »
2. M., « xvj^c. »

ville se mist en l'obéissance du duc de Bourgoingne, et aussi firent Gaillardon, Estampes et aultres pluiseurs. Ung aultre compaignie fut envoyée à Auneau. La dame de La Rivière qui estoit layens, leurs promist que en ses places ne mectroit homme en la nuysance du duc de Bourgoingne. Ainsi doncques se mirent pluiseurs bonnes villes et chasteaulx en l'obéyssance du duc de Bourgoingne, tout voulentiers pour ce qu'il ne leur souffroit payer tailles ne imposicion sinon celle du seel. Parquoy il acquist la grace de pluiseurs bonnes villes, sy que tous désiroient qu'il euist le gouvernement du royaulme.

CHAPITRE LXXXVIII.

Comment le duc de Bourgoingne escripvit, de rechief, lettres à pluiseurs bonnes villes, et envoya ungne cédulle qui contenoit la soubstance de la proposicion que ceulx du concile lui avoient fait faire par ung docteur. Comment il s'en alla vers Tours au mand de la royne, laquelle il ramena à Chartres.

Le duc de Bourgoingne envoya pluiseurs lettres à pluiseurs bonnes villes pour les actraire à son amour; par lesquelles ses lettres il leur remonstre le mauvais gouvernement du royaulme, par la coulpe de ceulx qui sont entour le roy et le daulphin, et comment, pour remédyer à tant de inconvéniens qui en viennent, il s'est mis sus en armes. Et jà soit ce que il ait fait par pluiseurs foiz sommer et advertir les gouverneurs, pour mectre remède et réparacion au royaulme, néantmoins il n'y ont oncques voulu entendre; mesmement, puis ung peu de temps, lui estant logié près de Paris, avoit envoyé à Paris pour avoir accès et audience devers le roy, en luy offrant service de corps et de biens et de toute sa puissance. Mais, son hérault ne put parler au roy, et luy furent ses lettres rendues, et luy fut dit qu'il n'y retournast plus. Pourquoy son intencion est de poursuyr son entreprise, quelque chose qui lui en puist advenir, jusques ad ce qu'il y ait bonne reformacion ou royaulme, et que lesdis inconvéniens cesseront, et que la marchandise puist avoir cours ou royaulme, et que justice soit maintenue, et, mesment, actendu qu'il est déclairet par le saint concille de Romme que à luy appertient avoir recours ès besoingnes du royaulme. Et, finablement, les sommoit par ses lettres, ou nom du roy, et leur pryoit et requéroit que ilz vaulsissent avoir advis sur les choses dictes, et prendre avec lui une bonne conclusion, honnourable pour le roy, sy que ses subgetz puissent de lors en avant vivre en paix et en justice.

La substance de la cédulle enclose esdictes lettres estoit telle que ung docteur, nommé maistre Liévin Neuclin, vint devers luy et lui présenta lettres de crédence que lui envoyèrent les doyens des évesques, le doyen des prebstres, le doyen des diacres cardinaulx estant oudit concille. Lequel docteur, venu devers luy, commença sa proposicion : *Domine, refugium factus es nobis;* c'est à dire : « Sire, en ce temps de déluge, « tu es nostre refuge. » Et puis, en déduisant la matière, compara le saint collége au roy David, et luy dist la manière qu'ilz tenoient au concille, pour venir à l'union de l'Église, et que toute la chrestienté estoit unie, excepté ung grain de blé en ung boicel; et nomma pour ce grain le conte d'Erminacq, qui tenoit encoires la partie de Pierres de la Lune ; lequel néantmoins estoit déclairé scismaticque et héréticque, et tous ses adhérens, favorissans, suspectz de scime et de hérésie.

Dist, oultre, qu'il estoit envoyé non pas à lui, comme au duc de Bourgoingne, mais à lui comme à cellui qui représente le royaulme de France, et à qui en appertient le gouvernement, et non pas au roy, actendu son empeschement de maladie, ne à son filz, actendu son josne eage, ne au conte d'Erminacq, pour ce qu'il est réputé scismaticque. Puis, fist ledit docteur trois requestes au duc de Bourgoingne. La première fut qu'il vaulsissent avoir le saint concille et le pape pour recommandez : la seconde que, se aucuns avoient escript contre le saint concille et colliége, qu'ilz n'y vaulsissent point adjouster foy ; et la tierce que il vaulsist avoir et tenir pour agréable tout ce qui seroit fait au concille, tant sur élection de pappe, comme sur la réformacion de l'Église.

Après ce que le duc de Bourgoingne eult esté une espasse de temps à Mont Lehéry, il s'en alla devant Corbœul et le assiéga de l'un des costés ; qui fut une grande folie. Car tousjours alloient gens, de Paris en la ville de Corbeul, sans dangier. Et s'il y eult esté cent ans, ainsi qu'il y estoit, il ne l'eust point eu. Si leva son siége [et s'en alla à Chartres. La cause pourquoi il leva son siége¹] si soudainement, fut principallement pour ce que la royne, estant à Tours si court tenue, comme devant est dit, luy envoya pryer par ung sien

---

1. M.P. et L.

secrétaire qu'il le vaulsist délivrer de dangier où elle estoit, en luy promectant que elle s'en iroit avec luy. Pour laquelle cause le duc de Bourgoingne s'en alla si hastivement à Chartres, à Bonneval, à Vendosme et à Tours. Mais, quant il se trouva à deux lieues près, il envoya les seigneurs de Fosseuz et de Vergy, à viij^c combatans, mectre embusche à demy lieue de Tours, lesquelz illec venus envoyèrent ung certain message devers la royne pour nunchier leur venue. Et tantost elle dist à ses trois gouverneurs qu'elle vouloit oyr messe en l'abbaye de Mermoustier, qui est dehors la ville de Tours. Ceulx luy desconseillèrent ; mais néantmoins elle les prya tant que ilz luy menèrent ; et, lorsqu'elle oyoit sa messe, vint Ector de Saveusis, à lx combattans, pour entrer en icelle abbaye.

Lors les gouverneurs lui dirent : « Dame, départons « d'icy ; vecy Bourguignons ou Englois, qui sont icy « venus. » Et elle leur dist qu'ilz se tenissent près d'elle ; et, entretant, Ector entra dedens l'église, et alla saluer la royne de par son maistre, le duc de Bourgoingne. Elle luy demanda où estoit son seigneur. Il luy dist que il viendroit bien brief devers elle. Adont, luy dist elle qu'il prenist ses trois qui auprès d'elle estoient, et qu'il s'en tenist sceur. Et tantost l'un des trois, nommé maistre Laurens du Puich, s'en fuy par darrière et entra en ung vassel pour passer la rivière. Mais, il eust si grant haste qu'il se noya, et les deux aultres furent prins ; c'est assavoir, maistre Jehan Picart et maistre Guillame Thorel. Il estoit environ ix heures du matin, et le duc y vint environ xj heures, et fist à la royne grant révérence, et elle à luy, en luy disant :
« Beau cousin, entre tous les hommes de ce royaulme,

« je vous doy aymer, quant à mon mandement avez
« tout leissié et m'estes venu délivrer de prison. Pour-
« quoy, beau cousin, jamais ne vous fauldray : car
« bien voy que tousjours avez amé monseigneur, sa
« généracion, son royaulme et la chose publicque. »

Ilz disnèrent ensemble en icelle abbaye. La royne manda, en la ville, que elle et son cousin de Bourgoingne y vouloient entrer. Le capitaine y dyfféra ung petit ; mais néantmoins, il se retraict dedens le chastel, et ilz entrèrent en la ville, à tout leurs gens. Et tantost après, au commandement de la royne, le capitaine ouvry le chastel. Et puis, quant le duc de Bourgoingne y ot séjourné trois jours, il commist à la garde de la ville et du chastel Charles Labbé, à ij^c combattans, lequel jura et promist au duc de Bourgoingne, de bien garder la ville pour luy et en son nom ; dont il luy failly. Car, ainchois que l'an fut passé, il le rendi au daulphin et luy fist serment contre son seigneur le duc de Bourgoingne. La royne et le duc vindrent à Chartres, le ixe jour de novembre.

CHAPITRE LXXXIX.

Comment la royne envoya lettres aux bonnes villes de France estans en l'obéissance du duc de Bourgoingne. Comment le duc de Bourgoingne fut de rechief frustré de l'entrée de Paris ; et comment la royne et luy se tindrent la plus grant part de l'yver à Troyes.

La royne venue à Chartres escripvit aux bonnes villes de France estans en l'obéyssance du duc de Bourgoingne et leur requist et manda, ou nom du roy, qu'ilz se maintenissent en leur bons propos à l'intencion de son cousin de Bourgoingne, sans plus obtempérer à quelques lettres ou mandement du roy, son seigneur, ne du daulphin, son filz, parlans au contraire desdictes lettres. Et elle leur promectoit confort et ayde contre tous ceulx qui les vouldroient en ceste cause nuyre. Ces lettres furent escriptes, à Chartres, le xj^e de novembre, l'an dessusdit. Ancores fut ordonné, audit lieu de Chartres, que messire Jehan de Morviller s'en yroit à Amiens, et avec luy ung greffier, et averoit illec le seel de la royne pour seeler tous mandemens dont averoit besoings ès bailliages d'Amiens et de Tournay, de Vermandois, de Senlis, sans plus aller en parlement, à Paris. Et estoit le tiltre des mandemens telz que cy après s'ensuit.

« Ysabel, par la grâce de Dieu, royne de France,
« ayans, pour occupation de monseur le roy, le gou-
« vernement et administracion de ce royaulme, par
« l'ottroy inrévocable à nous sur ce fait par mondit
« seigneur et son grant conseil, *et cetera*. » Par le moyen desquelz mandemens de la royne, ledit maistre Jehan assembla une très grande somme de pécune; et pareillement pour le pays oultre Saine, obéyssans au duc de Bourgoingne, fut ordonné ung aultre chancellier.

Le duc de Bourgoingne, à toute sa puissance, se party de Chartres pour aller à Paris, espérant entrer dedens par le moyen d'aucuns ses amis. Et quant il approcha Paris, il envoya bien vj^m combatans à la porte de Louvel de Castillon, de costé Saint-Marcel. Mais ainçois qu'ilz y venissent, le connestable en fut adverty.

Si envoya de ses gens à icelle porte pour le garder, et par ce moyen fut leur entreprise rompue, et s'en allèrent logier à Saint-Marcel, atendant la venue du duc de Bourgoingne, qui bien cuidoit entrer dedens la ville de Paris. Mais, son entreprise fut descouverte. Que vous diroye-je? Le duc de Bourgoingne s'en retourna de devant Paris, et vint logier soubz le Mont Lehéri; et, là, donna congié à ses Piccars, pour eulx aller yverner en leur pays. Puis, retourna le duc de Bourgoingne à Chartres, devers la royne, à tout le demourant de ses gens; et puis prindrent leur chemin, la royne et luy, pour aller à Troyes, et là furent honourablement receuz. Le duc de Bourgoingne se tint à Troyes le plus grant partie de l'yver; mais il envoya sur les frontières de Champaingne Jehan d'Auvegny et Jehan de Clau, à tout leurs gens, lesquelz firent forte guerre.

CHAPITRE XC.

Comment Jehan de Bavière print la ville de Gorcem sur la contesse de Hollande. Comment ses gens furent desconfis. Comment le roy d'Engleterre concquestoit villes et chasteaulx en Normendie, et le duc de Clocestre, son frère.

En ce temps, Jehan de Bavière, frère du duc Guillame, faisoit forte guerre en Hollande contre sa niepce Jacques, ducesse en Bavière, et print sur elle Gorcom en Hollande. Mais le chastel ne peurent-ilz avoir, où ceulx de la ville se retrayèrent, et le tindrent vaillamment. Et entretant, icelle ducesse, avec la contesse de Haynaulx, sa mère, passèrent par navire en Hollande, à grosse compaingnie de gens d'armes, et entrèrent dedens le chastel qui tenoit pour elles. Et quant leurs gens furent prestz pour assaillir leurs ennemis, madame Jacques, héritière du pays, print la banière de ses armes, et le bailla à Walleran de Brederodez, en ly disant : « Je « vueil que aujourd'uy vous représentez ma personne, « et vous fay chief de mes gens. » Lors les gens d'armes se mirent en belle ordonnance et yssirent du chastel en la ville et combattirent les gens de Jehan de Bavière ; lesquelz furent desconfis. Et, là morut le damoiseau d'Ercles, et bien de cincq à six cens de son party ; et, du party des dames, ledit Walleran de Brederodez, qui fut fort plains des dames, et non sans cause. Le conte de Charrollois alla en Hollande, pour appaiser son oncle et sa cousine ; mais riens n'en pot faire, et retourna en Flandres.

Alors le roy d'Angleterre estoit en Normendie et conquestoit villes et chasteaulx, car nul ne lui contestoit ; et tant qu'il asséga la ville de Caem, grande ville et forte, là où il perdy beacop de ses gens à pluisers assaulx qu'il y fist. Mais il le print enfin par force, et y furent tués plus de cincq cens de ceulx de dedens. Le duc de Clocestre, frère au roy d'Angleterre, assiéga Chierbourg, qui estoit la plus forte place de Normendie, et y fut le siége dix mois. Puis lui fut rendue par le capitaine qui en eult une somme d'argent, et s'en alla retraire à Rouen, là où il se tint jusques à ce qu'elle fut concquise. Et, depuis, luy fist le roy d'Angleterre trenchier la teste ; dont pluisers seigneurs de France ne furent guaires courouchiés.

CHAPITRE XCI.

Comment le roy feit asseigier Senlis. Comment les Franchois en partirent. Du secours que le conte de Charrolois leur envoya, en l'absence du duc de Bourgoïngne, son père; et comment ambassades furent envoyés, d'un costé et d'aultre, pour l'union du royaulme.

Environ le jour de la feste Nostre-Dame Chandeler, mil IIII^c et XVII, le roy se party de Paris, pour aller mectre le siége devant Senlis que les Bourguignons tenoient. Et estoit dedens messire Mauroy de Saint-Légier, le bastart de Thyan, capitaine de la ville, Troullart de Maucreux et aultres. Le roy, durant le siége, se tenoit au chastel de Creel. La ville fut fort approchie et battue de canons et aultres engiens; tellement qu'ilz eulrent conseil de prendre traictié. Sy fut la chose appoinctie que les Bourguignons renderoient au roy sa cité, ou cas qu'ilz ne seroient secourus en dedens le XIXe jour d'avril; et de ce baillèrent ostage.

Après icellui traictié, envoyèrent iceulx Bourguignons devers le conte de Charrolois en Flandres, pour cause que le duc de Bourgoingne, son père, estoit en Bourgongne. Quant le conte de Charrolois ouy les nouvelles, il se tira dedens la ville d'Arras, et là assembla tous les seigneurs du pays, pour savoir comment la ville de Senlis seroit secourue. Sy fut advisé de faire mandement, ou nom du duc de Bourgongne, son père, et de luy, par tout le pays de Picardie; et fut ainsi fait. Et se trouvèrent les Piccars, d'un seul pays, une très belle compaignie; c'est assavoir, de viij à ix cens hommes d'armes, deux mille archiers et aultres compaignons de guerre. Le conte de Charrolois, qui grant désir avoit de secourir la ville de Senlis et ceulx qui dedens estoient, se tira jusques à Corbie, en personne, à intencion d'estre au jour que la ville se devoit rendre ou combattre. Mais à toute force luy fut deffendu; mais à grant paine le peult-on retenir. De l'armée des Piccars furent chiefz, messire Jehan de Luxembourg et le seigneur de Fosseux, lors capitaines généraulx de Picardie; en leur compaingnie pluiseurs chevaliers, escuiers et aultres du pays de Picardie; et prindrent leur chemin droit à Ponthoise qui se tenoit pour le duc de Bourgongne.

Quant le connestable sceult que les Picars estoient à Ponthoise, pour combattre et secourir ceulx de Senlis, ilz envoyèrent quérir le roy qui estoit à Creel; et, le jour que les Picars passèrent la rivière d'Oise, firent les Franchois le roy monter à cheval; et fit sommer ceulx de Senlis qu'ilz se rendyssent au roy, ou ilz feroient trenchier les testes à leurs ostagiers. Les Bourguignons et gens de guerre respondirent que on leur feroit tort, et que le jour n'estoit point passé. Touteffoiz, ce non obstant, les ostagiers eulrent les testes coppées; dont ilz y avoient deux gentilz hommes de Picardie, ung nommé Guillame Mauchevallier, et l'autre, nommé Baudart de Wingles, deux bourgois de Senlis et deux hommes d'église de la dicte ville. Quant ceulx de la dicte ville sceurent que leurs ostagiers avoient les testes trenchées[1], ilz furent moult

---

1. M.P. et L., « *coppées*. »

desplaisans, et en despit de ce, firent trenchier les testes à xlvj des gens du conte d'Erminacq qu'ilz tenoient prisonniers. Après ces choses faictes, le roy se tyra aux champs [et de tous poins leva son siége. Quand il fut aux champs[1]], ordonna sa battaille moult honnourablement et notablement. Après, ilz envoyèrent leurs coureurs pour sçavoir et voir l'estat des Picars; lesquelz coureurs trouvèrent Ector et Phelippe de Saveuses; et là y ot maintes lances rompues, gens mors et prins d'un costé et d'aultre. Touteffoiz, le roy sceult que les Picars marchoient en belle ordonnance, en intencion de combattre; pour laquelle cause, il envoya deux officiers d'armes devers eulx, pour eulx faire demander quelz gens ilz estoient, qui vouloient combattre le roy. Ausquelz fut respondu que c'estoit messire Jehan de Luxembourg et le seigneur de Fosseux, serviteurs du duc de Bourgoingne, pretz de faire service au roy, et aussi de faire secours à la bonne ville de Senlis, ou combattre le conte d'Erminacq, qui, n'a guaires, tenoit le siége devant la bonne ville de Senlis.

Ces choses faictes, le roy print son chemin droit à Paris, et le connestable et les gens de guerre veant la bataille des Picars que bien leur sembloit qu'ilz fussent deux foiz autant qu'ilz estoient, et aussi pour la personne du roy, se partirent en belle ordonnance et sans combattre, et acompaignèrent le roy et le remenèrent dedens Paris; qui fut à la malaventure du conte d'Erminacq et de la plus grant partie de ceulx qui estoient en sa compaignie, car guaires ne demoura,

---

1. M.P. et L.

après, que les Bourguignons entrèrent dedens Paris, où il fut piteusement tué, avec plus de trois mille qui tenoient son party, comme cy après sera dit. Et, quant aux Picars, ilz retournèrent joyeusement en Picardie, et ceulx de Senlis réparèrent leurs murs, en ce qui faisoit à réparer en la ville, au mieulx qu'ilz peurent ; laquelle avoit esté fort battue de bombardes et de canons et d'aultres engiens et habillemens de guerre.

En ce temps, la royne estoit avec le duc de Bourgoingne à Troies ; pour laquelle cause fut advisé que on envoyeroit ambassades, d'un costé et d'aultre, affin de tous remectre en bonne paix et union. Pour laquelle cause, la royne et le duc de Bourgongne envoyèrent pariellement gens de pareil estat à Bray sur Saine, pour couvenir ensemble, soubz ung sauf conduis pour chascune partie ; et de commun accord convindrent ensemble, par pluiseurs jours, en ung village nommé La Tombe, qui est au milieu de Monstreau et de Bray ; et dura le parlement de ces deux ambassades, bien deux mois.

Entre ces choses, l'union fut mise en l'Eglise universelle, et fist, le pappe Martin, mectre hors de prison le pape Jehan, lequel se mist du tout en sa mercy et obéyssance et le receupt bénignement et le fist cardinal ; mais il morut tantost après. En ce temps aussi, ceulx de Rouen, qui estoient favorisables au duc de Bourgoingne, mandèrent secrètement venir en leur ville aucuns de ses capitaines, lesquelz, à grant nombre de ses gens, allèrent à Rouen, et, à l'ayde de ceulx de la ville, allèrent assaillir le chastel que tenoient les gens du roy contre la ville ; et tant y continuèrent qu'ilz se rendirent, sauf corps et biens. En ce temps tout le royaulme estoit en division, et par conséquent en grant désolacion; et n'y regnoit justice ne raison, et le peuple estoit desrobés de tout costez.

CHAPITRE XCII.

Comment deux cardinaulx furent envoyés en France pour la paix qui fut conclue, et empeschée du parfaict par le conte d'Erminacq et aultres.

En ce temps vindrent en France, de par le saint-père de Romme, le cardinal Ursin et celluy de Saint-Mark, pour mectre paix entre la royne et le duc de Bourgoingne d'une part, et le roy et son filz d'aultre part. Et vindrent lesdis cardinaulx à Bray, où les ambassades d'une partie et d'aultre estoient, qui y avoient esté longhement, et ne se povoient trouver d'accord. Le cardinal de Saint-Marc, tantost après, s'en alla à Paris remonstrer au roy le bien que povoit venir de paix, et aultres pluiseurs choses touchant ceste matières; puis s'en retourna avec les aultres à Monstreau. Et convenoit ensemble, comme tous les jours, en l'église de La Tombe, entre Bray et Montereau. Et tant y besoingnèrent que la paix y fut faicte et jurée par lesdis ambassadeurs, et mise par escript, pour rapporter chascun à sa partie, assavoir s'ilz le vouldroient tenir.

Dont, quant le roy et le daulphin veirent le traictié, il leur sembla bon; mais le conte d'Erminacq, le chancellier de France, le prévost de Paris et Remonnet de La Guerre, dirent qu'ilz ne conseilleroient jà de le passer, et que ce n'estoit pas bon pour le roy. Et dist le chancellier au roy que jà ne le seelleroit, et qu'il le seellast, s'il vouloit. Desquelles parolles l'évesque de Paris et pluiseurs notables gens furent moult desplaisans, et conseillèrent au daulphin qu'il assemblast le conseil à son hostel, à Louvres, pour oyr l'oppinion de pluiseurs. Le conseil fut assemblé; mais le connestable n'y voult oncques aller, disant que tous ceulx estoient trayttres qui conseilloient au roy de passer ung tel traictié. Sy que, par ces moyens, tout fut rompu, et demourèrent les choses en tel estat où elles estoient par avant, sans paix et sans trèves. Pourquoy, pluiseurs notables gens conçeurent grant haynne contre le connestable. Néantmoins, il envoya ses gens d'armes devant Mont Lehery et devant Marcoussy; et luy furent ces places rendues par ceulx qui les tenoient ou nom du duc de Bourgoingne.

CHAPITRE XCIII.

Comment le seigneur de Lille Adam, à l'ayde de aulcuns Parisiens, entra, avec ses gens tenant la partie de Bourgoingne, dedens Paris. Du désordre et occisions y perpétrés. Comment la Bastille fut rendue, et le seigneur de Cauny, qui estoit prisonnier, commis à la garde d'icelle.

Les Parisiens mal content du connestable et de ceulx qui gouvernoient le roy, pour ce qu'ilz avoient rompu le traictié de la paix, doubtans estre longhement en grant tribulacion, touteffoiz ilz ne se osoient

assembler ne descouvrir à personne, tant estoient
guétez de près ; sy non que une foiz vj ou viij compaignons, de petit estat, lesquelz s'en allèrent secrètement
à Ponthoise devers le seigneur de Lille Adam. Et conclurent, avec luy, que, le xxixe jour de may, il venroit,
à tout le plus de gens qu'il poulroit, à la porte Saint-
Germain et ilz luy ouvriroient, sans nulle faulte. [Il[1]]
assembla gens de toutes pars et fist tant qu'ilz furent
bien viij^c combatans, entre lesquelz estoient les plus
principaulx, le Veau de Bar, le seigneur de Cantellus,
le seigneur de Chevreuses, Ferry de Mailly, Loys de
Warignies, Lyonnet de Bournoville, Davyot de
Gouy et pluiseurs aultres. Lesquelz par nuyt, à l'eure
et jour dessusdis, allèrent à la porte Saint-Germain, et
là trouvèrent Périnet Ferron, ung des viij dessusdis,
qui celle nuyt avoit emblé, soubz le chevetz du lit de
son père, les clefz de celle porte que son père gardoit.
Et estoient avec lui ses complices, lesquelz ouvrirent
celle porte par quoy les gens d'armes entrèrent
dedens. Dont, quant ilz furent tous dedens, ledit
Périnet referma la porte et gecta les clefz par dessus
les murs, puis allèrent tout coyement jusques assez
près de Chastelet, où ilz trouvèrent bien xij^c combattans des Parisiens pour aller avec eulx.

Puis s'en allèrent par diverses rues, crians que, qui-
conques vouloit avoir la paix, allast en armes avec
eulx. Auquel cry se mirent en armes avec eulx grant
nombre de peuple, et puis les ungs s'en allèrent à
l'ostel du roy, où ilz rompirent les huys, et firent tant
qu'ilz parlèrent au roy, lequel fut content d'accorder

---

1. L. et B.

tout ce qu'ilz demandèrent. Et tantost le firent monter à cheval, avec luy le frère du roy de Cippre, et le firent chevauchier avec eulx parmy la ville. Aucuns allèrent à l'ostel du connestable pour le prendre ; mais il en fut adverty et se sauva, en habit dissimulé et desguisé, en la maison d'un povre homme auprès de son ostel. Aucuns aultres s'en allèrent à l'ostel du chancellier et de Remonnet de La Guerre, lesquelz furent trouvez et saisiz.

Adont s'avisa Tanegy du Castel, prévost de Paris, quant il ouy l'effroy, d'aller à l'ostel du daulphin et l'enveloppa en ung linchoel hastivement, et en ce point l'emporta en la bastille Saint-Anthoine, là où secrètement pluiseurs notables gens de leurs gens se retrayèrent. Ainsi doncques, celle nuyt, le premier et le second jour ensuivant, iceulx gens de guerre et le peuple ne cessèrent de fuster les maisons des gouverneurs du roy et de leurs favorissans, prindrent tous leurs biens et pluiseurs prisonniers et les menèrent au Pallais, à Louvre et en Chastelet, et en pluiseurs aultres lieux. Entre lesquelz furent les évesques de Senlis, de Bayeulx et de Coustances, messire Hector de Chartres, messire Enguerant de Marcougnet et aultres sans nombre.

Le seigneur de Lille Adam, après ces choses faictes, fist establir le Veau de Bar prévost de Paris, au lieu de Taneguy de Chastel ; et, à brief dire, tous les conseilliers du roy, et aultres tenans le party du conte d'Erminacq, furent pilliés, prins ou occhis cruellement. Et, avec ce fut cryé, de par le roy, à son de trompe que tout homme ou femme, qui sçavoient aucuns tenans le party du conte d'Erminacq, respons ou mouchiés, le nunchassent au prévost, soubz confiscation de corps et de biens. Et tantost après, le povre homme, où estoit le conte d'Erminacq muchié à sa maison, le alla nunchier au prévost, lequel le alla prendre en ladicte maison et le mena prisonnier au Pallais.

Entre ces choses, Taneguy du Castel trouva manière de envoyer le daulphin, par Charenton, à Corbeul, à Melun, à Mortagies ; et si manda gens de son party de toutes pars, pour venir devers luy à la dicte bastille de Saint-Anthoine. Et, d'aultre part, le seigneur de Lille Adam envoya hastivement en Picardie et ailleurs, pour tyrer gens d'armes à Paris ; et en brief jours après, y vint grant nombre de gens de Picardie et d'ailleurs.

Le merquedy, au matin, après la prinse de Paris, le maressal de Rieu, le seigneur de Bourbasan et Taneguy du Chastel, à compaignies de xve combattans, entrèrent dedens Paris, à estandart desployé, par la porte Saint-Anthoine, et s'en allèrent par derrière entrer à l'ostel de Saint-Pol, cuidant trouver le roy pour l'enmener avec eulx ; mais ne le trouvèrent pas, car on l'avoit mis au Louvre, à tout son estat. Si chevauchèrent en celle grant rue, cryant : « Vive le roy et le connestable, « conte d'Erminacq ! ». Mais ceulx de Paris, tous incontinent, avec leur nouveau prévost et le seigneur de Lille Adam, s'en coururent celle part à si grand effort, qu'il couvint les Erminacques retraire dedens la Bastille, et y perdirent jusques au nombre de iij ou iiij^c des plus aventureulx de leurs gens ; et, des Parisiens, furent occis environ xl hommes. Et tantost après, iceulx le marissal de Rieu, Barbasan et Taneguy, leissèrent bonne garnison dedens ladicte

Bastille, et s'en allèrent à Corbeul, à Melun et à Meaulx.

Et d'aultre part, le jeudy ensuivant, vinrent à Paris Ector et Phelippe de Saveuses, à ij^c combattans et se logèrent d'en costé la Bastille, aux Tournelles et là entour. Et puis, le vendredy, le samedy et les jours ensuivant, vindrent à Paris messire Jehan de Luxembourg, le seigneur de Fosseulx et aultres, à grant compaignie. Ceulx qui furent occis du party du conte d'Erminacq, furent, par le bourel de Paris, portez aux champs et là enfouys. Les aultres de Paris furent enterrés honnourablement en terre saincte.

Après ces choses faictes, ceulx qui furent demourez en ladicte Bastille, traictèrent avec le seigneur de Lille Adam, et s'en allèrent, leurs corps saufz et leurs biens; et fut commis à ladicte Bastille, de par le roy, le seigneur de Cauny, qui grant temps avoit esté prisonnier là dedens, et depuis qu'il retourna d'Amiens faire l'ambassade au duc de Bourgoingne, dont cy dessus est touchié.

CHAPITRE XCIV.

Comment les[1] Parisiens, gens de petit estat, au nombre de quarante mille hommes, allèrent en diverses prisons et tuèrent bien trois mille hommes, entre lesquelz fut occis le conte d'Erminacq, connestable de France, pluiseurs évesques et seigneurs. Comment

---

1. Notre manuscrit dit : « *pluiseurs* Parisiens, » ce qui n'est pas admissible pour 40,000 hommes.

la royne de France et le duc de Bourgoingne entrèrent dedens Paris. De pluiseurs aultres advenues; et comment la ville de Compiègne fut prinse des Daulphinois.

Le xij⁰ jour de juing ensuivant, ceulx de Paris, de petit estat, s'assemblèrent bien xl mille hommes; et, doubtans que les prisonniers ne fussent mis à délivrance, s'en allèrent comme bestes enragiés, contre le gré de leur prévost et des seigneurs estans adont à Paris, cryans: « Vive le roy et le duc de Bourgoingne! », à grant bruit, à toutes les prisons, tuèrent cépiers et cépières, et tout ce qu'ilz trouvèrent de prisonniers, indiféramment, sans nul espargnier, jusques au nombre de trois mille hommes. Desquelz et les plus principaulx furent : le conte d'Erminacq, connestable de France ; le chancellier de France ; les évesques de Coustances, de Bayeux, d'Evreux, de Senlis et de Saintes; le conte de Grant Près; Remonnet de La Guerre; l'abbé de Saint-Cornille de Compiègne; Ector de Chartres; Charlot Poupart, argentier du roy; et générallement tous ceulx qui estoient esdictes prisons; jà soit ce que pluiseurs y fussent pour débat ou pour debtes, mesmement tenans la partie de Bourgoingne. Et, oultre, furent occhies pluiseurs femmes, parmy la ville, inhumainement, et laissiés ès places où elles estoient occhies.

Celle occision commença à iiij heures, après minuyt, et dura jusques à dix heures du matin du jour ensuivant. Icelles occisions et murdres se firent, présens messire Jehan de Luxembourg, le prévost de Paris, et le seigneur de Fosseux, le seigneur de Lille Adam et pluiseurs aultres, jusques au nombre de mil combattans, tous en armes et sur leurs chevaulx. Et n'y avoit si hardy, entre eulx, qui osast dire, sinon : « Mes « enfans, vous faictes bien. »

Le corps du connestable, du chancellier et de Remonnet de La Guerre, furent tous desnuez en la cour du Pallais, loyés ensemble et là demourèrent trois jours en ce point ; et les mauvais enffans se jouoyent à les trainer avant la cour du Pallais. Et avoit, le connestable, osté de son corps une bende de son cuir de deux dois de larghe, qui estoit une grande desrision. Et, au iiij° jour, furent mis sur des beneaulx et menez hors Paris, et furent enfouys, avec les aultres, en une fosse, nommée la Louvière, auprès du marchié aux pourceaux. Iceulx communs de Paris, non asouffis de celle occision, ne cessèrent, par pluiseurs jours après, d'aller ès maisons de ceulx qui estoient nottés avoir tenu le party d'Erminacq, et prenoient leurs biens et les occyoient sans mercy. Et s'ilz hayoient ung homme, luy faisoient entendre qu'il estoit Erminacq et le tuoient. Et se aucun hayoit ung aultre, et il leur deist : « Veez là ung Erminacq ! » il estoit occis tout incontinent, sans ce que nulz en osast parler.

Le duc de Bourgoingne, oyes les nouvelles de là prinse de Paris, assembla hastivement ce qu'il peult avoir de gens et s'en alla, à Troyes, devers la royne, et manda messire Jehan de Luxembourg et le seigneur de Fosseux, lesquelz y allèrent, à mil combattans. Puis se partirent de Troyes, en grant arroy, la royne et le duc de Bourgoingne, et s'en allèrent à Paris, et y vindrent, le xiiij° jour de juillet ; et yssirent de Paris plus de vj^c hommes à cheval allencontre d'eulx, portans heucquès bleues, et, par dessus, la croix Saint-Andrieu, en lieu de la bende qu'ilz avoient longtemps porté ; et offrirent au duc de Bourgoingne et à son nepveu, le jeusne conté de Saint-Pol, deux bleues heucques de velours, à croix Saint-Andrieu, comme ilz portoient. A entrer en Paris, ilz s'en allèrent descendre à l'ostel de Saint-Pol, où estoit le roy, qui les receut à grant joye.

Aucuns jours après, se tindrent à Paris pluiseurs consaulx sur le fait du gouvernement du royaulme. Le seigneur de Lille Adam, et le seigneur de Chastellus, furent faiz mareschaulx, et messire Robinet de Mailly, fu fait grant panetier de France ; messire Charles de Lens fut fait admiral ; maistre Eustasse de Lattres fut fait chancellier ; maistre Phelippe de Morviller fut fait premier président en Parlement ; et le duc de Bourgoingne fut fait capitaine de Paris, et messire Charles de Lens, son lieutenant ; et accordoit le roy tout ce que on luy demandoit.

Entre ces choses, ung nommé Jehan Vertaing, capitaine de Saint-Denis, fut occis par xij compaignons, à la Chapelle, entre Paris et Saint-Denis ; et en fut accusé[1] messire Jehan de Luxembourg, pour ce que aucuns de ses gens le tuèrent ; c'est assavoir Lionnel de Wandonne, le bastart de Roubaix et aulcuns aultres. Et en furent ceulx de Paris si malcontens qu'ilz saillèrent aux champs pour prendre et mectre à mort les facteurs. Mais ne les trouvèrent point et convint ledit de

---

1. L. et B. — Nos mss. ont « *occupé.* »

Luxembourg désadvoer le fait pour contenter ceulx de Paris.

Le duc de Touraine, daulphin de Vienne, fut induis par Taneguy du Chastel, le visconte de Nerbonne, le président de Perronne et aucuns aultres, ses gouverneurs, de faire guerre au duc de Bourgoingne, et se fist nommer régent de France, non obstant qu'il fust pluiseurs foiz sommez et requis, de par le roy, la royne, et le duc de Bourgoingne, de retourner avec eulx; et on luy feroit tout honneur. Mais il n'en vault riens faire, ains se disposa à faire guerre; et tant que une foiz viij con_ _nons armés à la couverte, s'en allèrent à la porte de Compiégne qui va à Pierrefons, et advisèrent leur point d'entrer avec une charrette de bois. Sy tuèrent sur le pont ung des chevaulx de la charrette, parquoy la charrette demoura sur le pont, et ne peult estre levé. Puis tuèrent aucuns des portiers, et, à ung signe qu'ilz firent, saillit de la forest le seigneur de Bosqueaulx à v^c combattans, et entrèrent en la ville, et cryèrent : « Vive le roy et monseigneur le daul-« phin! » et tuèrent pluiseurs gens en leur venir. La ville fut fustée, et furent prins et pilliés tous ceulx qui tenoient la partie de Bourgoingne. Le seigneur de Créveceur et le seigneur de Chevreuse furent menez à Pierrefons et eschappèrent depuis par finances.

Ainsi fut Compiégne prinse et concquise par les Daulphinois, lesquelz se prinrent à faire dure guerre ès pays du duc de Bourgoingne.

CHAPITRE XCV.

Comment Jehan, duc de Brabant, espousa dame Jacques de Bavière, contesse de Haynault, de Hollande, de Zellande, etc., sa cousine germaine.

En ce temps et durant ces choses, Jehan, duc de Brabant, espouza Jacques de Bavière, sa cousine germaine, contesse de Haynnau, de Hollande, de Zellande et d'Ostrevant. Et si estoit sa marine; mais le mariage se fist pour cause de entretenir paix et amour ensemble, pour le bien de leurs subgetz, pour ce que leurs seignouries tiennent l'une à l'autre. Et, tantost après, la paix fut faicte entre Jehan de Bavière et sa dicte niepce. Et depuis, comme le duc de Brabant et la contesse, sa femme, résidoient à Mons, en Haynnau, il fut ung jour qu'il alla chasser, et vint en son hostel, à Mons, messire Evrard, bastart de Haynault, frère à la ducesse, et aucuns aultres avec luy; et. de fait apensé, tuèrent le gouverneur du duc de Brabant, nommé Guillame de Berghe, qui lors estoit couchié malade sur ung lit; dont le duc fut moult courroucié. Mais enfin sa femme le rapaisa; et fut adont commune renommée qu'elle en estoit bien consentant.

CHAPITRE XCVI.

Comment les vicaires de l'évesque de Paris révocquèrent, en plain sermon, la condempnation que aultrefoiz avoit esté faitte contre maistre Jehan Petit, en réparant l'onneur du duc de Bourgoingne. Comment Laigny sur Marne fut prinse et reprinse; et de la grant peste qui fut dedens Paris.

En ce temps fut faicte, à Paris, une procession générale, où estoient ceulx de l'Université et principallement les vicaires de l'évesque de Paris, lors malade à Saint-Omer. Lesquelz vicaires révocquèrent là, en plain sermon, présens tous ceulx qui là estoient, la condempnacion que ledit évesque avoit fait aultrefoiz contre la proposicion de maistre Jehan Petit, contre l'onneur du duc de Bourgoingne, en réparant quant ad ce son honneur et leaulté, comme vray champion de la couronne de France. Et firent aparoir du povoir qu'ilz avoient de l'évesque en ceste partie, et tant que le duc de Bourgoingne fut content.

En ce temps, prindrent les Daulphinois, qui se tenoient à Meaulx, Laigny sur Marne, par faulte de guette, et y firent beaucop de maulx. Mais, ceulx de la garnison se saulvèrent en une tour, et envoyèrent pryer au duc de Bourgoingne qu'il leur envoyast secours. Et y envoya le seigneur de Lille Adam, lequel, par le moyen d'icelle tour, entra en la ville et mist à l'espée la plus grant partie des Daulphinois; puis laissa bonne garnison en la ville, et s'en retourna à Paris.

Tantost après, vint à Charrenton le duc de Bretaigne, pour faire la paix entre le daulphin et le duc de Bourgoingne; mais ilz ne se peurent accorder. Sy s'en retourna le duc de Bretaingne [en son pays[1].] Ilz

---

1. M. — M.P. et L. ont « le duc *en* Bretaigne. »

s'assemblèrent à Charenton, comme dist est, pour cause de l'impédimie qui régnoit adont à Paris, si grande que, par le rapport des curés, il morut celle année dedens Paris plus lx^m personnes. Et morurent de celle pestilence le prince d'Orenge, le seigneur de Fosseux, messire Jennet de Poix, le seigneur d'Auxi et aultres gentilz hommes serviteurs du duc de Bourgongne.

CHAPITRE XCVII.

Comment les Parisiens occirent de rechief pluiseurs prisonniers, et comment le daulphin reprint la ville de Tours.

Les communes[1] de Paris s'assemblèrent encoires une foiz en grant nombre, et s'en allèrent de rechief à toutes les prisons et y tuèrent plus de iij^c prisonniers qui y avoient esté mis depuis la première tuyson : et puis s'en allèrent à la bastille Saint-Anthoine pour avoir vij prisonniers qui y estoient, et jurèrent qu'ilz abbateroient la place, ou ilz les auroient. Et, de fait, commenchèrent à desmachonner; dont le duc de Bourgoingne forment courouchié vint à eulx, et leur remonstra tant, d'unes et d'aultres, que les chiefz luy promirent que les prisonniers seroient menez en Chastelet et là seroient traictié par la justice du roy. Et partant leur furent délivrez, et les menèrent jusques bien près de Chastelet ; mais enfin ilz les tuèrent tous

---

1. M.P. et L., « communs. »

inhumainement sur la cauchée, et là les desvétirent. Et estoit le plus principal d'iceulx tirans nommé Capeluche, lequel estoit bourel de Paris.

Lors, le duc de Bourgoingne, veant les desrisions et inhumanitez d'iceulx meschans gens, fist cryer qu'ilz se cessassent de plus pillier ne tuer, sur paine de perdre la vie, et qu'ilz se préparassent d'aller asségier Mont Lehéry, où estoient les ennemis. Ils respondirent que ce feroient-ilz voulentiers, mais qu'ilz eussent capitaine pour eulx conduire. Et lors leur fut ordonné le seigneur de Cohem et aucuns aultres, lesquelz en menèrent bien vj^m hors de la ville, jusques à Mont Lehéry. Mais, entretant qu'ilz estoient là, le duc de Bourgoingne fist prendre aucuns de leurs complices qui estoient demourez, et les fist les testes copper et aucuns noyer. Capeluche, entre les aultres, eult la teste trenchie. Dont aussitost que ceulx du siége eulrent les nouvelles, ilz s'en retournèrent à Paris pour faire pis que devant. Mais, on leur ferma les portes, et les fist on retourner à leur siége. Assez tost après, ilz furent remandés, pour ce qu'ilz y avoit aucuns ambassadeurs qui traictoient leur appoinctement.

Madame la daulphine, du gré et consentement du roy, de la royne et du duc de Bourgoingne, fut renvoyée honnourablement de Paris à Angou, affin que le daulphin pour celle courtoisie s'enclinast plustost à paix. Mais ceulx qui le gouvernoient ne luy eussent jamais conseillié. Aussi vint, devers le daulphin, le jeusne conte d'Erminacq grandement acompaignié, qui se complaint de la cruelle mort de son père. Et le daulphin luy respondit que dedens brief jour il luy en feroit bonne justice; et tantost après alla mectre le siége devant Tours, laquelle ville luy fut assez tost rendue.

D'aultre part, le duc de Bourgoingne, qui faisoit ce qu'il vouloit ès pays du roy, jà soit ce qu'il eust mis jus et fait cesser les aydes, néantmoins il les fist remectre sus soubz umbre de lever le siége de Rouen. Et se furent les Parisiens requis de prester aucune somme d'argent, et prestèrent cent mille frans, par condicion qu'ilz auroient de chascune queue de vin que on vendroit à Paris xij deniers, et le receveroient par leurs mains jusques ad ce qu'ilz seroient remboursés dudit prest. Ainsi doncques revindrent les aydes en festes.

CHAPITRE XCVIII.

Comment le roy d'Engleterre descendit avecques son armée à Toucque en Normendie, accompaignié de deux de ses frères et aultres gros seigneurs d'Engleterre. Comment pluiseurs villes et forteresses se rendirent à luy. Comment la ville de Caem fut prinse par assault; et comment le duc de Clocestre assiéga la ville et chasteau de Chierbourg qui luy fut rendues.

En icelle année mil CCCC et XVIII[1], le roy Henry d'Angleterre, veant que temps et heure estoit de poursuyr sa concqueste, après ce qu'il eult tenu ung grant parlement en son pallais de Vestmoustier, et conclud sur ses affaires, tant sur le gouvernement

---

1. Notre manuscrit porte « *xvij* », par faute de copiste.

de son royalme, comme de l'armée qu'il avoit intencion de mener en France, fist ung mandement par tout son royaulme, à tous les princes, barons, chevaliers et gens acoustumés d'eulx armer, leur mist ung jour à estre prest au port de Hantonne où ilz le trouveroient. Auquel jour vindrent ceulx qui y furent mandez. Sy estoient avec luy deux de ses frères, les ducz de Clarence et de Clocestre, les contes de Hostidonne, de Werwic, de Salbry, de Sufolz, de Kint, le grant seigneur de Ros, le seigneur de Cornouaille, les seigneurs de Wiblevy, d'Escalles, et pluiseurs aultres barons, chevaliers et escuiers; et avec eulx grant nombre de gens d'armes et de traict.

Le roy, veant son armée preste, se tourna à Hantonne, où son navire estoit aprestée. Sy monta dessus avec tout son armée, et tant nagèrent qu'ilz prindrent port à Toucque en Normendie, sur intencion de mectre en son obéissance toute la duchie de Normendie. Auquel lieu de Toucque y avoit ung fort chastel royal, qui tantost fut asségié. Le roy fist dreschier ses engins et habillemens de guerre. Finablement messire Jehan d'Angiennes, capitaine dudit chastel, sachant qu'il n'auroit point de secours, rendy le chastel et le mist en l'obéyssance du roy d'Angleterre, moyennant les vies saulves, corps et biens de luy et de tous ses gens; et eult trois jours d'induice pour les widier, et aussi le roy leur tint sa promesse.

Après icelle reddicion et qu'il y eult mis de ses gens pour le garder, se party dudit chastel en belle ordonnance. Premièrement, fist partir son avant-garde, puis sa bataille; après, vint son arrière-garde, et entre sa bataille et son arrière-garde estoient les chariotz, charettes, ses vivres et artillerie de guerre. Le roy d'Angleterre chevaucha [en pays], et tellement exploita que, en peu de temps et espasse, se rendirent à luy les villes et forteresses de Harcourt, du Becq-Helluyn, Verneul, Evreux et pluiseurs aultres places, sans faire grant deffences. Par lesquelles reddicions les aultres bonnes villes et forteresses d'icelluy pays de Normendie se commencèrent moult fort à esmerveiller; car ilz avoient peu de gens pour eulx deffendre.

Ainsi que vous avez ouy, estoit toute France en desrision et division; qui estoit bien propice chose pour le roy d'Angleterre.

Et en icelluy temps fut esleu pappe, le cardinal de La Coulombe, et fut nommé pappe Martin, qui par l'abprobacion du saint concille de Constances, ordonna ledit concille à estre convocquié au ve an ensuivant, l'an mil IIII^c et XXIII. Le roy d'Angleterre, qui estoit, à grant puissance, ou pays de Normendie, concquérant villes et chasteaulx, comme dit est; et durant les grans divisions qui estoient en France, entre les François et les Bourguignons, ledit roy d'Angleterre, après ce qu'il eult prins pluiseurs villes et chasteaulx, il alla mectre son siége devant la bonne ville de Kem, qui estoit moult puissant et bien peuplée. Il le fist assaillir par divers assaulx où moult perdy de gens; mais, enfin, tant continua que la dicte ville par force et d'assault fut prinse; et furent bien mors vj^c des deffendans. Et depuis se tint le chastel environ iij sepmaines; mais enfin se rendy, moyennant que le capitaine et ses gens eulrent sceurté du roy d'Angleterre d'eulx partir, saulfz leurs corps et biens.

Après laquelle concqueste, le roy d'Angleterre fist

asseigier par son frère, le duc de Clocestre, la forte ville et chastel de Chierbourg, qui estoit la plus forte place de toute la duchie de Normendie et les mieulx pourveuz de vivres et habillemens de guerre. Et y fut le siége environ x mois que oncques ne furent secourus. En la fin, messire Jehan d'Enjennes, qui en estoit capitaine, le rendy au duc de Clocestre pour et ou nom du roy d'Angleterre moyennant qu'il en eult certaine somme d'argent, au partir, et saulf conduit pour aller où bon luy sembla. Et s'en alla depuis en la cité de Rouen. Après ce qu'elle fut concquise du roy d'Angleterre, là séjourna tant que sondit saulf conduit fut passé sur la fiance d'aucuns seigneurs Anglois, qui luy donnèrent à entendre qu'ilz luy feroient ralongier. Mais il fut trompé, et luy fist le roy d'Angleterre trenchier la teste, pour ce qu'il avoit prins argent pour la reddicion de la place, laquelle estoit encoires assez bien garnie de vivres et d'artillerie. Dont aucuns François furent bien joeulx, pour ce qu'il avoit rendu la place par convoitise d'argent au préjudice du roy.

CHAPITRE XCIX.

Comment le roy d'Angleterre asseiga la ville de Rouen, et comment il fortiffia son siége. De pluiseurs choses qui advindrent durant ledit siége. Des ambassades des deux roys qui ne se sceurent acorder et partirent sans traictier la paix.

En ce temps furent envoyez en la cité de Rouen, de par le roy et le duc de Bourgoingne, pluiseurs capitaines pour ayder les habitans d'icelle à deffendre ladicte ville et garder contre le roy d'Angleterre, duquel ilz actendoient de jour en jour à avoir le siége ; c'est assavoir, messire Jehan de Neufchastel, seigneur de Montagu, messire Anthoine de Thoulonjon ; le bastart de Thyan et pluiseurs aultres. Avec ce y estoit paravant messire Guy le Boutellier, natif du pays de Normendie, capitaine général de la ville, et le bastard d'Ally ; lesquelz capitaines tous ensemble povoient avoir iiij^m combattans ou environ, tous gens à l'eslite. Et si estoient les citoyens bien xvj^m hommes bien armés et habilliés selon leur estat, prestz et désirans d'eulx deffendre contre ceulx qui mal leur vouldroient.

Après la prinse de la bonne ville de Kem, et que le roy d'Angleterre eult fait furnir et réparer la ville de gens et artillerie, et commis capitaines de par luy, print son chemin devers le Pont de l'Arche ; et, pour l'assiégier de tout costez, trouva manière de concquester la rivière de Saine. Là fut fait chevallier le filz du seigneur de Cornouaille, qui ce jour acquist grant honneur ; et de fait concquirent les Anglois ladicte rivière de Saine ; et par conséquent, en brief jour après, la ville et le chastel du Pont de l'Arche. Quant le roy d'Angleterre ot prins la pluspart des bonnes villes et fors chasteaulx de la duchie de Normendie, et que, à chascune des places, il eust laissié ses garnisons, se partist et print son chemin pour tirer vers la bonne cité de Rouen. Mais, au chemin, ne demoura place, ne fort chastel que tout ne meist en son obéissance. Tant exploitta qu'il asséga la bonne ville de Rouen ou mois de juin, avant que ceulx asségiés peussent avoir nouveaux grains. Son avant-garde se loga devant la ville à minuyt, affin que ceulx de dedens ne feissent aucune envaye sur eulx. Et se loga le roy d'Angleterre à la maison des Chartreux. Le duc de Clocestre fut logié à la porte de Marteinville, le conte de Warwic à la porte de Beauvais, le duc d'Excestre et le conte Dourset devant la porte du chastel, le conte Maressal et le seigneur de Cornuaille à la porte du pont.

De l'autre costé de Saine furent mis les contes de Hantonne, de Salebery, de Kint, et le seigneur de Neufville : et, devant Sainte-Catherine sur le mont, furent mis aucuns aultres barons d'Angleterre.

Touteffoiz, devant que lesdis assiégant peussent estre fortiffiez, furent par pluiseurs foiz envahis des asségiés, et y ot des grosses escarmuches tant d'un costé comme d'aultre. Mais le roy d'Angleterre ordonna, au plustost qu'il le peult, faire grans fossez entre la ville et son logis; sur lesquelz fossez fist faire grosses hayes d'espines; pourquoy les Anglois ne povoient estre surprins ne travailliés, sinon par canons ou par traict.

Et en après, fist le roy d'Angleterre faire, en l'eaue de Saine, à ung costé et à l'autre, au gect d'un canon, ou environ près de la ville, tendre chaines de fer dont l'une estoit piet et demy dedens l'eau, la seconde en la galitté de l'eaue, et la tierce estoit à deux piés dessus, affin que par batteaulx ne peussent les asségiés avoir secours; et aussi qu'ilz ne peussent wider par le courant de l'eaue. Et avec ce furent faiz en pluiseurs [lieux][1] moult de fossez parfons en terre pour aller de logis à aultre, sans estre actainct du traict des

---

1. L. et B.

canons ou des aultres engiens d'iceulx asségiés. D'aultre part, ceulx qui dedens Saincte-Catherine estoient, rendirent le fort au roy d'Angleterre par faultes de vivres, et s'en allèrent, tant seulement saulfz leurs vies, sans emporter riens de leurs biens. Sy avoit en sa compaignie le roy d'Angleterre bien viij^m Hirllandois, dont la plus grant partie alloient à piet; l'un estoit chaucié et l'autre nud, et povrement estoient habilliés, ayans chacun une targette et ganteletz avec gros coutteaulx d'estrange façon. Et ceulx qui alloient sur chevaulx n'avoient nulles selles, et chevauchoient sur bons petis chevaulx de montaingne, et estoient leurs peneaulx assez de pareille façon que portent les blatiers du pays de France.

Touteffoiz ils estoient gens de petitte deffence au regart des natifz du pays d'Angleterre. Lesquelz Hirllandois souvent, durant le siége, avec les Anglois, couroient le pays de Normendie et faisoient maulx innumérables, ramenans en leur ost grant proye. Et mesmement lesdis Hirllandois de pied prendoient petis enffans ès bers et aultres, et montoient sur vaches, portans lesdis petis enffans et bagues devant eulx; et furent pluiseurs foiz trouvez des François en tel estat. Pour lesquelles courses, tant d'Anglois, Bourguignons, comme de Daulphinois, le pays de Normendie fut fort oppressé et le peuple destruit. En oultre, le roy d'Angleterre estant en son siége, fist dreschier devant la ville pluiseurs grosses bombardes et aultres engiens, pour icelle confondre et abattre. Et pariellement les assiégiés, par toutes voies et manières qu'ilz povoient adviser, grevoient aussi leurs ennemis, faisans aussi pluiseurs saillies, lesquelles seroient trop longhes à rachompter, chascune à plain. Mais, pour vérité, iceulx asségiés se gouvernèrent très vaillamment.

Durant lequel siége, Laghen, bastart d'Ally, qui estoit l'un des capitaines de ceulx de dedens, en quy ceulx de la ville avoient plus grant fiance, avoit la charge[1] et garde de la porte de Caux. Devant laquelle vint ung jour messire Jehan le Blancq, lors capitaine de Harfleu, de par le roy d'Angleterre, qui pour lors estoit dessoubz le conte Dourset, lequel requist audit bastart de rompre iij lances contre luy, lequel bastart luy acorda libéralement. Et prestement après qu'il fut armé, sailly hors atout xxx compaignons de piet, et là devant la barriér[e] coururent de grant voulenté l'un contre l'autre. Mais ainsi advint que du premier cop le chevalier Anglois fut traversé parmy le corps et porté jus de son cheval; et avec ce fut tiré dedens la ville par force, où il morut tantost après. Dont fut dommage; car il estoit chevalier de bonne renommée, et fut le bastart courouchié de sa mort. Touteffoiz, le bastart eult iiij^c nobles des amis du mort, pour rendre son corps. De laquelle chose ledit bastart, de ceulx de la ville généralement, fut fort prisiés et honnourez pour les biens et vaillances qui estoient en luy. Car c'estoit celluy que on disoit qui faisoit les plus belles saillies sur les Anglois, et qui plus leur portoit de dommage.

Ceulx de la ville avoient esté asségiez une longhe

---

1. On lit dans tous les textes manuscrits et imprimés de Saint-Remy et de Monstrelet : « *et* avoit la charge; » mais évidemment cette conjonction ne sauroit subsister sans embarrasser la construction et le sens de la phrase, qui devient claire par sa suppression.

espasse ; si se veoient fort oppressez et leurs vivres amendrir. Sy trouvèrent manière de faire une saillie, comme sur le soir, et boutèrent ung presbtre dehors assez eagié, lequel très soubtillment et en grant adventure, s'en party bien adverty de ce qu'il devoit dire au roy de par les assiégiés en Rouen. Le presbtre moult subtil eschappa le mieulx qu'il peult, et telle diligence fist que sans nul empeschement il vint à Paris ; lequel fist proposer sa légacion devant le roy par ung docteur augustin, et prist icelluy proposant son theusme, en disant : *Quid faciemus?* lequel il esposa moult sagement et auctenticquement. Et après qu'il ot proposé la charge à luy baillie, icelluy presbtre dist au roy : « Prince et seigneur, il m'est enjoing de par les habi-
« tans de la ville de Rouen à cryer contre vous, sei-
« gneur de Bourgoingne et aussi contre vous, qui
« advez le gouvernement du roy[1] et de son royaulme,
« le grans *Harau!* lequel signifie l'oppression qu'ilz
« ont des Anglois. Et vous mandent et font savoir de
« par moy, que, se par faulte de vostre secours, il
« convient qu'ilz soient subgetz au roy d'Angleterre,
« vous ne aurez au monde pieurs ennemis ; et s'ilz
« pevent, ilz destruiront vous et vostre généracion. »

Telles et semblables parolles remonstra ledit presbtre au roy et à son conseil. Et après ce que on luy promis de y pourveoir au plus brief que on pourroit, il s'en retourna le mieulx qu'il peult, portans les nouvelles à iceulx assiégiés. Et brief ensuivant, le roy et le duc de

---

1. M.P. et L., « à crier contre vous, et aussy contre vous, sei-
« gneur de Bourgoingne, quy advez le gouvernement du roy. » —
M., « à crier contre vous, sire duc de Bourgoingne, qui avez prins
« le gouvernement du Roy. »

Bourgoingne envoyèrent leurs ambassades au Pont de l'Arche pour traictier, avec le roy d'Angleterre, de la paix; et alla, avec lesdis ambassadeurs, le cardinal des Ursins[1]. Allencontre desquelz vindrent, de par le roy d'Angleterre, au lieu de Pont de l'Arche, le conte de Werwic, le chancellier d'Angleterre, l'archevesque de Cantorbie et aultres du conseil du roy; et dura cest ambassade environ xv jours.

Dedens lequel temps allèrent lesdis ambassadeurs devers le roy d'Angleterre à son siége devant Rouen : sy furent du roy et des aultres princes honnourablement receuz. Et avoient porté lesdis ambassadeurs la figure de madame Catherine, fille du roy de France, laquelle fut présentée au roy et luy pleust très bien. Touteffoiz pour ce qu'il fist demandes extraordinaires, comme il sembloit aux François, c'est assavoir que on luy donnast la fille du roy, x^{c}[2] mil escus d'or, la duchie de Normendie dont desjà il avoit conquesté la plus grant partie, la duchie d'Acquitaine et la conté de Poitou, avec aultres seignouries, sans tenir en ressort du roy, riens ne peult accorder, et aussi les ambassadeurs du roy d'Angleterre firent responce que le roy n'estoit point en estat. Pourquoy ilz ne peurent traictier avec eulx, et dirent que le daulphin, son filz, n'estoit point emprés le roy, et que au duc de Bourgoingne n'appertenoit point traictier de l'éritaige du roy.

---

1. Notre ms. a « *Voisins.* »
2. Tous les textes de Saint-Remy sont d'accord sur ce nombre; mais ceux de Monstrelet le sont aussi pour ne le porter qu'à *cent mille*. Il y a d'autres différences de chiffres, entre les deux chroniqueurs, dans les chapitres précédents. Elles seront relevées, aux Appendices, dans une confrontation de l'une à l'autre de leurs Chroniques.

Après lesquelles choses oyes, le cardinal et les ambassadeurs s'en retournèrent devers le roy, qui nouvellement estoit allé à Ponthoise avec la royne et le duc de Bourgoingne : et racontèrent l'estat de leurs ambassade. Et dedens brief temps après, s'en retourna le cardinal en Avignon devers le pappe Martin, pour ce qu'il sentoit assez que riens ne pourroit accorder entre les parties. Et adont ceulx de Rouen qui sçavoient assez la rompture de l'ambassade d'entre les deux roys, veans que leurs secours mectoit longhement à venir, prindrent ensemble conclusion de saillir hors de la ville, à puissance, et combattre ung des siéges du roy d'Angleterre. Mais avant ce, bouttèrent hors de leur ville plus de xx^m povres gens, hommes, femmes et enffans, qui n'avoient que vivres, dames, damoiselles, hommes vielz dont ilz ne se povoient aydier.

Quant ilz les eulrent mis hors des portes, le roy d'Angleterre qui de ce fust tost adverty, y envoya gens d'armes et archiers, qui, par force de traict que lentement tiroient sur icelle gens, force leur fut de eulx retraire dedens les fossez de la ville, où ilz fure. l'espasse de trois jours ; et tellement se délamentoient de plourer, cryer, et aussi que pluiseurs povres femmes acouchèrent d'enfant dedens les fossez, que c'estoit piteuse chose à le veoir ; tant que en la fin ceulx de la garnison et les bourgois de la ville furent constrains, par pitié et compassion qu'ilz eulrent d'eulx, de les remectre dedens la ville. Par quoy mortalité et famine s'i bouta si grande que bien xxx^m personnes, hommes, femmes et enffans y morurent. Ceulx de la garnison appercevans que leurs vivres amendrissoient, et aussi que leurs secours estoit lontaing, comme dessus est dit, se myrent dehors la ville x^m bons combattans, et la ville gardée, et quant tout fut prestz pour acomplir leur entreprise, et que desjà en avoit sailly bien deux mille, cuidans que les aultres les deussent sievir par la porte devers le chastel où ilz encommencèrent à yssir.

Mais il advint que aucuns Anglois furent advertis de leur saillie, tant que par nuyt vindrent soyer, à tout soyes sourdes, les estaches qui soustenoient le pont; par quoy tantost qu'ilz commencèrent à marchier sur ledit pont, ceulx, qui estoient de ceste heure dessus, cheyrent ès fossez. Une partie furent mors et les aultres blechiez, et de ce furent esmerveilliés, non sans cause. Lors, iceulx veans ceste adventure se retrayrent tantost à une aultre porte pour secourir et aidier leurs gens qu'ilz savoient en dangier, et les firent retrayre et rentrer dedens la ville. Mais, avant qu'ilz les peuissent ravoir, perdirent beaucop des leurs. Touteffoiz, ce ne fut point sans porter grant dommage aux Anglois. Et estoient en adventure, se ledit pont n'eust esté soyés, de leur faire beaucop de mal.

Après laquelle besoingne on commença par dedens fort à murmurer contre l'onneur de messire Guy le Boutteillier, qui fut mescrut d'avoir fait soyer ledit pont, et d'en avoir adverty les Anglois. Et tost après ceste besoingne trespassa, par maladie, le bon Langhen, bastart d'Ally. Pour la mort duquel ceulx de la communaulté furent fort desconfortez; car, comme dit est, ilz se fyoient plus en luy que en nul aultres capitaines, pour la vaillance qui estoit en luy.

Or, layrons à parler de ceulx de Rouen, et retournerons à parler ung peu du roy et de ceulx de sa partie.

CHAPITRE C.

Comment ceulx de Rouen envoyèrent vers le roy et le duc de Bourgoingne pour avoir secours, et pour leurs remonstrer la nécessité, misère et povreté qu'ilz souffroient par famine et peste. D'ungne embusche que les François feirent sur les Anglois, qui ne leur porta que dommage.

Or, pour parler de l'estat et gouvernement du roy et du duc de Bourgoingne, vérité est que, pour pourveoyr à la délivrance de ceulx de Rouen, mandèrent gens d'armes en pluiseurs lieux du royaulme, lesquelz y vindrent en grant nombre. Et adont le roy, la royne et le duc de Bourgoingne vindrent de Ponthoise à Beauvais, affin d'avoir vivres plus habondamment. Auquel lieu furent tenus pluiseurs destrois consaulx, pour savoir comment on secouroit ceulx de Rouen; mais on ne povoit trouver manière raisonnable que faire se peuist, pour la division qui estoit entre le daulphin et le duc de Bourgoingne; et, avec ce, le roy d'Angleterre estoit trop puissamment fortifié.

Ce temps durant que le roy estoit à Beauvais, vindrent devers luy, comme je oy dire, quatre gentilz hommes et quatre bourgois de Rouen (ne sçay comment il en yssirent), pour signiffyer au roy et à son conseil le misérable estat que c'estoit de veoir la cité. Lesquelz, en la présence du roy et du duc de Bourgoingne et du grant conseil du roy, dirent comment pluiseurs milliers de gens de sa ville estoient jà mors

de fain, dedens ladicte ville; et que, dès l'entrée du mois d'octobre, ilz estoient constrains de mengier chevaulx, chiens, chas, ras et souris, et aultres choses non appertenant à créature humaine. Et avec ce avoient bien jà boutté hors de la ville xij^m povres gens, desquelz la plus grant partie estoient mors dedens les fossez piteusement; et souvent failloit que les bonnes gens tirassent par pittié, amont, les petis enfans nouveaulx nez pour les faire baptisier, et après les rendoient aux mères. Et moult en morurent sans estre baptisiés; lesquelles choses estoient moult griefves et piteuses, tant seulement à oyr raconter. Et alors dirent au roy:
« Sire, et vous noble duc de Bourgoingne, les bonnes
« gens vous ont jà pluiseurs foiz signiffiez et fait savoir
« la grant nécessité et destresse qu'ilz seuffrent; à
« quoy n'avez encoires pourveu, comme promis avez.
« Et pourtant, à ceste derrenière foiz, sommes envoyez
« devers vous nunchier par lesdis assegiez que, se en
« dedens brief jour ilz ne sont secourus, ilz se renderont au roy d'Angleterre. Et dès maintenant, se ce
« ne faictes, ilz vous rendent la foy, serment et loyaulté
« et obéyssance qu'ilz ont à vous. »

Ausquelz par le roy et le duc de Bourgoingne fut respondu bénignement que encoires n'estoit pas la puissance du roy si grande que pour lever le siége de Rouen; dont moult leur en desplaisoit; mais, au plaisir de Dieu, briefment seroient secourus. Et iceulx demandèrent, dedens quel temps? A quoy le duc Jehan fist responce: en dedens le Noel. Et sur ce s'en retournèrent en la ville de Rouen au mieulx qu'ilz porent; mais ce ne fut pas sans grant doubte et paour, et non sans cause. Non obstant ce, ilz rentrèrent en la ville très joyeulx de ce qu'ilz estoient ainsi eschappés sans péril et fortune. Quant là furent revenus, ilz racontèrent de mot à mot ce qu'ilz avoient besoingnié.

Or, pour parler de l'estat de ceulx de Rouen, n'est nulz qui sceusist raconter la povreté et misère que le povre peuple y soufroit de famine; car, comme il fut sceu véritablement, là morurent durant ledit siége plus de l^m personnes de famine. Et qu'il soit vray, en ung seul chimentière, nommé la Magdalaine, y furent enterrez, de conte fait, plus de xxxij^m personnes. La famine y estoit si grande que les aucuns, quant ilz veoient porter viande par les rues, comme tous désespérez, y couroient pour le tollir, et souvent, en ce faisant, souffroient que on les baptesist et navrast très cruellement : car, par l'espasse de trois mois, ne furent vendus quelques vivres en icelle ville sur le marchié; ainchois les vendoit-on à couvert; et ce que par avant le siége estoit vendu ung denier, on le vendoit lors xx, xxx ou xl deniers, et encoires pour nulle finance n'en povoit-on recouvrer. Pourquoy, comme dist est, il eult, le siége durant, dedens icelle ville moult de tribulacions piteuses à raconter; car, qu'il soit vray, ladicte famine fut si grande que, pour une pièce de pain, belles josnes pucelles se abandonnoient. Les malles fortunes et adventures seroient fortes à recorder et trop longhes à escripre.

Durant ce temps, messire Jacques de Harcourt, le seigneur de Moreul, assemblèrent deux milles combattans ou environ, qu'ilz menèrent à deux lieues ou environ près du siége, en intencion de faire sur les Anglois aucune destrousse. Et de fait, se mirent en embusche en deux lieues[1] du siége, assez près l'un de l'autre pour veoir les ennemis venir; et, après, envoyèrent coureurs bien vj^{xx} hommes d'armes, lesquelz allèrent férir en ung village assez près du siége, où il y avoit aucuns Anglois, qui tantost furent mors ou prins, sinon aucuns qui par bons chevaulx se saulvèrent et fuyrent en l'ost, très fort crians « à l'arme, » disans qu'ilz avoient veu les François en grant nombre.

Sy ordonna le roy d'Angleterre le seigneur de Cornouaille, à vj^c combattans, pour aller voir que c'estoit; et, sans arrester, s'en alla radement, et brief trouva les coureurs François; lesquelz veans les Anglois trop grant nombre, retournèrent par devers leurs embusches; ausquelz ilz dirent la venue des Anglois. Les Anglois chevauchèrent très hastivement après eulx, et lors les François estant en embusches se mirent les aucuns en ordonnance pour aller par devers leurs ennemis, et les aultres tournèrent le dos, et se mirent à la fuicte. Pourquoy les Anglois, ce veant, frappèrent dedens; et finablement les mirent en desroy; et furent ce jour, que mors que prins, xij^{xx} hommes d'armes François; et les aultres se saulvèrent. Après, retourna le seigneur de Cornuaille au siége, très joeulx de sa bonne fortune, de laquelle le roy d'Angleterre et tous ses princes furent moult joeulx. Cy laisse à parler des Anglois, et retourne à parler du roy.

CHAPITRE CI.

Du traictié que le roy d'Angleterre et ceulx de Rouen

---

1. M., « *lieux*. »

feirent, moiennant lequel il rendirent la ville audit roy, qui avoit esté, en l'obéissance des François, deux cens et xv ans.

Le roy, la royne et le duc de Bourgoingne estans à Beauvais, comme dit est, tindrent conseil pour savoir quant ceulx de Rouen seroient secourus; mais, en la conclusion fut avisé qu'ilz n'estoient pas assez puissans, pour le présent, pour combattre le roy d'Angleterre, ne lever le siége. Et pourtant on donna congié à la plus grant partie des gens d'armes qui estoient assemblez, et les aucuns furent mis en garnison sur les frontières, tant sur les Anglois comme contre les Daulphinois. Après lesquelles conclusions, le roy, la royne et le duc de Bourgoingne se partirent de Beauvais et s'en allèrent à Provins; pourquoy moult de gens furent moult esmerveilliés. Sy furent tantost icelles nouvelles nunchées à ceulx de Rouen, et leur fut mandé secrètement, par le duc de Bourgoingne, que ilz traictaissent pour leur salvacion avec le roy d'Angleterre au mieulx que povoient, et que aultrement n'y povoient remédyer.

Et adont, quant les nouvelles furent espandues et publiées en icelle ville, iceulx asségiés furent moult doulans. Sy s'assemblèrent en la maison de la ville les plus notables, pour savoir comment ilz se auroient à conduire devers le roy d'Angleterre. Et fut conclud, puisqu'ilz avoient perdu l'espérance d'estre secourus, et qu'ilz n'avoient nulz vivres, convenoit par nécessité qu'ilz traictassent avec leurs ennemis. Sy envoyèrent ung hérault devers le roy d'Angleterre, pour avoir ung saulf conduit pour vj hommes aller devers luy; lequel leur fut envoyé. Sy ordonnèrent à faire ceste ambassade deux hommes d'église, deux gentilz hommes, et deux bourgois; et allèrent tout droit devers la tente du roy. Mais ilz furent conduis par ses gens au logis de l'archevesque de Cantorbie, qui avoit la charge, avec le conte de Warvic, de par le roy d'Angleterre, de traictier avec eulx.

Et après qu'ilz furent assemblez, il y eult pluiseurs matières ouvertes; assavoir, à quel fin ilz pouroient venir. Mais, pour ceste foiz, ne porent oncques obtenir ne avoir quelque traictié, sy non que tous les hommes de la ville se meissent en la france volenté du roy d'Angleterre. Et sur ce s'en retournèrent dedens la ville et firent leur rapport, lequel leur sembla estre moult estrange. Et fut dit, par tous ceulx là estans, que mieulx ameroient vivre ou morir tous ensemble, combattans leurs ennemis, que eulx mectre en la subjection du roy d'Angleterre. Sy se départirent pour ce jour, sans riens conclure; et l'endemain revindrent ensemble en moult grande multitude. Et après pluiseurs parlement, finablement furent tous d'oppinions de mectre sur estaches de bois ung pan de mur par dedens la ville; après, eulx tous ensemble hommes, femmes et enffans armer. Quant ilz auroient premiers bouté le feu en divers lieux parmy la ville, ilz habatteroient ledit pan de mur ès fossez, et s'en iroient où Dieu les vouldroit conduire. Sy se partirent à intencion de l'endemain, par nuyt, mectre à exécution leur entreprise. Mais il advint que le roy d'Angleterre fut de ce adverty; et, pourtant que son désir estoit d'avoir la ville entière à son obéyssance, fist fainctement remander les ambassadeurs par l'évesque de

Cantorbie, avec lequel et aultres ad ce commis fut tant traictié que les parties furent d'accord par la manière cy après déclarée.

Premièrement, fut ordonné que le roy d'Angleterre averoit, de tous les bourgois et habitans de laditte ville de Rouen, la somme de iij^c et xlv^m escus d'or, du coing de France, et iij hommes à sa voulenté, lesquelz furent dénommez : c'est assavoir, maistre Robert de Luyet, vicaire général de l'archevesque de Rouen, lequel, durant le siége, s'étoit gouverné moult prudentement; le second fut Jehan Bourgois, nommé Jehan Jourdain, qui avoit eu le gouvernement des canonniers; le tiers fut nommé Alain Blanchart, qui estoit capitaine du menu commun. Et avec ce, tous universellement jurèrent au roy d'Angleterre et à ses successeurs de tenir foy, loyaulté et service avec toute obéissance, moyennant qu'il leur promectoit de les deffendre allencontre de tous ceulx qui force ou violence leur vouldroient faire; et avec ce les tenroit en leurs priviléges, franchises et libertez, desquelz ilz possessoient ou temps du roy saint Loys. Et en oultre fut ordonné que tous ceulx qui se vouldroient partir, s'en iroient francement tant seulement vestus d'aucuns de leurs habis, et le surplus demouroit confisquié au roy d'Angleterre.

En après fut ordonné que tous les gens d'armes mecteroient généralement tous leurs biens en certains lieux déclarez; et après qu'ilz averoient fait serment au roy d'Angleterre d'eulx point armer ung an durant allencontre de luy, il leur feroit baillier saulf conduit, et les feroit conduire oultre ses destrois, vestus chascun de ses habis acoustumez, tout à pied, le baston au poing. Après lesquelz traictiés accordez et paracomplis, et que le roy d'Angleterre eult pleiges d'entretenir les choses dessus dictes, ceulx de la ville, en nombre compétent, allèrent quérir vivres, à leurs plaisirs, en l'ost du roy d'Angleterre. Lequel traictié fut du tout parfurny, le xvj° jour de janvier, l'an mil quatre cens et xviij[1]; et le jeudi ensuivant, entra le roy d'Angleterre dedens la ville de Rouen, en grant triumphe, acompaignié des seigneurs de son sang et aultres. Et avoit ung page darrière luy, sur ung moult beau coursier, portant une lance à laquelle d'emprés le fer avoit atachie une queue de regnart en manière de penoncel. Puis alla logier dedens le chastel.

Ainsi fut la ville et cité de Rouen concquise par les Anglois, laquelle avoit esté en l'obéyssance des rois François depuis l'espasse de ij° et xv ans que le roy Phelippe, père de saint Loys, avoit concquise sur le roy Jehan d'Angleterre, comme confisquie par deffaulte de relief, par le jugement des pers de France. Puis, quant vint l'endemain, le roy fist copper la teste à Allain Blanchart, capitaine du commun; et les deux aultres, qui estoient en sa voulenté, furent depuis saulvés en payant certaine somme de pécune. Et après fist yssir la garnison, tout à pied, comme dit est.

En icelle meisme saison, le roy fist envoyer grant garnison ès frontières et contre les Anglois. D'aultre part les Anglois gastoient tout le pays par feu et par espée; et, d'aultre costé, les Daulphinois faisoient le

---

1. Notre ms. a en marge : « L'an M. cccc. et xviii, stil gallican, le xvj de janvier fut par le lundy. » Cette note est de la même écriture que le texte.

pareil. Et, quant aux gens du roy et du duc de
Bourgoingne, ne se faignoient pas; et par ainsi ce très
noble royaulme estoit en divers lieux travaillié et
molesté, et merveilleusement oppressé par les iij parties
dessusdictes. Et n'avoit le povre peuple comme nulz
deffendeurs ne aultres recours que de eulx plaindre
lamentablement à Dieu, leur créateur, en attendant sa
grâce.

CHAPITRE CII.

*Comment l'ambassade du roy d'Angleterre, en allant
vers le roy de France, fut assailly des Daulphinois,
qui furent desconfis par les Anglois; et du parc qui
fut faict près de Meuleuc, où convindrent ensemble
le roy d'Angleterre, ses deux frères, la royne de
France, dame Catherine, sa fille, et le duc de Bourgoingne et leurs consaulx, et retournèrent sans
besoingner.*

En icelluy temps, le roy d'Angleterre envoya à Provins devers le roy son ambassade; c'est assavoir, les
contes de Werwic et de Kint. Et estoient conduis par
aucuns des gens du duc de Bourgoingne; et en leur
chemin furent assaillis par messire Tanneguy du Chastel
et aultres Daulphinois, qui au commenchement prinrent
et gaignèrent une partie des chevaulx et bagaiges
desdis Anglois. Mais, en conclusion, les dessusdis Daulphinois furent desconfis. Après, iceulx ambassadeurs
s'en allèrent à Provins où ilz besoingnèrent avec le duc
de Bourgoingne et le conseil du roy, et de là retour-

nèrent à Rouen devers le roy d'Angleterre, où ilz firent leur relacion de ce qu'ilz avoient besoingnié; dont le roy fut moult joeulx. Et de rechief, environ le my-avril, le roy d'Angleterre renvoya lesdis ambassadeurs devers le roy et le duc de Bourgoingne en la ville de Troyes en Campaingne. Ouquel lieu fu tant traictié entre les parties que trèves furent faites entre les deux roys, certaine espasse de temps, sur espérance de plus avant besoingnier au fait de la paix.

Et fut assigné jour pour convenir ensemble assez près de Meuleuc; et assez tost après, le roy, la royne, dame Catherine de France, leur fille, et le duc de Bourgoingne, à grant puissance, allèrent à Ponthoise; et, eulx là venus, firent préparer assez près de Meulenc ung grant parquaige[1] où se debvoit tenir ladicte convencion, lequel estoit très bien clos de bonnes bailles, et archiers en aucuns costez, et aussi advironnez de bons fossez. Et y avoit pluiseurs entrées fermans à trois barrières; et pardedens furent tendues pluiseurs tentes et pavillons pour reposer les seigneurs. Et estoient ordonnez aucuns villages pour logier les gens et chevaulx, tant d'un costé comme d'aultre. Et quant la journée fut venue que icelles parties debvoient assembler en conseil, pourtant que le roy estoit mal disposé de santé, se partirent de Ponthoise, la royne, dame Catherine, sa fille, le duc de Bourgoingne et le conte de Saint-Pol, avec eulx tout le conseil et bien mil combattans, et allèrent audit lieu ordonné emprès Meulenc.

Et assez tost après, arriva le roy d'Angleterre à com-

---

1. « *baguaige* » est une faute de notre ms.

pagnie des ducz de Clarence et de Clocestre, ses frères, et son conseil. La royne à destre du duc de Bourgoingne, et dame Catherine [du conte] de Saint-Pol, à tout leur conseil, et aucunes dames et damoiselles, entrèrent dedens ledit parcq. Et pariellement, le roy d'Angleterre à compaignie de ses deux frères, et son conseil, par une aultre entrée, vinrent dedens le parcq. Auquel lieu, en luy inclinant révéramment, salua la royne et puis la baisa; et aussi fist-il dame Catherine. Et après, le duc de Bourgoingne salua le roy d'Angleterre en fléquissant ung petit le genoul, en enclinant son chief. Le roy d'Angleterre le print par la main, et adont d'un consentement entrèrent dedens la tente du conseil; et estoient leurs gens d'armes, chascun par ordonnances, au loing du parcq. Après ce qu'ilz eurent esté en conseil grande espasse, prindrent congié l'un de l'autre, moult honnourablement et humblement, et s'en retournèrent les ungs à Ponthoise et les aultres à Mantes.

L'endemain se rasemblèrent au lieu et place dessus dis, et dura le parlement bien trois sepmaines en pariel estat qu'il avoit esté la première foiz, saulf que madame Catherine de France, qui y avoit esté menée, affin que le roy d'Angleterre le veist, qui fort estoit désirant d'icelle avoir en mariage, n'y retourna point depuis la première foiz; et là eult ensemble soubz espérance de faire aucun bon traictié et paix finable entre les deux [parties et] roys, furent pluiseurs matières ouvertes. Et souvent venoit l'une des parties plus puissamment à compaignie que l'autre; et une aultrefoiz cellui qui estoit venu à plus grant puissance venoit à mendre. Et jà soit que François et Anglois là estant fuissent tousjours, ce temps durant, logiés auprès l'un de l'autre, touteffoiz n'y eult remors ne débatz entre lesdictes parties, et vendoient l'un à l'autre pluiseurs denrées[1]. Mais, en la fin, ne peulrent les parties riens accorder, ne pacifier, pourtant que le roy d'Angleterre faisoit demandes moult grandes et extraordinaires avec madame Catherine de France, comme aultreffoiz avoit fait. Et aussi, durant le parlement, pour icelluy corrumpre, le daulphin et son conseil envoya[2], devers le duc de Bourgoingne, messire Taneguy du Chastel, pour luy signiffyer qu'il estoit prest pour traictier avec luy; combien que, par avant, le duc de Bourgoingne l'euist pluiseurs foiz de ce fait requerre.

Finablement, comme dit est, après que ledit parlement fut départy et du tout mis au néant, durant les trèves, les tentes furent ostées et le parcq deffait de l'accord des deux parties, et se retrayerent les Franchois à Ponthoise, et les Anglois à Mante.

Pour lequelle parlement ainsi estre deffailly, le roy d'Angleterre fut très courouchié [et desplaisant], pour ce qu'il ne povoit venir à son intencion; et prist pour ceste cause le duc de Bourgoingne en grant indignacion; car il savoit que pour lors il estoit le principal par quoy les besoingnes de France estoient conduictes et gouvernées. Sy dist au duc de Bourgoingne, comme aucuns disoient : « Beau cousin, je veuil que vous « sachiez que une foiz je auray [la fille de vostre roy][3] « et tout ce que j'ay demandé avec elle; ou je le dé- « bouteray, et vous aussy, hors de son royaulme. »

---

1. « *deniers* » est une faute dans notre ms.
2. Ce texte est aussi celui de Monstrelet : mais M.P. et L. disent : « le dauphin envoya *avec* son conseil. »
3. M.

Ausquelles parolles le duc respondy : « Sire, vous
« dictes vostre plaisir ; mais, devant que vous ayez
« débouté monseigneur le roy, et moy, hors de son
« royaulme, vous serez bien lassez. » En telles parolles et aultres qui seroient longhes à escripre, se
départirent, en prenant congié l'un de l'autre, et
retournèrent ès lieulx dont ilz estoient partis.

CHAPITRE CIII.

*Comment le duc de Bourgoingne se trouva vers monsei-
gneur le daulphin, où la paix fut entre eulx jurée
solempnellement entre les mains du légat envoyé par
le saint Père : et comment le roy d'Angleterre feit
escheller la ville de Pontoise, où les Anglois trouvèrent et gaignèrent grant finances.*

Vous advez oy comment messire Taneguy du
Chastel fut à Ponthoise devers le duc de Bourgoingne,
de par le daulphin, pour l'apaisement d'eulx; dont le
duc de Bourgoingne fut moult joyeulx. Et, pour
icelles nouvelles, donna à messire Taneguy ung moult
beau coursier et v^c moutons d'or ; et, par luy, fist
sçavoir au daulphin qu'il estoit prest d'aller devers luy,
quelque part qu'il luy plairoit ; et manda messire
Jehan de Luxembourg, qui lors estoit en Picardie,
affin qu'il assemblast gens pour le acompaingnier.
Messire Taneguy retourna devers le daulphin, auquel
il fist rapport de ce qu'il avoit besoingnié ; dont le
daulphin fut bien content.

Après, assigna le daulphin jour pour convenir ensemble, et le manda au duc de Bourgoingne ; lequel en toute diligence se mist sus et partit de Ponthoise, et s'en alla à Corbeul, la dame de Giac en sa compaingnie, qui avoit esté en partie traicteresse de celle assemblée. Et l'endemain, qui fut x° jour de juing[1], assemblèrent ensemble environ à une lieue de Melun, assez près de Poilly le Fort, auquel lieu avoit ung petit poncel de pierre. Et quant ilz vindrent à deux traictz d'arcz ou environ, firent arengier leurs battailles, et partirent hors, chascun à tout x hommes de sa partie, telz qu'ilz les vauldrent prendre, et allèrent au milieu des deux batailles l'un contre l'autre ; sy descendirent à pied. Lors, le duc de Bourgoingne, en approchant le daulphin, s'enclina moult humblement pluiseurs foiz, et le daulphin, en ce faisant, le prist par la main où il estoit à genoulx, le baisa et puis le voeult faire lever ; mais il ne vault pas et luy dist : « Monseigneur, je sçay bien comment je doye parler à vous. »

En icelle assemblée estoit ung légat de nostre saint Père, affin que plus solempnellement faire ledit traictié, et pour recevoir les sermens des deux parties et seigneurs, qui là estoient assemblez pour ladicte paix ; laquelle y fut bien et doulcement conclute entre les deux battailles[2]. Car, par avant avoit esté ladicte paix pourparlée tout au loing. Or est vray que, entre les aultres choses et articles dudit traictié, avoit bien fort lyen ; car les deux princes, daulphin et duc de Bour-

---

1. En marge, dans notre ms. : « Le x° jour de juing, l'an mil « iiij c. xix, fut par samedy. »
2. M.P. et L., « *parties.* »

goingne, accordèrent, jurèrent et promirent ès mains
dudit légat, en parolle de princes, sur les saintes
Evvangiles, et sur la vraye Croix, de tenir de point en
point ladicte paix et traictié. Et avec ce accordèrent,
de lors et pour le temps advenir, que se l'un d'eux
rompoit la paix, ou alloit allencontre d'icelle paix et
traictié, que tous ses hommes, vassaulx et subgetz et
serviteurs se armassent allencontre de luy, et de tous
sermens de fidélité et aultres les quictcient; et vouloient de fait que ainsi se feist en monstrant, tous,
grant signe d'estre joeulx, maudissans tous ceulx
qui jamais porteroient armes pour si dampnable querelle.

Et après qu'ils eulrent esté une espasse ensemble
en ceste estat et en grant signe de liesse et d'amour
l'un à l'autre, le daulphin monta à cheval, et luy tint
l'estrier le duc de Bourgoingne, non obstant que
moult de foiz luy pryast le daulphin que de ce faire il
se déportast. Après, monta à cheval le duc de Bourgoingne, et chevauchèrent ung petit ensemble, et puis
prindrent réveramment congié l'un de l'autre; et s'en
alla le daulphin à Melun, et le duc de Bourgoingne à
Corbeul. Et lors, après ceste départie, le daulphin et
le duc de Bourgoingne firent faire et ordonner, par
leurs conseilliers, chartres et lettres des sèremens
faiz ensemble pour la paix et union entretenir entre
les parties. Lesquelles promesses et juremens ne
furent en riens tenus; dont peu s'en failly que tout le
royaulme n'en fut perdu et destruit. Et de fait en advint tant de maulx que plus ne sy grant n'en advinrent oncques en France, comme cy après pourrez

oyr. Touteffoiz, je m'en passe en brief; car au long se poura monstrer par les cronicques qui de ce font ou feront mencion. Et fut icelle paix et traictié publiée en pluiseurs lieux, en France et Picardie.

Or convient retourner à parler du roy d'Angleterre, lequelle, quant il oy nouvelles de la paix et allyance que avoient fait ensemble le daulphin et le duc de Bourgoingne, ne fut pas joieulx : car bien luy sembla que plus fort seroient les deux princes ensemble que divisés. Néantmoins, il se délibéra et conclud de poursuyr et mener à fin sa querelle et entreprinse allencontre de tous ceulx qui nuyrent le vouldroient, et gecta son ymaginacion et advis que bonne et profitable luy seroit la ville de Ponthoise, se il le povoit avoir. Et sur ce manda aucuns de ses plus féables capitaines et aussi de ceulx qui avoient esté dedens icelle ville durant les ambassades dont dessus est faicte mention. Sy leur déclaira sa voulenté, et iceulx luy respondirent que, en ce et en toutes aultres choses qu'il luy plairoit commander, estoient prest de eulx y employer sans espargnier leurs corps, quelque paine ou travail qu'ilz y deussent avoir. Et sur ce fu ordonnez, de par le roy d'Angleterre, ceulx qui de ceste besoingne averoient la charge ; c'est assavoir, Captan de Bœuf, vaillant chevallier, frère du conte de Foes, qui avoit avec luy ung des bons eschielleurs du monde, lequel pourgecta la ville. Et, qu'il soit vray, ung peu devant soliel levant, ayant tout son eschiellement prest à l'eure que le guet fut descendus pour aller à la premier messe, pour boire au matin, l'eschielleur fist sa dilligence de dreschier eschielles par lesquelles Anglois montèrent si dilligemment que oncques ne furent perceuz qu'ilz ne fussent les plus fors dedens la ville, et fut [ung lundi]¹ le dernier jour de juillet.

Quant Anglois se veyrent les plus fors, ilz commencèrent à cryer, « saint George! » Duquel cry fu la ville toute esmeue, et le seigneur de l'Ille Adam tout esmerveilliés; lequel, sans délay, avec aucuns de ses gens, monta à cheval et alla veoir où estoit l'effroy. Mais, quant il percheut les Anglois en la ville, en sy grant nombre, s'en retourna et fist la plus grant dilligence qu'il peult de saulver ceulx de la ville de Ponthoise, dont pluiseurs furent saulvés. Et fist ouvrir la porte pour aller vers Paris; puis, de la ville en sa compaingnie, yssirent bien vj^m personnes tant hommes, femmes, comme enffans, tous désolez.

Ainsi fut la ville de Ponthoise prinse par les Anglois, en laquelle ilz firent maulx innumérables, comme par coustume se fait en ville ainsi concquise, et gaignèrent si grant finances qu'il n'est à croire; car le roy, la royne, le duc de Bourgoingne, pluiseurs grans seigneurs et ambassades y avoient esté grant espasse de temps, et estoit remplie de tous biens. Pour laquelle prinse le pays de l'Ille de France, et par espécial vers Paris, furent desconfortez. Et quant les nouvelles en ce mesme jour vindrent à Saint-Denis, où estoit le roy, le duc de Bourgoingne et leurs estatz assez tost se départirent et s'en allèrent à Troyes, ensemble la royne, madame Catherine et pluiseurs aultres.

Le seigneur de l'Ille Adam assembla gens pour

---

1. M.P. et L. — Notre ms. a en marge : « Le dernier jour de
« juillet fut par lundy. »

mectre en garnison, et se mist en la ville de Beauvais, pour tenir frontière et pour résister aux entreprinses que chascun jour les Anglois faisoient. Touteffoiz, icelluy seigneur de l'Ille Adam fu moult blasmé pour ce que ainsi négligentement, par faulte de guetz, avoit leissié prendre la ville de Ponthoise. Et par espécial les gouverneurs du daulphin en furent très mal content; mais aultre chose n'en orent.

CHAPITRE CIV.

Comment la ville de Gisors se rendist aux Anglois, comme aussi fist le Chasteau Gaillart, après avoir soustenu et enduré le siége, par l'espasse de xvj mois, et par faulte de cordes pour tirer eaue.

Après ce que le roy d'Angleterre, qui, jour et nuyt, ne pensoit à aultre chose fors à venir au dessus de son entreprise, sceult le prinse de Ponthoise, il fut moult joyeulx[1]; et assez tost après, manda son frère, le duc de Clarence auquel il bailla la charge de foison de gens d'armes et de traict pour aller asségier la ville de Gisors; dedens laquelle ville estoient capitaine Lionnel de Bournoville, et dedens le chastel David de Goy. Lesquelz par les Anglois furent tant

---

1. Tous les textes ont : « *dont* il fut moult joyeulx. » Nous supprimons ce pronom, pour pouvoir conserver, ensuite, la conjonction, « *et* aussitost après, » comme dégageant mieux la phrase. L. a supprimé la conjonction et gardé le pronom. C'est à choisir; car, évidemment, l'un et l'autre ne peuvent aller ensemble.

approchiés que, en la fin de iij sepmaines après le siége mis, rendirent la ville et forteresse au duc de Clarence par défaulte de vivres, moyennant qu'ils s'en yroient avec leurs gens, saulfz leurs corps et biens, et les habitans de la ville demouroient obéyssans au roy d'Angleterre, en faisant le serment. Et ainsi se départirent les dessusdis Lyonnel de Bournoville et ceulx qui aller s'en vauldrent.

En ce temps, le roy d'Angleterre envoya asségier le Chastel Gaillart qui estoit une des plus fortes places du pays de Normandie; et le tenoient les gens du daulphin, et y fut le siége xvj mois. Au bout duquel temps se rendy par faulte de ce que les cordes dont ilz tiroient l'eaue leur estoient faillies; et en estoit capitaine messire Loys de Mauny, qui avoit avec luy vj^{xx} gentilz hommes ou plus; et tenoient le siége les contes de Hantonne et de Kint. Et durant les choses dessusdictes avoient pluiseurs Daulphinois et Bourguignons grant confidence et communicacion les ungs avec les aultres, espérant que le traictié fait deuist estre pardurable. Mais dame fortune y pourvey par telle manière que, dedens briefz jours ensuivant, furent en plus grandes tribulacions et haynnes, l'un contre l'autre, que par avant n'avoit esté, comme cy après sera déclarez.

Or vous lairay ung peu à parler des Anglois et de leurs concquestes, et parleray des fais de France.

CHAPITRE CV.

Comment le duc Jehan de Bourgoingne fut occis à Montereau où fault Yonne, par le commandement et en la présence du daulphin, seul filz du roy de France. Des mandemens que le roy feit à icelle cause publyer par son royaulme, et comment le daulphin assembloit de tous costés gens d'armes.

Assez advez ouy comment le daulphin, seul filz du roy, fist paix au duc de Bourgoingne. Après laquelle faicte et publiée par le royaulme, le daulphin se partist pour aller vers le pays de Touraine avec pluiseurs de son conseil, depuis qu'il fut adverty et conseillié de trouver la manière comment il pourroit décepvoir et faire morir le duc de Bourgoingne, laquelle chose il avoit intencion de faire au parlement de la paix, comme l'en disoit. Laquelle paix fu faicte ou lieu dessus dit. Mais pour ce qu'ilz veirent le duc de Bourgoingne avoir grant puissance, ne l'osèrent lors entreprendre. Sy s'en retourna pour l'acomplir ; et vint, à tout x^m combattans ou environ, à Montereau où fault Yonne.

Et tost aprés sa venue, envoya à Troyes en Champaigne messire Taneguy du Chastel et aultres de ses gens, à tout certaines lettres signées de sa main, par lesquelles il rescripvit très affectueusement au duc de Bourgoingne que, pour conclure et adviser à la réparacion et affaires du royaulme, et aussi pour aultres choses qui grandement luy touchoient, il vaulsist aller devers luy audit lieu de Montereau. Lequel duc de Bourgoingne, oyant ses requestes et nouvelles, différa pluiseurs jours de y aller, et contendy que le daulphin allast devers le roy, son père ; et remonstra pluiseurs foys à Taneguy que plus convenable et expédient seroit que il y allast que aultrement, affin de tenir leur conseil ensemble. Et, sur ce, retourna Taneguy devers le daulphin. Mais finablement conclud le daulphin et ceulx de son conseil de demourer à Montereau et non aller ailleurs. Et de rechief retourna messire Tanneguy à Troyes, devers le duc de Bourgoingne avec lequel il traicta que il vint à Bray sur Saine ; et de là furent envoyez pluiseurs messages de l'une partie à l'autre. Entre lesquelz y envoya enfin, le daulphin, l'évesque de Vallence qui estoit frère à l'archevesque de Lengres ; lequel de Lengres estoit avec le duc de Bourgoingne et ung de ses principal conseiller, nommé messire Charles de Poittiers.

Et quant icelluy évesque fut venu audit lieu de Bray, il parla pluiseurs foiz au duc de Bourgoingne et l'amonesta et induit bien à certes qu'il vaulsist aller devers le daulphin, disant qu'il ne feist nulle doubte ou souppechon de quelque mauvaisetie. Et pareillement en parla féablement à son frère, en luy remonstrant que féablement[1] il y povoit aller et feroit mal de refuser. Touteffoiz icelluy évesque ne sçavoit, pour vray, riens de ce qu'il advint depuis et traictoit de bonne foiz.

Finablement, tant par les remonstrances qu'il fist, comme sur les parolles de messire Tanneguy, le duc de Bourgoingne conclud et se disposa avec son conseil d'aller devers le daulphin en la compaignie d'icelluy évesque, et se party du dit lieu de Bray, le xe[2] jour

---

1. M., « seurement. »
2. M.P. et L. — Notre manuscrit dit le xj^e, ainsi que celui de Monstrelet ; mais, par cela même que le ms. de Monstrelet indique un dimanche pour le jour où le duc de Bourgogne fut assassiné,

de septembre mil iiij^c xix. Et avoit en sa compaignie v^c hommes d'armes, deux cens archiers et pluiseurs seigneurs; c'est assavoir, Charles, filz aisné du duc de Bourbon; le seigneur de Nouaille, frère au conte de Foix; Jehan, filz au conte de Fribourg; le seigneur de Saint George; messire Anthoine de Vergy; le seigneur de Jonvelle; le seigneur d'Aultre; le seigneur de Montagu; messire Guy de Pontaillier; messire Charles de Lens, et pluiseurs aultres, avec lesquelz il chevauça assez joyeusement jusques à peu près de Montereau; et il était environ iij heures après midy.

Et lors vindrent allencontre de luy trois de ses gens, Jehan d'Ornay, Saubertier et ung aultre que je ne sçay nommer, lesquelz luy dirent que ilz venoient de la ville où ilz avoient veu sur le pont, au lieu mesmes où ilz se debvoient assembler pluiseurs fortes barrières faictes de nouvelle, très avantageuses pour le party du daulphin, disant qu'il pensast à son fait, et que, se il se boutoit dedens, il seroit ou dangier du daulphin. Sur lesquelles parolles le duc, tout à cheval, assembla son conseil pour savoir qu'il estoit sur ce de faire. Et y eult de diverses oppinions; car les aucuns doubtoient moult la journée, atendu les nouvelles que, d'eure en heure, à aultres ilz oyoient. Les aultres, qui ne pensoient que à bien, conseilloient, pour mieulx faire, que laissier qu'il allast vers le daulphin, et disoient que ilz n'oseroient penser que ung tel prince, filz du roy et successeur de la couronne, vaulsist faire aultre

---

il se rectifie en quelque sorte, le 10 septembre de l'an 1419 étant précisément un dimanche.

chose que loyalté. Et lors, le duc de Bourgoingne voyant et oyant les diverses oppinions de son conseil, dist hault et cler, en la présence de tous ceulx qui là estoient, qu'il yroit sur intencion d'actendre telle adventure qu'il plairoit à Dieu de luy envoyer ; disant, oultre, que, pour le péril de sa personne, ne luy seroit jà reprouvé que la paix et réparacion du royaulme seroit astargie ; et que bien savoit que se il failloit de y aller, que par adventure guerre ou division se pourroit esmouvoir entre eulx, et que la charge et déshonneur en retourneroit sur luy.

Et adont s'en alla descendre ou chastel de Monstreau, par la porte vers les champs ; lequel chastel luy avoit esté délivré pour luy logier par les conseilliers du daulphin, affin qu'il fust mains en suppechon que on luy vaulsissent mal. Et fist descendre avec luy tous ses seigneurs et ij^c hommes d'armes et cent archiers, pour luy acompaignier. Sy estoit avec luy la dame de Giac, qui par avant, comme dit est, avoit esté pluiseurs foiz devers le daulphin, durant le traictié cy dessusdit ; et moult introduisoit le duc de y aller, en luy admonestant qu'il ne fust point en doubte de nulle trahyson. Le duc de Bourgoingne, comme il monstroit semblant, amoit moult et creoit de pluiseurs choses icelle dame, laquelle il avoit baillie en garde, avec partie de ses joyaulx, à Phelippe Josquin, comme au plus féable de tous ses serviteurs.

Et tost après qu'il fut descendu, ordonna à Jacques de la Basme qu'il se meist avec ses gens d'armes allentrée de la porte vers la ville, pour la sceurté de sa personne, et aussi à garder la convention.

Et entretant messire Tanneguy vint devers le duc de

Bourgoingne, et luy dist que le daulphin estoit tout prest et qu'il attendoit après luy. Il respondit qu'il s'en alloit, et lors appella ceulx qui estoient commis d'aller avec luy, et deffendit que nul n'y allast si non ceulx qui ad ce estoient ordonnez, lesquelz estoient dix, dont les noms s'ensuit, c'est assavoir : Charles de Bourbon, le seigneur de Nouaille, Jehan de Fribourg, le seigneur de Saint-George, le seigneur de Montagu, messire Anthoine de Vergy, le seigneur d'Aultre, messire Guy de Pontaillier, messire Charles de Lens, messire Pierre de Giac, et ung secrétaire, nommé Jehan Seguinart.

De rechief allèrent allencontre de luy les gens du daulphin, qui renouvellèrent les sèremens et promesses par avant fais et jurez entre lesdis princes. Et ce fait, lui dirent : « Venés devers Monseur; il vous actend « cy devant sur le pont. » Après lesquelles parolles se retrayrent devers leur seigneur. Et adont le duc de Bourgoingne demanda à ses conseillers se il leur sembloit que il peuist aller seurement devers le daulphin, sur les sceurtez qu'ilz savoient estre entre eulx deux. Lesquelz ayans bonne intencion luy firent responce que sceurement il y povoit aller, actendu les promesses faictes par tant de notables personnes d'une partie et d'aultre. Et dirent que bien ozeroient prendre l'aventure d'aller avec luy.

Sur laquelle responce, se mist à chemin, faisant aller devant lui une partie de ses gens, et entra en la première barrière où il trouva les gens du daulphin, qui encores luy dirent : « Venez devers monseigneur le « daulphin; il vous actend. » Et il dist : « Je vois « devers luy, » et passa la seconde barrière, laquelle

fut tantost fermée à la clef, après ce que luy et ses
gens furent dedens entrez, par ceulx qui ad ce estoient
commis; et, en marchant avant, encontra messire
Tanneguy du Chastel, auquel en grant amour il féry
de la main sur l'espaulles, disant au seigneur de Saint-
George et aux aultres de ses gens : « Veez cy en quy
« je me fie ! » Et ainsi passa oultre jusques assez près
du daulphin, qui estoit tous armés, l'espée chainte,
appoyé sur une barrière, devant lequel, pour luy faire
révérence, se mist à ung genoul, en le saluant très
humblement. A quoy le daulphin luy respondy, sans
luy monstrer aucun semblant d'amour, en luy remonstrant qu'il luy avoit mal tenu sa promesse de ce qu'il
n'avoit pas fait guerre aux Anglois, ne fait wider ses
gens hors de garnisons, ainsi que promis l'avoit. Et
adont messire Robert de Loire le prist par le brace
dextre, et luy dist : « Levés vous, vous n'estes que
« trop honnourable. »

Le duc de Bourgoingne, qui estoit à ung genoul,
comme dit est, avoit son espée chainte, laquelle estoit
selon son vouloir trop demourée derrière. Quant il
se agenoilla, il y mist sa main pour le remectre plus
devant ; et lors ledit messire Robert de Loire luy dist :
« Mectez-vous la main à vostre espée en la présence
« de monseigneur le daulphin ? »

En ces parolles s'aprocha messire Tanneguy, qui,
comme on dist, fist ung signe, et, en disant : « Il est
« temps, » féry le duc de Bourgoingne d'une hache
qu'il tenoit en sa main, si ruddement qu'il le feist
cheoir à genoulx. Et quant le duc de Bourgoingne se
senty féru, mist main à son espée pour le tirer, soy
cuidant lever pour se deffendre ; mais incontinent

d'aucuns aultres fut férus pluiseurs coups et abbattu par terre comme mors. Et prestement ung nommé Olivier Laiet, à l'ayde de Pierre Frotière, lui bouta une espée par dessoubz son haubregon par dedens le ventre. Et aucuns dient que le frère du conte de Foix, quant il vit le duc de Bourgoingne abbatu par terre, luy cuidant saulver la vie, se mist sus son corps. Mais le visconte de Nerbonne tenoit une daghe en sa main, dont il le féry et le perça tout oultre le corps. Aultres ont dit que ce fut d'une espée, et aultres d'une hache. Touteffoiz il fut mort avec son maistre, le duc de Bourgoingne. Le daulphin, qui estoit appoyé sur la barrière, comme vous avez oy, voyant ceste merveille, se tira arrière comme tout effrayé; puis tantost par ses gens fut enmené à son hostel.

Les aucuns des seigneurs de la compaignie du duc de Bourgoingne se vauldrent mectre à deffence, et en y eult d'aulcuns bleschiés; mais ce leur valu moult peu; car tous furent prins et menez prisonniers, excepté le seigneur de Montagu qui estoit moult appert et viste. L'espée au poing, toute nue, sailly dehors les barrières, et se tira devers le chastel où estoient les gens du duc de Bourgoingne; dont aucuns montèrent à cheval et, en très grant haste, se départirent demenant moult grant dueil. Le seigneur de Jonvelle, et les aultres qui estoient dedens le chastel de Monstreau et auxquelz le duc de Bourgoingne l'avoit baillié en garde à son partement, furent moult esmerveilliés, eulx veans que nulles provision de vivres n'avoit en ladicte place, ne aultres habillemens de guerre fors ceulx qu'ilz y avoient aporté : car on en avoit osté toute l'artillerie.

Finablement, au mieulx qu'ilz peurent, trouvèrent leur traictié par devers le daulphin et s'en départirent, leurs corps et biens saulfz, et tirèrent vers Troyes, où ilz trouvèrent le roy, la royne et pluiseurs grans seigneurs, ausquelz ilz racontèrent la piteuse mort du duc de Bourgoingne. Sy en fut le roy, la royne et toute la court troublée. Et eulrent conseil d'envoyer par les bonnes villes mandemens royaulx, par lesquelz ilz remonstroient la mort et la desloyauté des facteurs; mandans et deffendans aux officiers que au daulphin ne à ceulx de son party ilz ne baillassent ayde ne secours, mais se préparassent, à toute diligence, de résister contre eulx, et que ad ce faire ilz auroient brief bonne ayde.

Tantost après le fait advenu, les gens du daulphin prindrent le corps du duc de Bourgoingne, se le dévestirent et ne lui laissèrent que son pourpoint, ses houseaulx et sa barrette en son chief, et le mirent en un moulin, qui là au plus près estoit, où il fut toute la nuyt. Et l'endemain matin fut mis en terre, en l'église Nostre-Dame, devant l'autel Saint-Loys, en ce mesme estat où il estoit; et lui firent dire aucunes messes. Charles, filz duc de Bourbon, demoura avec le daulphin, et aussi fist messire Pied de Giac, la dame de Giac et Phelipe Josequin, et luy firent le sèrement. Mais les aultres ne le vauldrent oncques faire, pour bien ne pour promesses que on leur feist, disant tousjours que mieulx ameroient morir que faire chose qui tornast à reproche à eulx et à leurs hoirs. Et finablement ilz furent tous mis à finance, sy non messire Charles de Lens, admiral de France, qu'ilz firent morir. Et à ceste heure, pluiseurs hommes notables estoient avec le daulphin, qui riens ne sçavoient du secret de cest matière. Et en y eult d'aucuns ausquelz il desplut grandement, considérans les tribulacions, reproces et meschiefz qui en pourroient sourdre ou temps advenir, tant ou royaulme de France comme à la personne de leur seigneur et maistre, le daulphin.

Après ce que le daulphin ot tenu pluiseurs consaulx sur ses affaires, soy excusant de non avoir rompu la paix, fist rescripre pluiseurs lettres à ceulx des bonnes villes tenans son party, et en pluiseurs aultres lieux. Mais, quelque rescripsion que il feist, ne fut pas creu ; car tous ceulx qui en oyoient parler et que, soubz umbre de bonne paix, avoit esté fait tel mourdre, en estoient desplaisans; car il estoit moult amé en France. Le daulphin se party de Montereau et s'en alla à Bourges et manda gens d'armes de tous pars. Et de là s'en alla en Anjou, où il eult parlement avec le duc de Bretaingne; et luy accorda le duc une partie des nobles hommes de son pays, pour luy servir. Et adont luy vindrent une moult grande compaignie d'Eschoçois qu'il envoya sur la rivière de Loir ; puis s'en alla en Poithou, en Auvergne, en Langhedoc, pour y lever gens d'armes et pour avoir leur ayde. Et par toutes les bonnes villes, où il passoit, il faisoit pronunchier que ce qu'il avoit fait contre le duc de Bourgoingne avoit esté fait sur bonne et juste querelle, en soy justifiant le plus qu'il povoit.

Quant la chose vint à la congnoissance des Parisiens, ilz en furent moult doulans ; et pourtant l'endemain, au plus matin qu'ilz peurent, assemblèrent le conte de Saint-Pol, nepveu du duc, lyeutenant du roy à Paris, le chancellier de France, les prévotz de Paris et des marchans, et généralement tous les officiers du roy. En laquelle assemblée fut remonstrée la mort du duc et la manière comment icelle avoit esté faicte. Pour laquelle cause les dessus nommez firent sèrement au conte de Saint-Pol de le servir, obéyr et, de toute leur puissance, entendre à la garde et deffence de la bonne ville de Paris, et de résister de corps et de biens à la dampnable intencion des crimineulx, sédicieulx rompeurs de paix et union du royaulme, et de poursuyr de tout leur povoir vengeance des coulpables et consentans de la mort et homicide du duc de Bourgoingne. Et firent sèrement d'entretenir leurs promesses, et de ce baillèrent lettres seellées du seel de Paris ; et pareillement firent les aultres bonnes villes de France, qui alors tenoient la partie du roy et du duc de Bourgoingne.

CHAPITRE CVI.

Comment la mort du duc Jehan de Bourgoingne fut annoncée à son filz unicque, Phelippes, conte de Charolois, qui en fut moult desplaisant. Comment il impétra ungne trève entre le roy d'Angleterre et tous les pays du roy de France. De l'aliance qu'il feit, par congié et licence dudit roy, avecque le roy d'Angleterre ; et du traictié fait à Troyes entre les deux roys, par lequel le roy de France donna sa fille, à femme, au roy d'Angleterre, et le feit héritier du royaulme.

La piteuse mort du duc de Bourgoingne fut ditte à

Phelippe, conte de Charrolois, son seul filz et héritier, lui estant à Gand; dont il eult si grand tristresse et desplaisir que, à paines, par aucuns jours ne povoient [son conseil et] ses gouverneurs le conforter, ne faire boire ne mengier. Et quant madame Michielle de France, sa femme et seur du daulphin, sceult ces nouvelles, elle fut moult troublée et en grant annoy, doubtans, entre les aultres choses, que son seigneur et mary ne l'euist, par ce, moins agréable et qu'elle n'en fust eslongie de son amour. Ce que pas ne advint; car, en brief terme ensuivant, par les exhortacions et amiables remonstrances que luy firent ses gens, il fut très content d'elle, et luy montra aussi grant signe d'amour que par avant avoit fait. Après ce fait, tint conseil avec ceulx de Flandres et d'Artois, et fist sèrement par tout, comme il est de coustume faire aux nouveaulx seigneurs. Puis après, s'en alla à Malines, où il eult parlement avec le duc de Brabant, son cousin, Jehan de Bavière, son oncle, et sa tante la contesse de Haynnau. Duquel lieu s'en retourna à Lille, et de ce jour en avant se nomma duc de Bourgoingne, en ses lettres, et print tous les tiltres de son père. Maintenant, ne sera plus nommez en mon livre, le nouveau duc de Bourgoingne, fors tant seulement le duc; ainsi que j'ay dit[1] au commenchement du livre.

A Lille vindrent pluiseurs seigneurs, pour luy offrir service; si en retint une partie, aux aultres promist grans biens à faire. D'aultre part vindrent aussi de Paris, vers luy, Phelippe de Morviller, premier prési-

---

1. M.P. et L., « que je *vous* ay dict. »

dent en Parlement, et pluiseurs aultres notables gens, avec lesquelz conclud d'escripre aux bonnes villes qui tenoient le partie du roy et le sien, certaines lettres contenans que, comme ilz avoient tenu le party de son père, ilz voulsissent tenir le sien ; mandans à iceulx que ilz leur feroit impétrer trèves aux Anglois bien brief. Et leur fist savoir que ilz envoyassent de leurs gens à Arras, devers luy, le xvij^e jour d'octobre, et que ceulx qui y seroient envoyez eussent toute puissance de besoingnier.

Alors, le duc, par grant délibéracion de conseil, pour soy fortiffier allencontre de ses adversaires, envoya ses ambassades à Rouen, par devers le roy d'Angleterre, affin de impétrer unes trèves, certaine espasse de temps, pour tous les pays estans en l'obéyssance du roy et de luy. Quant furent venus à Rouen, trouvèrent les ambassadeurs du daulphin, qui desjà estoient venus pour avoir traictié et allyance au roy d'Angleterre, en luy offrant les pays du duc et luy aidier à conc- quester, et avec ce la duchié de Normendie. Mais, quant le roy sceult les ambassadeurs du duc estre venus par devers luy, fut moult joyeulx et leissa les Daulphinois, qui moult doulens se partirent de ce que ainsi avoient failly de parvenir à leur entente. Les ambassadeurs du duc besoingnèrent, et tellement qu'ilz obtindrent unes trèves sur espérance de plus avant[1] procéder avec luy. Durant lequel temps les Daulphinois estans à Compiengne et sur les marches, et ceulx tenans le party du duc, recommencèrent,

---

1. M.P. et L., « de plus *oultre*. »

comme devant, à mener très forte guerre les ungs contre les aultres.

Après une espasse de temps le duc tint conseil : auquel conseil finablement fut conclud que, pour le mieulx, par la licence et congié du roy, il s'alliast au roy d'Angleterre, le plus brief qu'il pourroit. Et sur ce envoya de rechief ambassadeurs à Rouen, devers le roy d'Angleterre. Iceulx, là venus, furent bénignement receuz du roy d'Angleterre ; car moult désiroit avoir aliance avec le duc, pour ce que il sçavoit que par son moyen il pourroit avoir madame Catherine de France mieulx que par nul aultre. Quant les ambassadeurs du duc eulrent monstré les causes et articles pourquoy ilz estoient venus, le roy fist responce que dedens briefz jours il envoyeroit, devers le duc, de ses gens qui seroient chargiés de l'intencion qu'il avoit de faire. Après lesquelles responces retournèrent lesdis ambassadeurs à Arras, devers le duc, lequel là fist faire le service de son père, en l'église de Saint-Vaas, moult solempnellement. Et brief ensuivant vindrent, devers le duc, les ambassadeurs du roy d'Angleterre, et monstrèrent au duc aucuns articles contenant le traictié tel que le roy le vouloit avoir avec le duc. Sur lesquelz furent bailliés pariellement ausdis ambassadeurs certains aultres articles, de par le duc.

Finablement, tant envoyèrent le roy d'Angleterre et le duc, l'un devers l'autre, qu'ilz vindrent à conclusion d'avoir bon appoinctement, ou cas que le roy et son conseil en seroient bien contens.

Pour icellui temps, le roy, la royne et dame Catherine, estoient à Troyes en Campaingne. Sur lesquelz traictiés dessusdis et appoinctemens, ainsi encommenchiés, fut ordonné que leurs gens ne feroient point guerre l'un à l'autre. Et furent les trèves de rechief confermées; et si fut appoinctié que le roy d'Angleterre envoyeroit ses ambassadeurs, en la compaignie du duc, audit lieu de Troies, pour au surplus conclure des appoinctemens et conventions, et pour venir à toute bonne conclusion. Et avoit le duc intencion de y aller brief ensuivant.

Le duc se party de sa ville d'Arras, environ le mois de mars, où il laissa la ducesse, sa femme, et print son chemin à Saint-Quentin; et là séjourna certaine espasse de temps en actendant son armée. Et là vindrent, devers luy, les ambassadeurs du roy d'Angleterre, tous en armes, jusques au nombre de cincq cens combatans; desquelz estoient les principaulx les contes de Warwic et de Kint, et pluiseurs aultres, qui tous ensemble s'en allèrent avec le duc jusques à Troyes en Champaigne. Sy luy vindrent au devant pluiseurs grans seigneurs de Bourgoingne, et aultres notables bourgois de la ville de Troyes, qui luy firent grant honneur et révérence; et fut convoyé d'iceulx jusques à son hostel. Et estoit le peuple en grant multitude par où il passoit, cryant « Noël, » à haulte voix.

En aucuns briefz jours ensuivant furent assemblez pluiseurs consaulx, en la présence du roy, de la royne et du duc, pour avoir advis sur la paix finable que vouloit avoir le roy d'Angleterre avec le roy. Finablement, après pluiseurs parlemens tenus avec les ambassadeurs d'Angleterre, fut conclud et accordé, en la faveur du duc, que le roy donneroit à Henry, roy d'Angleterre, madame Catherine, sa fille, en mariage; et, après ce, le feroit vray héritier après sa mort, et successeur de tout son royaulme, luy et ses hoirs, en déboutant son propre filz et héritier, le daulphin, et aussi en adnullant la constitucion, jadis faicte par les roys de France et ses pers, en grant délibéracion; c'est assavoir que le noble royaulme de France ne debvoit succéder à femme, ne appertenir. Et mesmes, s'il advenoit que icelluy le roy Henry ne euist hoirs venant d'icellui mariage, par le moyen d'icellui traictié et accord, se demouroit-il héritier de la couronne de France, au préjudice de tous les royaulx qui en temps advenir y povoient ou debvoient succéder de droicte ligne. Et fut tout ce fait et accordé par le roy, en la présence du duc; et avec ce le roy d'Angleterre se debvoit nommer régent et héritier de France, comme il fist.

Ce traictié fait en la forme dicte, s'en retournèrent les ambassadeurs d'Angleterre à Rouen, portans avec eulx la coppie dudit traictié, qui moult fut agréable au roy d'Angleterre. Et pour ce, au plus brief qu'il peult, prépara ses besoingnes en Normandie, et assembla ses gens pour aller à Troyes, pour confermer icellui traictié.

A Troies estoit demouré, de par le roy d'Angleterre, messire Loys de Robersart, pour acompaignier et visiter madame Catherine de France. Je lairay à parler du roy, et parleray du daulphin.

CHAPITRE CVII.

Comment le daulphin se fortifia contre ses ennemis, et comment le conte de Conversan, messire Jehan de

Luxembourg, son frère, et aultres assiégèrent la forteresses de Alibaudiers, qui leur fut rendue; et de pluiseurs places au pays de l'Ausserois, qui se rendirent au roy.

Durant ces traictiés, le daulphin et ceulx de son conseil, qui estoient à Bourges, oyrent certaines nouvelles des alliances qui se faisoient contre luy; dont il fut en grant sousy comment il pourroit résister contre et aux emprinses du roy d'Angleterre et du duc; sachans que, par le moyen desdictes alliances, il estoit en péril de perdre la seignourie et actente qu'il avoit à la couronne de France. Néantmoins, il eult conseil de pourveoir à son fait, et fist garnir pluiseurs villes sur les frontières de ses adversaires, et y constitua capitaines des plus féables à ceulx de son party. Entre lesquelz mist, à Melun, le seigneur de Barbasan; [à Montereau,] le seigneur de Guitry; à Mortagies, messire Robert de Loire; à Meaulx en Brie, le seigneur de Gamaches; à Compeigne et en pluiseurs aultres villes et forteresses fist pariellement. Avec ce se pourvey de grans nombre de gens, pour estre tousjours au près de sa personne, en actendant les adventures qui, de jour en jour, lui povoient advenir. En ce temps, mil IIII^c et xx, le duc envoya le conte de Conversan, messire Jehan de Luxembourg, son frère, le seigneur de Croy et pluiseurs aultres, mectre le siége devant une forteresses, nommée Alibaudiers, séans à trois lieues de Troyes.

Or advint que le vaillant chevalier messire Jehan de Luxembourg, au mectre le siége, à une saillie que ceulx de la place avoient faicte, combattirent main à main tellement que ledit de Luxembourg fut féru au dessus de l'oiel d'ung cop d'une lance si grant que on cuidoit que il en deust morir ; et de ce cop en perdit l'ueil et demoura bourgne. Et tindrent le siége le conte de Conversan, le vidame d'Amiens, le seigneur de Croy et pluiseurs aultres ; et fut la place merveilleusement battue de canons. Et, qu'il soit vray, advint une foiz, durant ledit siége, que aucuns compaignons de ceulx du siége, à une heure après disner et avoir bien beu, commencèrent une escarmuche, par telle fachon qu'ilz saillèrent dedens les fossez en cryant, « à l'assaulx. » Lors, incontinent, sans ordonnance nulle, toute la plus part de ceulx du siége coururent, à tout bier de chariotz, en lieu d'eschielles. Là, veissiés estandars apporter, et ceulx qui les portoient mectoient grant paine de les porter sur les tours qui abattues estoient. Or est vray que ceulx de dedens furent sousprins et ne se doubtoient de l'assault ; et pour ceste cause n'orent loisir d'eulx armer : pour quoy grant partie d'eulx furent mors et navrez ; et, se n'eust esté x ou xij chariotées de bar de fer que ilz avoient en leur place, dont il grevoient fort les assaillans, ilz eussent esté prins d'assault. Lequel assault dura jusques à la minuyt. Touteffoiz la place, pour heure[1], ne fut point prinse ; mais l'endemain, sans plus actendre, se rendirent et s'en allèrent en pourpoins sans riens aultre chose emporter. Touteffoiz y eult des gentilz hommes navrez, à qui on donna des petis chevaulx pour eulx en aller. Icelle place rendue, les biens furent abandonnez à ceulx du siége.

Après la place rendue, retournèrent les gens du duc à Troies, devers le duc, excepté le vidame d'Amiens

---

1. M.P. et L., « pour *ceste fois.* »

et aucuns aultres qui retournèrent en Picardie : et estoient bien xvj^c chevaulx, lesquelz furent chassiés de bien xiiij^m Daulphinois, dont Barbazan et Taneguy estoient chief; lesquelz estoient assemblez pour lever le siége d'Alibaudiers. Mais le vidame et ses gens se gouvernèrent si bien qu'ilz ne perdirent riens; et s'en retournèrent les Daulphinois sans riens faire.

En ce mesme temps, le duc envoya aucuns de ses gens ou pays d'Auserois, pour mectre en l'obéyssance du roy et de luy aucunes forteresses que tenoient les gens du daulphin; lesquelles, ou la pluspart, leur furent rendues et pluiseurs abattues et démolies, à la grant desplaisance du daulphin.

FIN DU TOME PREMIER.

TABLE[1]

	PAGES
Avertissement.	j
Notice sur J. Le Févre de Saint-Remy.	ix

CHRONIQUE.

PROLOGUE. Le prologue des Mémoires et recueil faict par noble homme Jehan, seigneur de Saint-Remy, de la Vacquerie d'Avesnes et de Morienne, premier roy d'armes de la noble ordre du Thoison d'or, érigée et instituée par très hault, très excellent et très puissant prince, Phelippe, dit le Bon, duc de Bourgoingne, de Lotheric, de Brabant et de Lembourg, conte de Flandres, *et cetera*, raconte sommèrement les matières qui se traiteront ausdites Mémoires, et comment le duc Jehan de Bourgoingne feit occire le duc Loys d'Orléans, son cousin germain.   1

CHAPITRES

I. La rébellion des Liégois faicte l'an mil iui c. et viii à l'encontre de leur seigneur et esleu, nommé Jehan de Bavière, lequel ilz assiégèrent dedens la ville de Trecht.   9

II. La bataille du duc de Bourgoingne et des Liégois qui furent desconfis, et morts bien xxviij^m sans les prisonniers.   12

III. La journée qui se tint à Chartrez par le roy de France, pour la mort du duc d'Orléans.   13

---

1. Notre ms. a sa *Table* particulière des sommaires, qui présentent souvent des différences de rédaction et d'orthographe avec ceux des chapitres dans le corps de la Chronique. Nous avons préféré composer la nôtre de ces derniers sommaires, sauf à profiter de ce que les autres pouvaient nous offrir de modifications utiles.

IV. Le pardon que le roy feist au duc de Bourgoingne de la mort du duc d'Orléans. 15

V. La paix entre les enfans d'Orléans et le duc de Bourgoingne jurée sur les sains Ewangiles. 16

VI. Du concille qui se tint à Pise, où furent condempnez deux antipapes, et, en leur lieu, esleu pape Alexandre, V^e de ce nom, qui estoit auparavant archevesque de Milan, nommé Pierre de Candie. » »

VII. La fortune adverse qui advint à l'archevesque de Rains, en allant au concile de Pise. 17

VIII. Les Geneuois se rebellèrent contre les François, et occirent le lieutenant de Boussicault. 19

IX. Montagu eust la teste trenchée, et son corps pendu au gibet, pour avoir mal gouverné les finances du roy. » »

X. L'assemblée que les enfans d'Orléans, avecques les seigneurs de leur party, feirent en la ville de Chartrez. 20

XI. L'assemblée que le roy feist contre les enfans d'Orléans, et comment il délaia la sentence qu'il avoit pronuncée contre eulx. » »

XII. Comment le seigneur de Croy, en allant en embassade vers le roy et le duc de Berry, fut rencontré des gens du duc d'Orléans et mené prisonnier à Blois. 22

XIII. Des lettres que les trois frères d'Orléans envoyèrent au roy, pour avoir justice de la mort de leur père; et des lettres de deffiance qu'ilz envoyèrent au duc de Bourgoingne. 24

XIV. Wallerand de Saint-Pol et Jehan de Luxembourg, son nepveu, qui fut conte de Ligney. 28

XV. Le mandement que le roy feit contre ses ennemis, les enfans d'Orléans. 29

XVI. L'assemblée des gens d'armes et des Flamens que le duc de Bourgoingne feist. 29

XVII. Du désordre que les Flamens faisoient en l'armée du duc, dont pluseurs débatz s'ensuyvoient. 30

XVIII. La ville d'Athie se rendit au duc de Bourgoingne. 31

XIX. Le siége devant la ville de Hem, qui fut, à la fin, abandonnée des Orléannois et pillée des Bourgoingnons. 31

XX. Comment ceulx de la ville de Nelle se rendirent au duc de Bourgoingne. 32

XXI. Comment le duc d'Orléans et ses aliés passèrent Marne, et assemblèrent au païs de Valois pluseurs gens d'armes de diverses langues, qui furent appellez *Erminacqs*. 33

XXII. Comment les Flamens retournèrent de devant Mondidier, quoy que le duc de Bourgoingne leur feist remonstrer, et furent conduitz en leur païs par le duc de Brabant, frère au duc de Bourgoingne. 34

XXIII. Comment la ville de Saint-Denis fut rendue aux Orléanois; et de la guerre qu'ilz feirent aux Parisiens; et des bouchiers de Paris. 35

XXIV. Comment le duc de Bourgoingne entra dedens Paris et print la ville et tour de Saint-Clou sur les Orléanois; et de la guerre et prinse de pluseurs places que le roy et le duc de Bourgoingne fierent au païs de Beause et de Vallois. 36

XXV. Comment Walierand, conte de Saint-Pol, fut faict connestable de France, au lieu de messire Charles de Labreth; et comment la conté de Vertus fut rendue pour le roy. 41

XXVI. Comment messire Jehan, filz du seigneur de Croy, print le chasteau de Moncheaulx, et, en icelluy, trois des enfans du duc Jehan de Bourbon; et de pluseurs capitaines qui furent ordonnez de faire la guerre au duc d'Orléans et ses aliés en divers lieux et pays. 42

XXVII. La délivrance du seigneur de Croy et des enfans du duc de Bourbon; et comment ledit seigneur de Croy fut fait gouverneur de Boullenois, chastelain de Briot sur Somme et grant bouteiller de France. 47

XXVIII. Comment le bailly de Caen, en Normendie, print aulcuns des ambassadeurs et tous leurs papiers et instructions que les ducz de Berri, d'Orléans, de

Bourbon, et aultres, leurs aliés, envoyoient en Engleterre. 48

XXIX. Des siéges mis devant la ville et casteau de Danfort, ville et casteau de Saint-Remy tenant le parti des Orléanois, qui furent rendus au roy. 54

XXX. Comment lez ducz de Berry, de Bourbon et d'Orléans envoyèrent de rechief ambassade au roi d'Engleterre; et des alliances et traittiez qui se firent entre eulx. 58

XXXI. Des lettres que le roy d'Engleterre envoia aulx Gantois, à ceulx de Bruges et du Franc; et comment la ville de Guisnes fut prinse des Franchois. 63

XXXII. Comment le roy moit le siége devant la cité de Bourges, où traictiet se feit, et fut la cité rendue, et la paix de Chartres renouvellée entre les parties d'Orléans et de Bourgoingne; et comment les Anglois descendirent en Normandie. 67

XXXIII. Du retour du roy à Paris, et comment le duc d'Orléans alla vers le duc de Clarence et le contenta de la souldée des Anglois qu'il avoit amenez à son aide et secours; et des commotions et haines couvertes entre les princes du sang royal; et comment le conte de Flandres se partist du roy et retourna en son pays de Flandres. 70

XXXIV. Comment la ville de Soubize, en Guyenne, fut prinse et desmolie par le duc de Bourbon, et conte de la Marche, sur les Anglois. 72

XXXV. De l'assemblée et commotion des Parisiens, et des outrages qu'ilz feirent au duc de Guienne, et de pluiseurs maulx qu'ilz perpétrèrent. Des blans chapperons qu'ilz meirent sus en livrée, que le roy porta et pluiseurs aultres seigneurs; et de l'outraige qu'ilz fierent au roy et à la roynne ès personnes d'aulcuns princes et seigneurs, dames et damoiselles. 74

XXXVI. De la proposition et harêngue que l'ambassadeur du roy de Scécille, des ducz d'Orléans et de Bourbon, feit à Pontoyse, aux ducz de Berry et de Bourgoingne,

pour le bien et utilité, paix et union du royaulme; et
des articles sur ce advisez. 88

XXXVII. Comment le roy conclud de entretenir ce que
avoit esté conclud à Pontoise; et de la délivrance des
princes et aultres grans personnages, chevaliers et
officiers emprisonnez par les Parisiens; aussi la réintégracion de pluiseurs qui avoient esté desmis de
leurs offices. Du partement du duc de Bourgoingne;
de la venue de pluiseurs princes à Paris; et comment
messire Charles de Labreth fut remis en estat de
connestable. 105

XXXVIII. Le mandement que le roy feist publier par tout
son royaulme, par lequel il annula, révocqua et adnichila tous aultres mandemens, lettres et ordonnances
par luy octroyées contre les princes de son sang,
barons et aultres. 110

XXXIX. De la venue à Paris de Jehan duc de Bretaingne,
beau filz du roy, du conte de Richemont, son frère;
et de l'ambassade d'Engleterre. Comment le duc d'Orléans et ceulx de son party retournèrent à gouverner
le roy et royaulme; et de l'édict que le roy feit pour
entretenir la paix; et pluiseurs aultres besongnez. 117

XL. Comment Loys, duc de Bavière, espousa la vesve du
conte de Mortaingne, frère du roy de Navarre. Du
bannissement du royaulme des gens du duc de Bourgoingne; et de l'ambassade que le roy envoya au duc
de Bourgoingne, et aultres incidens. 122

XLI. Comment le roy de Sécille renvoya la fille du duc de
Bourgoingne, Catherine, laquelle estoit pleive à Loys
son filz, dont le duc de Bourgoingne fut mal content;
et des lettres excusatoires et accusatoires que ledit
duc envoya au roy. 125

XLII. Comment la roynne feit prendre quatre chevaliers et
pluiseurs escuyers et serviteurs du duc de Guyenne,
son filz, desquelz messire Jehan de Croy estoit l'ung,
qui fut envoyé tenir prison à Mont Lehéri. Des lettres
que le duc de Guyenne escripvit au duc de Bourgoingne, lequel avec son armée vint jusques devant
Paris, où il ne peult entrer; et comment le dit messire

Jehan de Croy fut par force et subtilité délivré de sa prison. 137

XLIII. Des mandemens que le roy feit publier, par son royaulme, à l'encontre du duc de Bourgoingne, en le banissant, et privant de touttes grâces et bienfaicts, ensemble ses favorables amis et alliez, en luy imposant crismes horribles et détestables. 151

XLIV. Comment les chaines de la ville de Paris furent ostées, et les bastons invasibles et deffensables deffendus de porter aux Parisiens, et leurs armures ostéez; et comment les articles de maistre Jehan Petit, que autrefoiz avoit proposé, furent ars publicquement. 153

XLV. Des remonstrances que le duc de Bourgoingne feit aux nobles de son pays d'Artois et de Picquardie; et de la maladie que alors régnoit au royaulme de France, nommée la coqueluce. 156

XLVI. De l'armée que le roy meit sus contre le duc de Bourgoingne; et comment la ville de Compeigne fut assiégée, où le roy se trouva en sa personne; et comment la ville luy fut rendue par appointement. 157

XLVII. Comment Soissons fut assiégée par le roy, prinse et pillée, les églises violées et de grandz crimes perpétrés. 162

XLVIII. Comment la contesse de Haynnau, seur du duc de Bourgoingne, alla à Saint-Quentin vers le roy, pour traictier la paix, qui alors ne se peult trouver. 167

XLIX. Comment le duc de Bourgoingne pourveist de capitaines ses villes de la conté d'Artois et frontières. 169

L. Comment Bappasmes fut assiégée, et rendue au roy par traictié et appointement. 170

LI. Des préparations que ceulx d'Arras feirent pour la garde de la ville et cité, attendans le siège du roy. 172

LII. Comment le roy assiéga Arras avecques deux cens mil hommes, qui fut approchée et fort battue et vaillamment deffendue. 173

LIII. Comment armes furent faictes, ès mynnes devant

Arras, du conte d'Eu à l'encontre du seigneur de Montagu ; et d'aultres armes qui se fierent devant la ville de Lens ; et la bonne chière que les parties feirent les ungs aux aultres. 177

LIV. Comment la paix fut traictée et accordée entre le roy et le duc de Bourgoingne, au siége devant d'Arras ; et du désordre, qui fut au deslogement, à l'occasion du feu qui fust ès logis de l'ost. 181

LV. Le contenu des articles de la paix, qui fut jurée par le duc de Brabant, la contesse de Haynaulx et les députez du duc de Bourgoingne, d'une part ; et, d'aultre, par le duc de Guienne, le duc d'Orléans et le duc de Bourbon et aultres. 184

LVI. Comment les Parisiens furent mal content qu'ilz n'avoient esté appellez à traictier la paix devant Arras ; et comment le duc s'en alla en Bourgoingne, où il print la ville et chasteau de Tonnoire. 190

LVII. Du concille qui se tint à Constance, où le cardinal de Columne fut esleu pape, et se nomma Martin ; et comment le conte Wallerand de Saint-Pol asseiga la forteresse de Neufville sur Meuze, qui lui fut rendue. 193

LVIII. Des services et obsèques que le roy feist faire solempnellement pour défunc Loys, duc d'Orléans, son frère. 196

LIX. Comment aulcuns hommes d'armes et gens de compaignies faisoient pluiseurs maulx au royaulme ; et comment la paix, qui avoit esté accordée et traictée devant Arras, fut parachevée à Paris, et de rechief jurée. 198

LX. Comment messire Guichart le Daulphin fut envoyé en ambassade, de par le roy, vers le duc de Bourgoingne, qu'il trouva en la forest du chasteau d'Argilly, près de Beaulne, se déduisant à la chasse, où il jura d'entretenir la paix, comme avoient fait les ducz d'Orléans, de Bourbon et aultres. 201

LXI. De pluiseurs armes qui se fierent, en divers lieux, entre Franchois et Portingallois ; et de l'ambassade d'Engleterre, qui demanda madame Catherine de France, à femme, pour le roy d'Engleterre. 205

LXII. Du trespas de Walleran, conte de Saint-Pol et de Ligny, et de ses héritiers; et comment le duc de Guienne emporta les finances de la roynne, sa mère, et emprist le gouvernement du roy et royaulme. 212

LXIII. Comment le roy d'Angleterre feist esquipper une grosse armée de mer, pour passer en France. De l'ambassade envoyé par le roy au roy d'Angleterre; des offres qu'il luy feirent, et la responce du roy d'Angleterre. 214

LXIV. La lettres que le roy d'Angleterre envoya, devant son partement de Hantonne, au roy de France. De la justice que le roy d'Angleterre feit de ceulx qui avoient machiné sa ruyne. 218

LXV. Comment le roy d'Engleterre descendit et print port entre Honnefleu et Harfleu, et assiéga la ville de Harfleu, laquelle, par faulte de secours, luy fut rendue. 224

LXVI. Comment le roy d'Angleterre entra dedens la ville de Harfleu. Du traictement qu'il feit aux gens de guerre, aux manans de la ville et aux gens d'église; et de ungne embusche que les François feirent sur les Anglois, durant le siége de ladicte ville. 228

LXVII. Comment le roy d'Angleterre se partist de Harfleu, pour tirer à Calais et passer la rivière de Somme, à le Blanche Tacque. De deulx beaulx copz de lances donnez devant la ville d'Eu; et comment, par ung prisonnier, fut destourbé de passer par ledit lieu, mais passa ladicte rivière à l'entour d'Athiez. 231

LXVIII. Comment les ducz d'Orléans et de Bourbon et le connestable envoyèrent vers le roy d'Angleterre, pour avoir jour et place pour le combattre. De la responce dudit roy; et comment le roy de France manda au connestable, et aultres princes, que le roy d'Engleterre fût combattu. 236

LXIX. Du chemin que le roy d'Engleterre tint, quant il fut passé la rivière de Somme. Comment les François allèrent au devant de luy, et comment ilz se veirent l'ung l'autre, et se logèrent pour celle nuyt; et comment le roy d'Engleterre ordonna, l'endemain, sa bataille. 240

LXX. Comment les François ordonnèrent leurs battailles, pour combattre le roy d'Angleterre. 246

LXXI. De l'emprise que xviij gentilz hommes François feirent contre la personne du roy d'Angleterre, et du parlement qui fut tenu entre les deux batailles. De la bataille d'Agincourt où l'armée des François fut de tous poins deffaicte par le roy d'Angleterre. 249

LXXII. Comment le roy d'Engleterre, après la bataille d'Agincourt, tint son chemin vers Guisnes, et, de là, à Calais et à Londres, avec ses prisonniers, entre lesquelz estoit le duc d'Orléans, qui fut trouvé entre les mortz; et comment il fut reçeu en son royaulme d'Engleterre. 259

LXXIII. Les noms des princes, grant maistres, seigneurs et chevaliers François, qui morurent à la bataille d'Agincourt. 265

LXXIV. Les noms des prisonniers François, qui furent prins à ladite journée d'Agincourt. 268

LXXV. Comment le roy de France fut adverty de la bataille que les princes de son sang avoient perdue, comme aussy fut le duc de Bourgoingne, qui, à grant puissance d'armes, tira vers Paris, où il ne peult entrer. Du trespas du duc de Guyenne, et comment le conte d'Erminac fut fait connestable de France. 269

LXXVI. Du retour du duc de Bourgoingne en son pays de Flandres, et comment il alla visiter ses deux nepveux, Jehan et Phelippe, filz de son frère Anthoine, duc de Brabant, qui morut à la battaille d'Agincourt; et des gens de guerre qui gastoient le pays de Santers, qui furent rués jus par le commandement du roy de France. 274

LXXVII. Comment la sentence et condempnation, par ci devant faicte par l'évesque de Paris, à l'encontre de feu maistre Jehan Petit, fut déclarée de nulle valeur au concille de Constance. 276

LXXVIII. Comment l'empereur Sigismont arriva à Paris, où honnourablement fut receu du roy, et, de là, passa en Angleterre, où aussi fut honnourablement receu et festoyé du roy d'Engleterre. De son retour en France, sans avoir riens besoingnié touchant la paix des deux roys; et du trespas du duc Jehan de Berry, oncle du roy de France. 277

LXXIX. De l'armée de mer que le roy de France meit sus, la quelle fut deffaicte par l'armée des Anglois, dont le duc de Clarence estoit chief. 281

LXXX. Comment l'empereur Sigismont se trouva de rechief à Calais vers le roy d'Angleterre, comme aussi feit le duc de Bourgoingne; et de la rencontre que les Anglois de Harfleu eurent aux François. 283

LXXXI. Du monopolle que les Parisiens feirent, qui fut descouvert d'une femme; et comment ceulx qui furent trouvez coupables furent exécutez. Comment le daulphin de Viennois espouza la fille au conte de Haynault; et des trespas dudit daulphin et conte de Haynault. 286

LXXXII. Comment Jehan de Bavière, esleu de Liége, bailla empeschemens à dame Jacques de Bavière, en la conté de Hollande; et comment il se maria à la ducesse de Luxembourg, laquelle estoit vesve de Anthoine, duc de Brabant. 290

LXXXIII. Comment le duc de Bourgoingne escripvit lettres à pluisers villes du royaulme [de France] pour remectre le roy en sa liberté, et pour le bien publicque du royaulme; et comment la royne fut envoyée par le roy à Tours en Touraine, avecques trois gouverneurs qui le tenoient bien court. 294

LXXXIV. Comment aulcuns rebelles de Rouen occirent leur bailly et son lietenant et aultres. Comment le daulphin y alla, à main armée, et feit pugnir les rebelles. De la mort du roy Loys de Sécile, et quelz enfans il délaissa; et des pilleries et maulvais gouvernement qui estoit au royaulme de France. 293

LXXXV. Comment le duc de Bourgoingne envoya ses ambassadeurs aux villes de Amiens, Dourlens, Abbeville, Saint-Ricquier et Monstreul; et de la promesse que lesdictes villes luy feirent. 298

LXXXVI. Comment le duc de Bourgoingne, avecque une grant armée, s'en alla à Corbie et à Amiens, où le seigneur de Chauny vint vers luy de par le roy et ses instructions; et la responce du duc de Bourgoingne; et comment ledit seigneur de Chauny fut constitué prisonnier en la Bastille, à son retour. 299

LXXXVII. Comment le duc de Bourgoingne, en tirant à Paris, entra en pluiseurs villes du royaulme qui se rendirent à luy. Comment il alla logier sur le Mont Rouge, et envoya son hérault avecques lettres pour présenter au roy et au daulphin. De la responce du daulphin ausdictes lettres. Comment Mont Lehéry, Chartres et Estampes et pluiseurs aultres villes se meirent en son obéissance. 308

LXXXVIII. Comment le duc de Bourgoingne escripvit, de rechief, lettres à pluiseurs bonnes villes, et envoya ungne cédulle qui contenoit la soubstance de la proposicion que ceulx du concile lui avoient fait faire par ung docteur. Comment il s'en alla vers Tours au mand de la royne, laquelle il ramena à Chartres. 313

LXXXIX. Comment la royne envoya lettres aux bonnes villes de France estans en l'obéissance du duc de Bourgoingne. Comment le duc de Bourgoingne fut de rechief frustré de l'entrée de Paris, et comment la royne et luy se tindrent la plus grant part de l'yver à Troyes. 317

XC. Comment Jehan de Bavière print la ville de Gorcem sur la contesse de Hollande. Comment ses gens furent desconfis. Comment le roy d'Engleterre concquestoit villes et chasteaulx en Normendie, et le duc de Clocestre, son frère. 319

XCI. Comment le roy feit asseigier Senlis. Comment les

Franchois en partirent. Du secours que le conte de Charrolois leur envoya, en l'absence du duc de Bourgoingne, son père; et comment ambassades furent envoyés, d'un costé et d'aultre, pour l'union du royaulme. 321

XCII. Comment deux cardinaulx furent envoyés en France pour la paix qui fut conclue, et empeschée du parfaict par le conte d'Erminacq et aultres. 325

XCIII. Comment le seigneur de Lille Adam, à l'ayde de aulcuns Parisiens, entra avec ses gens tenant la partie de Bourgongne, dedens Paris. Du désordre et occisions y perpétrés. Comment la Bastille fut rendue, et le seigneur de Cauny, qui estoit prisonnier, commis à la garde d'icelle. 326

XCIV. Comment les Parisiens, gens de petit estat, au nombre de quarante mille hommes, allèrent en diverses prisons et tuèrent bien trois mille hommes, entre lesquelz fut occis le conte d'Erminacq, connestable de France, pluiseurs évesques et seigneurs. Comment la royne de France et le duc de Bourgoingne entrèrent dedens Paris. De pluiseurs aultres advenues; et comment la ville de Compiègne fut prinse des Daulphinois. 330

XCV. Comment Jehan, duc de Brabant, espousa dame Jacques de Bavière, contesse de Haynault, de Hollande et de Zellande *et cetera*, sa cousinne germaine. 335

XCVI. Comment les vicaires de l'évesque de Paris révocquèrent, en plain sermon, la condempnacion que aultreffois avoit esté faite contre maistre Jehan Petit, en réparant l'onneur du duc de Bourgoingne. Comment Laigny sur Marne fut prinse et reprinse; et de la grant peste qui fut dedens Paris. » »

XCVII. Comment les Parisiens occirent, de rechief, pluiseurs prisonniers; et comment le daulphin reprint la ville de Tours. 337

XCVIII. Comment le roy d'Engleterre descendit, avecques son armée, à Toucque, en Normendie, acompaignié de deux de ses frères et aultres gros seigneurs d'Engleterre. Comment pluiseurs villes et forteresses se rendirent à luy. Comment la ville de Caem fut prinse d'assault et comment le duc de Clocestre assiéga la ville et chasteau de Chierbourg, qui luy furent rendus. 339

XCIX. Comment le roy d'Angleterre asseiga la ville de Rouen, et comment il fortiffia son siège. De pluiseurs choses qui advindrent durant ledit siège. Des ambassades des deux roys, qui ne se sceurent accorder, et partirent sans traictier la paix. 342

C. Comment ceulx de Rouen envoyèrent vers le roy et duc de Bourgoingne, pour avoir secours, et leur remonstrer la nécessité, misère et povreté qu'ilz souffroient par peste et famine. D'ungne embusche que les François feirent sur les Anglois, qui ne leur porta que dommage. 351

CI. Du traictié que le roy d'Angleterre et ceulx de Rouen feirent, moiennant lequel ilz rendirent la ville au roy, qui avoit esté en l'obéissance des François, deux cens et xv ans[1]. 354

CII. Comment l'ambassade du roy d'Angleterre, en allant vers le roy de France, fut assailly des Daulphinois, qui furent desconfis par les Anglois; et du parc qui fut fait près de Meulenc, où convindrent ensemble le roy d'Engleterre, ses deux frères, la royne de France, dame Catherine, sa fille, et le duc de Bourgongne et leurs consaulx, et retournèrent sans besoingner. 359

CIII. Comment le duc de Bourgoingne se trouva vers monseigneur le daulphin où la paix fut entre eulx jurée solempnellement ès mains du légat envoyé par le saint Père; et comment le roy d'Angleterre feit escheller la ville de Pontoise, où les Anglois trouvèrent et gaingnèrent grant finances. 363

CIV. Comment la ville de Gisors se rendist aux Anglois,

---

1. La *Table* de notre ms. donne ainsi ce sommaire : « Du traictié que « le roy d'Angleterre *feit à* ceulx de Rouen, *qui lui* rendirent la ville qui « avoit esté en l'obéissance des François deux cens et xv ans. »

comme aussi fist le Chasteau Gaillart, après avoir soustenu et enduré le siége par l'espasse de xvj mois, et par faulte de cordes pour tirer eaue. 368

CV. Comment le duc Jehan de Bourgoingne fut occis à Montereau où fault Yonne, par le commandement et en la présence du daulphin, seul filz du roy de France. Des mandemens que le roy feit, à ycelle cause, publier par son royaulme; et comment le daulphin assembloit, de tous costés, gens d'armes. 369

CVI. Comment la mort du duc Jehan de Bourgoingne fut annoncée à son filz unicque, Phelippes, conte de Charolois, qui en fut moult desplaisant. Comment il impétra ungne trève entre le roy d'Angleterre et tous les pays du roy de France. De l'aliance qu'il feit, par congié et licence dudit roy, avecque le roy d'Angleterre; et du traictié faict, à Troyes, entre les deux roys, par lequel le roy de France donna sa fille, à femme, au roy d'Angleterre et le feit héritier du royaulme. 379

CVII. Comment le daulphin se fortifia contre ses ennemis, et comment le conte de Conversan, messire Jehan de Luxembourg, son frère, et aultres, assiégèrent la forteresse de Alibaudiers, qui leur fut rendue; et de pluiseurs places au pays de l'Ausserois, qui se rendirent au roy. 384

FIN DE LA TABLE DU TOME PREMIER.

Imprimerie GOUVERNEUR, G. DAUPELEY à Nogent-le-Rotrou.

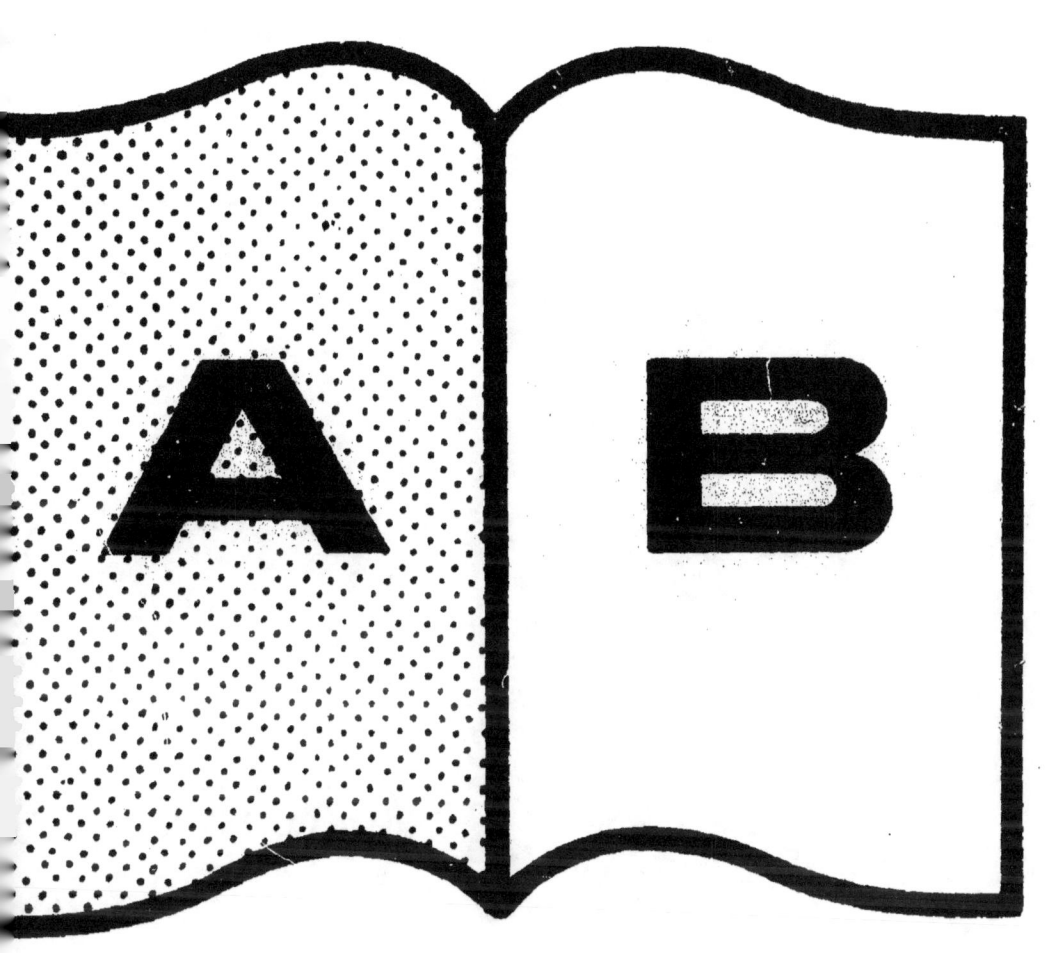

Contraste insuffisant

NF Z 43-120-14

www.ingramcontent.com/pod-product-compliance
Lightning Source LLC
Chambersburg PA
CBHW052129230426
43671CB00009B/1173